源城政好著

京都文化の伝播と地域社会

思文閣史学叢書

思文閣出版

はじめに

歴史は人間が紡いでいくものである。個人もしくは集団をどう叙述すれば、その時代を的確に具体的に描写・表現できるかということに関心をもちつつ、細々と研究を続けてきた。そのささやかな成果が本書である。

第Ⅰ部地域社会の躍動は、在地における権益を守るために闘う人びと、在地支配に腐心する領主層の動向などを考察したものを収めた。

「東寺領上桂庄における領主権確立過程について――伝領とその相論――」は、上桂庄下司職の系譜を明らかにし、従来ほとんど手をつけられていなかった伝領をめぐる複雑かつ長期にわたる相論を整理検討し、地頭職を吸収することによって領主権の確立をはかるというコースとは別に、地頭職の存在しない上桂庄においては、本家職を足がかりとして、あらゆる所職すなわち領家職といった上級所職だけではなく下司職といった下級所職までも吸収することによって一円的な領主権を掌握するというコースがあったことを明らかにした。「山間庄園の生活――山城国禅定寺とその周辺――」は、検討されることが少なかった禅定寺領宇治田原庄を素材に、庄民による禅定寺への鋳鐘銭の寄進、禅定寺寄人と隣庄である木幡庄民の争いにおける銭貨奪取などの検討を通じ、十三世紀後半から十四世紀には、すでに山間庄園内においても貨幣経済の浸透が見られたということ、耕地開発をめぐる他庄との堺相論などの分析を通じて庄民の結束形態の実相を考察した。「近江国河上庄の変遷」は、朽木氏支配に組み込まれた十六世紀初頭に作成されたと考えられる田数帳の分析を通じて、杣山を庄域にもつ平等院領河上庄が、時期は不明ながら領家方、地頭方に下地中分され、それが領主的支配貫徹のための土地交換によって当初の坪並び分割形式から地域分割形式へ中分実態が変化してゆくこと、河上庄地頭方が足利義満による延暦寺大講堂への寄進後、山徒一揆中の番頭制組織による庄園支配が行われたことを考察し、延暦寺の庄園支配には、供僧による支配体制とは違った類型があったことを提示した。

第Ⅱ部公武の文芸交流は、文化の伝播に関わるもので、地方と都、あるいは公武の文化交流について論じたもので構成した。

「小京都—領国文化論」は、周防の大内氏、土佐の一条氏、越前の朝倉氏による都の文化の摂取について考察し、戦国大名をはじめとする地方武士は領国支配のための進取性とは本質的に相容れない公家的なものへの指向性という自己矛盾を内包しており、それが、都の文化としての公家文化が地方武士層へ伝播してゆく要因となったと、従来概括的に論じられてきたが、その武士層の自己矛盾が、都の文化の積極的な摂取性の素地となっていたことを詳しく論じた。「地方武士の文芸享受——文化と経済の交換——」は、公家と地方武士の関わりを、後土御門・後柏原・後奈良と三代の天皇の側近として、また当代最高の文化人として公武から遇された三条西実隆に視点を据え、『実隆公記』を素材に、親密であった連歌師宗祇との交遊、従来あまり注目されることのなかった若狭武田氏の重臣粟屋親栄との親交のあとを詳細に辿り、文芸享受をめぐる武家と公家の交流を文化と経済の交換という側面から論じた。「三条西家における家業の成立」は、和学の大家としての三条西実隆については多くの論考の蓄積はあるが、三条西家の家業という視点からの分析は少なかった。本稿は、歌および和学の家として公武から認知されてゆく過程、すなわち三条西家の家業が、実隆の天分、姻戚関係を梃子として天皇の学問の師としての立場の獲得、連歌師宗祇による古今伝授、加えて子息公條およびその子実枝への教育・後見が大きな要因となって確立したことを明らかにした。「商圏都市堺と南蛮文化」は、一漁村にすぎなかった堺が、海運が発達してきた南北朝期を境に瀬戸内海に顔を向けた良港、すなわち京・奈良の玄関口としての商業都市へ脱皮し、日明貿易を契機として堺商人が海外に向けての飛躍的な活動を展開したが、その結果として異国文化の日本への流入が急激に促進され、加えてキリスト教の伝来による宣教師たちの布教活動による祭具の需要拡大が桃山漆工芸に大きな影響を与え、聖龕を初めとするキリスト教祭具や輸出漆器、南蛮模様を施した国内漆器など南蛮漆器と称される漆芸の一分野の出現をみたことを論じた。「本阿弥光悦と鷹ケ峰村」は、光悦芸術村については、従来『光悦町古図』を素材に論じられてきたが、林羅山の「鷹峯記」、大田蜀山人や灰屋紹益の随筆、さらには鹿苑寺との堺相論の検証を通じ、光悦の意図した芸術村は完成せずに計画途上で頓挫し、農村化が急速に進み、消滅してゆく過程を考察し、光悦町古図は、光悦が意図したありうべき町の様、もしくは屋敷割り計画図であったことを明らかにした。

第Ⅲ部被差別民衆の諸相は、河原者や声聞師の動向を論じたもので構成した。

「洛中洛外図にみえる河原者村について」は、賤民生活を描いた資料としては『天狗草紙』浄土山臥遁世巻が周知のものであるが、高津本『洛中洛外図屛風』は十七世紀初頭の洛中洛外の景観を描くものとして知られていながら、そこに河原者の集住地が描かれていることは長く見過ごされてきた。本稿は、その河原者集住地に注目し、その地域が近世の天部村であることをことを論証するとともに、近世初頭の被差別民の集住状況を具体的に描いた本屛風は、『天狗草紙』同様、賤民生活を視覚的に検証しうる絵画資料としてきわめて重要な位置を占めていることを明らかにした。「牛馬皮と鹿皮――卑賤観のあり方の相違をめぐって――」は、鹿皮白皮の製造販売をめぐる天部・六条村と八幡科手村の権益争いを素材に、従来皮革製造一般で語られていた卑賤観について、牛馬皮と鹿皮という種類の相違する皮革について、その製造集団に対する卑賤視のあり方に相違があったことを明らかにした。「散所の諸相」は、相国寺領柳原散所・御霊社東西散所や北畠散所・桜町散所の声聞師たちの禁裏における芸能活動を検証し、声聞師大黒が他地域の声聞師を禁裏で演じさせる役割を担っていた事例や、家侍による声聞師大黒の殺害事件に対する伏見宮の二千人にも及ぶ動員態勢の検討などを通じ、従来あまり注目されることがなかった各地域に居住する声聞師間のネットワークの存在の可能性を指摘した。また延宝七年の検地帳および元禄十一年の村明細帳を素材に、近江堅田における声聞師とその後裔と推測される陰陽師たちが減少・衰退してゆく状況を検証した。

第Ⅳ部乱世を生きた人びとは、室町・戦国期の人物の点描である。

「近衛政家と在地の土豪・岡屋六郎」は、応仁・文明の大乱期における政治・社会の動向に目を向けることなく疎開地で遊興に耽る公家と、在地支配の好機と捉えて勢力の伸張をはかろうとして地下衆の反発を受け挫折した土豪の対照的な生きざまの検討を通じて、大乱の中でたくましく成長してゆく民衆の姿を描き出した。「足利義昭」では室町幕府最後の将軍と信長との関係を中心に、時代を透視できずに破れ去った義昭の行動を検証し、「真木嶋昭光――流浪将軍義昭を支え続けた側近――」では、その義昭を最後まで支えた近臣真木嶋昭光について論じたもので、熊本藩細川家が家臣に提出させた『先祖附』によって従来不明であった昭光の生涯の一端を明らかにした。

以上が本書の構成と概要である。はたして書名「京都文化の伝播と地域社会」にふさわしい文集であるかと問われれば心許ないものばかりであるが、将来への課題もそこに込めている。

京都文化の伝播と地域社会※目　次

はじめに

Ⅰ　地域社会の躍動

II　公武の文芸交流

I

地域社会の躍動

第一章　東寺領上桂庄における領主権確立過程について——伝領とその相論——

はじめに

東寺領山城国葛野郡上桂庄は、現在京都市西京区に編入されており、桂上野という字名を今に残している。北町と中町の隣接点付近一帯に住宅街が集中しており、その周囲はほぼ農地であるが、宅地造成ブームにより庄園の面影は急速に薄れつつある。

周知のように、上桂庄は拝師庄・矢野庄例名・八条院々町十三ヶ所と共に、後宇多院によって正和二年（一三一三）、東寺に施入された。そしてこの施入後、伝領をめぐって南北朝末期までこの庄は大きく揺れ動いた。それゆえ、鎌倉末～南北朝期の史料は主としてこの相論に関するものであり、激烈かつ長期であったがためにその数も決して少なくはない。

また、この庄の地理的条件からして、灌漑用水利権をめぐる紛争、洪水による被害によって多くの農民が苦しんだに違いない。関係史料の多くが井料・用水に関するものであることがそれを如実に物語っている。しかもこれらの史料は貞和年間ごろより現れだす。貞和期とは、東寺が伝領をめぐる相論を勝ち抜き、所職一円支配を実現した時期である。上桂庄においては性格を異にする二種類の史料が見出されるが、一方が中世農民の、苦しいがしかし活動的な姿を浮かび上がらせているのに対して、一方は所職の一円支配をめざす庄園領主東寺の苦悩する姿を鮮明に描き出している。

このような史料的特色をもつ上桂庄であるが、個別研究は皆無といってよい。同時に施入された拝師庄・矢野庄については今日まで数多くの研究が公にされ、八条院町についても最近になって研究されはじめてきたが、上桂庄については、かつて竹内理三氏が東寺領各庄の伝領研究の一部として、最近では網野善彦氏が学衆方庄園の成立過程との関連において伝領をめぐる相論に触れられたにすぎないのである。また、用水相論についても宝月圭吾氏の研究以外にはない。(1)

このように上桂庄は、関係史料が『東寺百合文書』『教王護国寺文書』に数多く含まれているにもかかわらず(天正年間まで史料が残っている)、従来ほとんど手をつけられていなかった。これは、相伝関係が複雑多岐にわたり、それをめぐる相論が鎌倉末~南北朝末期と長期間展開したにもかかわらず今日まで未整理であったこと、さらには土地台帳が欠如していることなどにその原因があったと思われる。

それゆえ、今後この庄の研究をすすめる上において、今複雑な伝領関係およびその相論についていちおう整理検討しておくことが必要ではないかと思う。

さらに上桂庄が南北朝期を経て、なお東寺領として存続するのはなぜか、東寺はいかなる形で上桂庄の庄園領主と成りえたか、換言すれば、地頭職というものが存在しない上桂庄において、東寺は何を基盤に領主権を確立しえたかという問題を、できうるかぎりさぐってみたい。そのことによって初めて、上桂庄伝領相論の東寺にとっての意味、およびこの相論の果たした歴史的役割が明らかにされるのではないだろうか。

一　上桂庄の成立と領家職

(一)上桂庄の成立

まず上桂庄の概観について述べておきたい。この庄の成立は天暦期と言われているが、(1)次に掲げる史料からもそれを裏付けることができる。

奉寄進　所領事
　合壱所者
　在山城国上桂
　四至　限東桂河東堤樹東　限南他領堺入交
　　　　限西五本松下路　　限北□河北梅津堺大榎木
右当所者、桂津守建立之地也、津守津公・兼枝・則光次第知行無相違、爰為奉募御威勢、以当庄限永代、所奉寄進院女坊(房)大納言殿○御局也、至中司職者、則光子々孫々可相伝之、為後日寄○進状如件、
　長徳三年九月十日　　玉手則光判
　　　　　　　　　　玉手則安判
(傍点筆者、以下同)(2)

この史料は寄進地系庄園の好例として周知のものであるが、開発領主が桂川の津守であったことは上桂庄の位置からしても十分うなずける。津守津公がいかなる人物であったかは判然としないが、開発領主であること、上桂庄の位置などよりして、葛野郡一帯に勢力を誇っていた秦氏の一族ではなかったかと思われるが、それを断定する史料が欠如しているためこれ以上立ち入れない。

ともかく、津公・兼枝・則光と相伝されてきた上桂庄は長徳三年（九九七）九月十日、則光によって「中司職」留保の条件で領家職を東三条院女房大納言局に寄進された。以後、則光・則安は上桂庄を下司職[3]として子孫に伝えていった。則安以降約二七〇年間の空白はあるが、鎌倉末期の秦相用以後は算用状などによって、南北朝末期まで下司職の相伝を知ることができる（図1参照）。しかし、清定を最後として下司は以後史料上よりその姿を消してしまった。南北朝動乱の終焉と共に、平安末期より続いてきた下司が消滅する意味は重要である。なぜならば、この現象こそ東寺の庄園支配のあり方を示していると思われるからである。この点については後述するのでここでは言及しない。

次に上桂庄の田積であるが、建武元年（一三三四）十一月の年貢算用状[4]では、公田十一町一反八十歩（神田人給定を除く）となっており、不作・河成を除くと定田が七町四反八十歩である。東寺領庄園群の内では小庄に属するものであるが、領主権をめぐる紛争は、かの新見庄以上に複雑かつ長期間展開する。[5]これを検討する前に、この紛争にはあまり関係がなかったと思われるが、領家職の相伝について簡単に述べておこう。

（2）領家職

玉手則光より東三条院女房大納言局に寄進された領家職の相伝を示す史料（則光寄進状案も含めて）は二通ある。

A　山城国上桂庄訴訟具書目録（大林家春具書目録）（『教王』六一三・『上桂』三〇七）

B　山城国上桂庄相伝文書案（『東百』ヨ―八四・『上桂』五九）

竹内理三氏はBのみをもって、大納言局・大柳姫宮・藤原教子・内大臣阿闍梨清厳・猷暹・承雅・聡覚・幸松

図ー　領家職・下司職相伝系譜

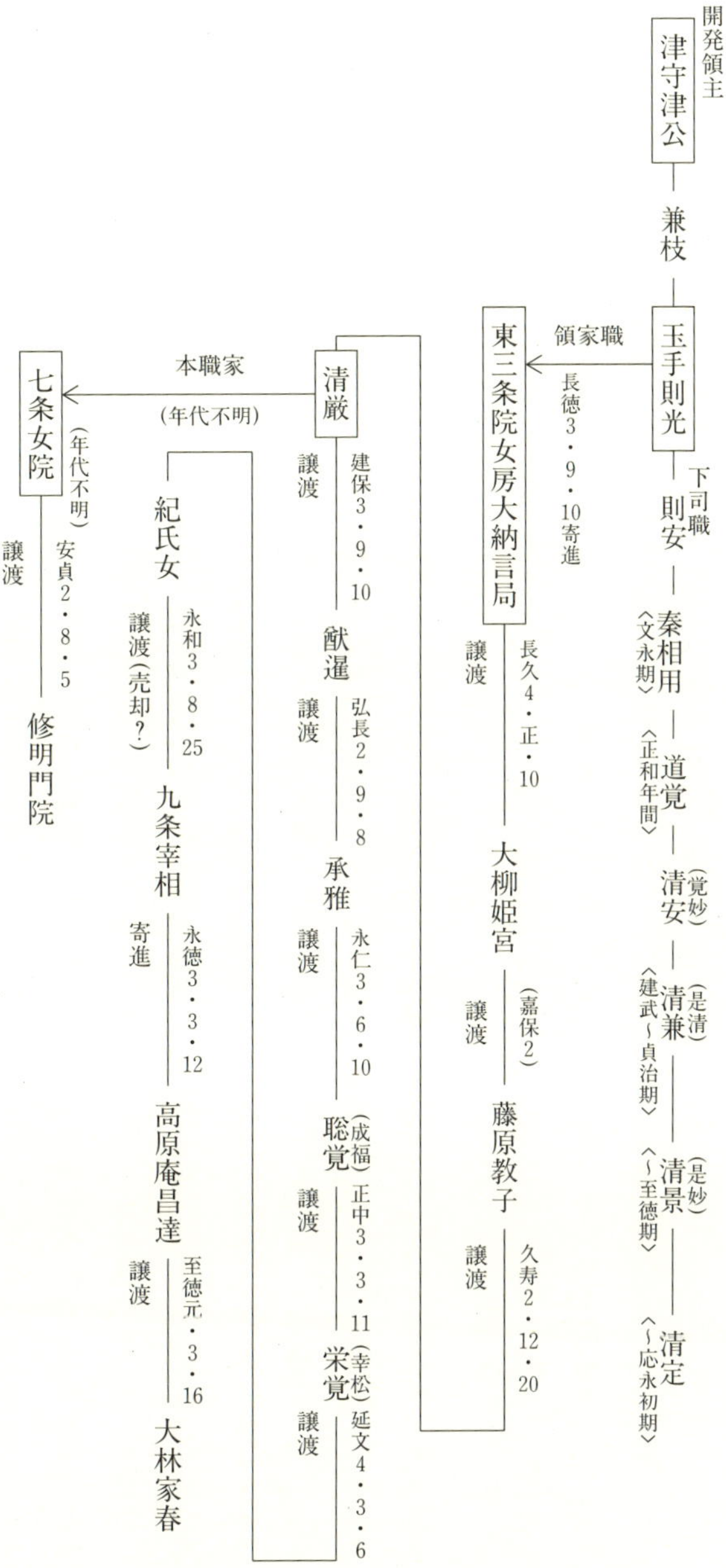

までの相伝系譜を明らかにされ、幸松以降は史料欠如のため不明に付されたのである。(6)しかし、その後Aが公にされたことによって、幸松以降も明確になった。ところがAは訴訟具書という性格を備えているため、信憑性については十分考慮しなければならない。しかし、Bとの比較検討の結果、謀作されたものではないと断定しうる(7)

ので、竹内氏が不明とされた幸松以降については、紀氏女・九条宰相・高原庵昌達・大林家春という相伝系譜になる（図1参照）。

なお、清厳が領家であったとき彼は七条院の甥であり、かつ母が七条院女房であった関係から(8)、本家職を七条女院に寄進した(9)。このような皇室・摂関家への庄園寄進は十一〜二世紀の一つの動向であった。下位者から上位者に向かって寄進関係が積み上げられて形成された庄園制的秩序は、当然のことながら重層的な姿をとり、かつそれを特徴としていた。上桂庄の場合もその例に洩れず重層的な姿をみせた。「為奉募御威勢」の在地領主玉手則光の領家職寄進に始まった上桂庄の所職の発生は、清厳の七条院への寄進によって本家職をも生みだしたのである。このように、領家職・本家職という上級所職を、あるいは下司職（＝下級所職）を生み出した上桂庄であるが、庄務執行権はだれが掌握していたのであろうか。この時期（十一〜三世紀）において、これを確定する史料を欠くが、永原慶二氏が指摘されているごとく「古代末期における在地領主の所領寄進、寄進地系庄園の成立とは、ふつう考えられるように、在地領主の収取する剰余生産物の一部を、中央権門がたんに上分として受領するという関係の成立を意味するものではない(10)」ならば、玉手則光が庄務執行権を掌握していたと簡単に断言しえない。

寿永元年（一一八二）七月、上西門院庁が「知行之上者、宜為彼（清厳）所帯」と、三位局の上桂庄「御綺」停止を命じていること(11)、また嘉禎二年（一二三六）八月二十六日、現朗弟子性存の上桂庄濫妨を停めた関東下知状が清厳より領家職を相伝した猷暹に与えられていること(12)などより、むしろ庄務執行権は領家が掌握していたと考えられる。しかし、これら領家が在地に代官などを派遣して支配に当たらせていたとは思えない。下司の在地における伝統的な支配力を排除しえなかった領家は、世襲的にせよ一応「補任」という形をとって在地の直接支配を下司に任せていたのではあるまいか。

では、庄務執行権を一応は掌握していた領家が、正和二年（一三一三）ごろから南北朝末期まで展開する上桂庄の領主権をめぐっての相論に、至徳二年（一三八五）の大林家春の訴訟以外、一度も顔をあらわさなかったのはなぜか。というより顔をあらわしえなかったのであるが、この状況については、次節以下にまかせて結論のみを言えば、後宇多院によって、東寺施入以前に、上桂庄の直接支配権を付与されていた高二位重経・聖無動院道我など在地支配に積極的であった人々、さらには、彼らと結託することによって、より在地における支配力を強化しようとした下司らによって、領家とくに承雅以後の領家は、領主権を弱化あるいは剝奪されていったのであろう。そして、数多くの「領主権」を主張し、在地支配に積極的であった人々の紛争の渦中にあって、得分さえも確保しえなくなり、文書のみによる相伝を継続していった。紀氏女などは、永和二年（一三七六）東寺に相伝手継文書を売却にくるというありさまであった。最後の領家大林家春のみが、至徳二年領家職権を主張し東寺と争ったが[13]、この家春もこのころ所職一円支配を実現し領主権を確立していた東寺によって排除され、領家という名さえも抹殺されてしまった。

このような平安末期より相伝されてきた領家職をも東寺が吸収しうる背景は、いったいどこに求められるべきだろうか。これこそが本稿の主眼とするものである。次節以下において東寺が上桂庄を獲得した正和二年前後より南北朝末期まで展開した伝領をめぐる相論の検討を通して明らかにしてゆきたい。

二　東寺領上桂庄の出発

(一)本家職の混乱

安貞二年（一二二八）八月五日、修明門院に譲渡された七条院領三十八ヶ所は、[14]順徳院第三子四辻宮善統親王（修明門院孫）へと相伝された。[15]清厳の七条院への寄進によって、上桂庄は当然この経過をたどってきた。その後、両統の対立もからんで[16]四辻宮は弘安三年（一二八〇）に二十一ヶ所、正応二年（一二八九）上桂庄を含む残る十七ヶ所と、二度にわたって後宇多院に譲渡した。[17]延慶三年（一三一〇）四月、後宇多院は高階重経に、「本家職の代官ともいうべき預所としての権利」を付与し、[18]上桂庄の直接支配に当たらせた。正和二年直前ごろ、聖無動院道我[19]がこの権利を継承した。[20]

一方、四辻宮は三十八ヶ所を後宇多院に譲渡したにもかかわらず、正応三年十月二十五日、対馬入道光心の「大功之忠」に対する反対給付として、彼の妻尼妙円に上桂庄を与えた。[21]後宇多院が重経に付与したと同様の権利を、四辻宮は妙円に与えたのである。このように、四辻宮と後宇多院の間には、本家職自体に混乱を呈していた。そして、この混乱がさらに深刻化したのは、預所としての権利を付与された人々が、ともに在地の直接支配にすこぶる積極的であったということである。東寺領となる以前に、すでに上桂庄の伝領関係は混乱していたのであった。

（2）領主権の混乱（相論第一期）

さらに、この本家職の混乱にも増して、預所としての権利も、妙円が相伝（＝権利）支証を入質したことによってますます複雑化した。徳治三年（一三〇八）二月十日、同六月三十日と二度にわたって妙円は、日吉上分用途六十貫文を銭主平氏女より借用し、質物として上桂庄相伝手継文書を入れて置いた。[22]そして、借金返済不能となった場合に備えて、上桂庄売券も書き置いた。[23]

図２　伝領関係図

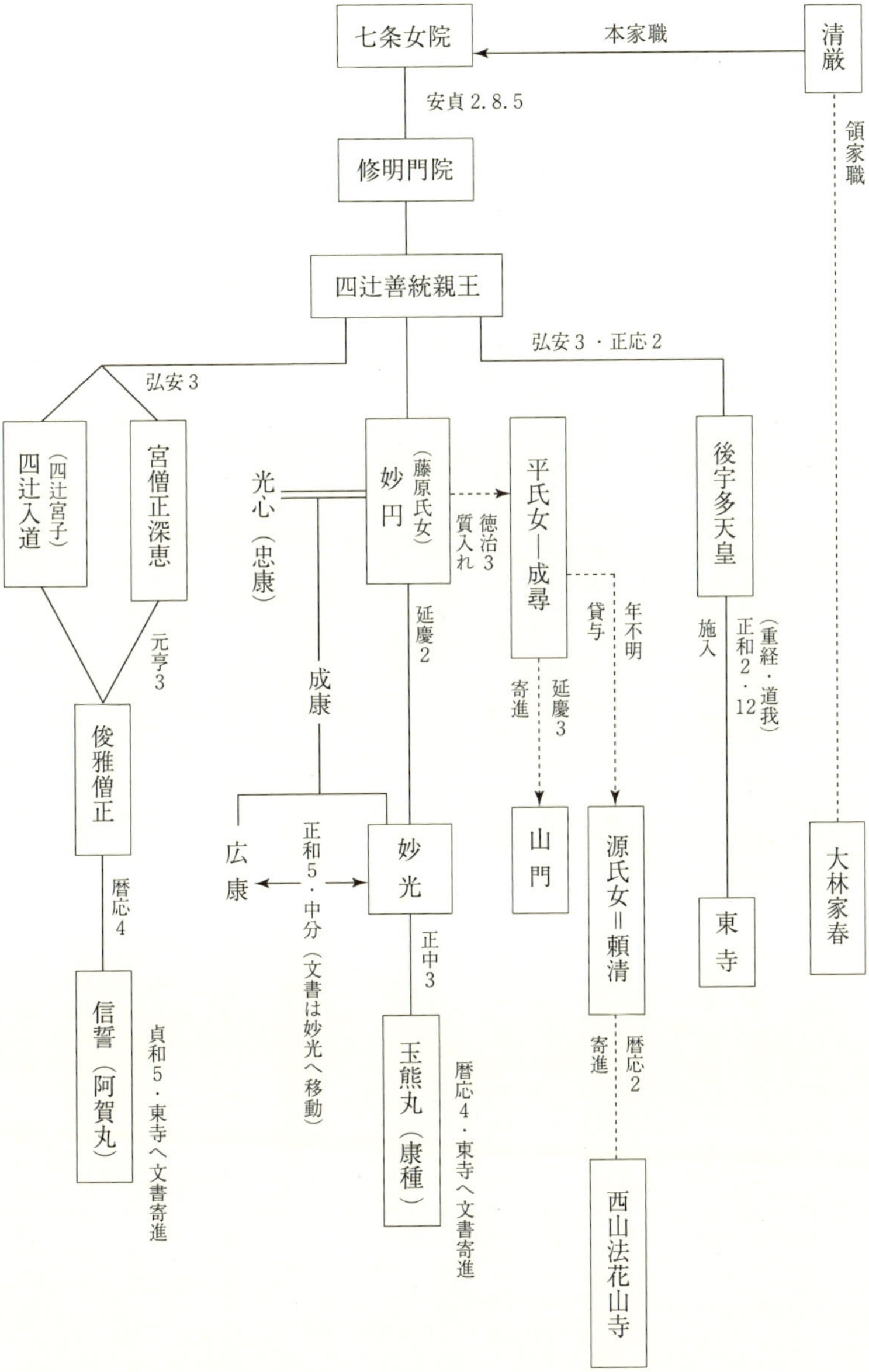
七条女院
本家職
清厳
安貞2.8.5
領家職
修明門院
四辻善統親王
弘安３・正応２
弘安３
四辻入道（四辻宮子）
宮僧正深恵
光心（忠康）
妙円（藤原氏女）
徳治３
質入れ
平氏女—成尋
後宇多天皇
延慶２
貸与
年不明
施入
正和２・12（重経・道我）
元亨３
成康
寄進
延慶３
俊雅僧正
広康
正和５・中分（文書は妙光へ移動）
妙光
山門
源氏女＝頼清
東寺
大林家春
暦応４
正中３
信誓（阿賀丸）
貞和５・東寺へ文書寄進
玉熊丸（康種）
暦応４・東寺へ文書寄進
寄進
暦応２
西山法花山寺

ところが、銭主平氏女と子息南泉房律師成尋は、この売券を楯に質物を抑留し[24]、さらに、藤原氏女（教明）より譲得したと偽り、「上分十果」の負担をもって、山門東塔北谷十禅師二季彼岸料所に寄進した[25]。ただし、下地進止権は「氏女全子孫相伝」うする条件であった。妙円の借用のおり、山門僧が口入れしていることより、銭主の文書抑留・山門への寄進は、山門と銭主平氏女の策略であったことは明白であろう。

ここに、上桂庄の支配権は、重経＝道我・妙円一族・平氏女＝成尋＝山門と事情はどうであれ、三者によって保持（＝主張）されることになった（図2参照）。三者共に、在地の直接支配には非常な積極性を示していたゆえ、抗争は必至であった。

正和二年（一三一三）六月の山門東塔北谷衆徒等の出訴[26]によって、紛争の口火は切っておとされた。

右当庄為四辻親王家御領之間、去正応三年譲賜藤原氏女之後、平氏女得彼譲、寄進当谷

と山門は領主権保持を主張し、清閑寺僧正坊（道我）の庄違乱停止の院宣を請うた。「領主権」獲得の経過は、全く正当性を欠いていたが、直接支配の実現のために平氏女らは、後宇多院によって預所としての権利を付与され庄支配を積極的に行なっていた道我を、排除する必要に迫られ、山門を前面に押したててきたのである。九月にも山門は出訴した[27]。

この山門の出訴は、道我にとっては降って湧いたような事件であるが、この紛争の原因は、先述したごとく、本家職自体の混乱、およびそれによって生じた在地の直接支配をめざす多くの人々の出現にあった。このような上桂庄における職権の混乱は、後宇多院による東寺への施入によって、ますます深刻化していった。

（3）後宇多院の東寺への施入（相論第二期）

正和二年（一三一三）十二月、後宇多院は東寺興隆事業（六箇御願）の一環として、拜師庄・矢野庄例名・八条院々町十三ヶ所と共に上桂庄を東寺に施入した。[28] 上桂庄のこれまでの伝領経過よりして、「本家職」の寄進であったゆえに、東寺は在地に対する直接的な支配権を掌握したのではない。道我が施入後も預所としての権利を保持し続け、直接支配を行なっていた。[29]

一方、東寺に「本家職」が移行したことによって、四辻宮より付与された権利の保持に不安を感じた妙円一族は、四辻宮に歎き入り、正和五年五月、「不可及他所御綺之上者、早如元可致知行」との安堵の令旨を得たのである。[30] しかし、現地の直接支配権の完全な奪還は遅々として進まなかった。実力者道我の在地に対する支配権は簡単に排除しうるものではなかった。

この道我の活動は、正和五年十月の山門東塔北谷本尊院の出訴[31]によってより明確になる。この訴状によれば、道我は「相語数百人悪党、構城郭、致苅田以下種々悪行」すという在地支配にすこぶる積極的な預所としてその姿を現わす。ここでいう「悪党」とは、衆徒がこの訴状と同時に提出した「悪党交名注文」[32]によれば、開発領主の系譜をひく下司道覚とその一族であったことが知れる。しかし、この一族が数百人もいると思えないので、悪党と表現された人々の中には、在地領主道覚一族に私的に隷属していた多数の周辺農民が含まれていたであろうことは容易に推測しうる。

これら悪党と呼ばれた人々は、下司に引率され城郭を構え、籠城し、「問答」のために山門より差し遣わされた公人二人を抑留するという実力行使を行なったのである。この下司を指導し、山門の攻撃に対し、自己の権利防衛を図ったのが道我であった。

元亨四年（一三二四）十一月、山門は再び「領主職」権を主張した[33]が、それは不成功に終わった。このように道我は、現地の人々と密着することによって所職を防衛し、それによって庄園支配者としての自己の立場を守りぬいた。換言すれば、在地の人々と密着することなしには、所職の防衛は貫徹できなかったし、また在地領主も、この庄園支配者間の対立に深く関与することによって、自己の勢力伸張を図っていたのである。この行動が、山門によって悪党と呼ばしめた。この時期では、いちおう下司と道我とは、道我の在地支配に対する支配力の強さゆえに、結びついてはいるが、両者の目的とするところより対立は必至である。この点については後述するとして、庄園支配者間の対立について、さらに検討してみよう。

文保元年（一三一七）、道我は上桂庄等の所領の文書を東寺学衆方に引渡したが、(34)上桂庄の直接支配は継続していた。しかし、東寺はこれを機会に、文保元年の下文(35)によれば「預所下司公文以下諸職」の「地下管領」権を公権力によって保証されることにより、上桂庄に対する「一円可令進退領掌」との一円支配、すなわち、本家職、領家職といった庄園制的公家的な上級所職のみでなく、預所・下司・公文などの下級所職まで吸収することによって、完全な下地進止権を含む領主権の確立への意欲を示した。十月、後宇多院庁より「可為寺領」の安堵を得た(36)東寺は、上桂庄の一円支配確立への基盤をまず固めた。

しかし、四辻宮より付与された権利を有する妙円一族、およびそれより派生した新たな権利保持主張者の存在、さらには、先述した下司道覚ら悪党＝在地領主の動向などよりして、スムーズに一円支配を貫徹することは困難を極めることは明白である。だが、本家職の獲得、および道我の保持していた預所としての権利を確保した東寺にとって、一円化への第一歩は獲得しえたのであるから、貫徹への意欲は十分であった。

（4）妙円入質文書をめぐって（相論第三期）

東寺のこれ以後の動向を検討する前に、上桂庄の領主権をめぐる妙円一族と銭主平氏女＝成尋の紛争について触れておかねばならない。なぜならば、東寺の目的は、これら両者によって争われる「領主権」そのものの吸収にあったからである。本家職の所有に混乱が生じて出現した諸権利保持者の一方である東寺が他者を吸収しえない限り、上桂庄に対する一円支配は実現されない。他者間の抗争によって弱化した領主権を吸収することは容易であろうから、東寺にとっては、この抗争は幸いであった。一方、妙円一族にとっては、平氏女らを排除することなくして、道我によって侵害されつづけている在地支配の完全掌握も不可能であろう。また平氏女らも一度獲得した領主権を必死で守り抜かんとするだろう。

延慶二年（一三〇九）、妙円より上桂庄を相伝した孫妙光は、(37) 正中三年（一三二六）三月子息玉熊丸（康種）にそれを譲渡した。(38) それゆえ、質物返還をめぐる紛争は、具体的には成尋と玉熊丸との相論としてあらわれる。嘉暦二年（一三二七）四月、玉熊丸は質券文書の返還を求め、成尋を検非違使庁に出訴した。(39) 上桂庄の権利支証を質物として入れ置いたのであるから奪還は困難をきわめた。成尋も支配権の支証を守るために非常な熱意を示し、同六月「妙円過契約之年、不返弁之間、連々令問答之処、令放券之旨、返答」との請文をもって反論し、(40) 文書抑留を正当化せんとした。借書には「りふんをとしことにあけ候はゝ、五かねんまてハ御まち候へ」(41) と妙円が記しているにもかかわらず、二年後の延慶三年に山門への寄進を成尋らは行なっている。妙円が上桂庄に対する権利を放棄したという成尋の主張を信頼することはできない。それを裏づけるかのように、彼は翌年二月二十二日、前年の請文を反古にし、

〈藤原氏女より〉至長寿丸相伝無相違候、而後宇多院御違乱之間、致訴訟之最中、号玉熊丸申賜御挙令旨、於記録所及参訴云々、此条奸謀之至候(42)

と妙円の入質さえも認めない態度にでた。このような成尋の一貫性のない主張は認められるべくもないが、元亨三年（一三二三）後醍醐天皇によって四辻宮には上桂庄の替りとして吉身庄が返還になっていたため[43]、相論は吉身庄に転化してゆくが、これは領主権の問題として両者の対立が上桂庄から吉身庄に転化したのであって、質券返還をめぐる相論としてはこのまま続行していった（図2参照）。

上桂庄の権利支証を抑留し「成永領之思[44]」した成尋に対し、自己の権利確保を図った玉熊丸ではあるが、論敵の強固な姿勢によって容易にその目的は達せられない。このように東寺の上桂庄の所職一円支配実現への動きとは別に、領主権保持者の紛争が展開していた。というより上桂庄をめぐって多くの人々の権利保持の主張によって、複雑多岐にわたる領主権争奪闘争が展開していた。

庄園制的秩序が動揺し、職の流動化現象がその度合を深めていった鎌倉末期において、本家職の混乱、あるいは在地支配を積極的に押し進めようとした人々の出現がからみ合って上桂庄の支配権は南北朝内乱を目前にして、ますますその争奪闘争を激化させていった。しかし、このころは東寺が主導権を握り相論を展開していったのではなく、本家職の所有者であった四辻宮・後宇多院によって生み出された「本家職の代官ともいうべき預所として権利」＝直接支配権保持者間の争奪闘争期であった。このことはまさに、「職」が職としての権利を保てなくなっていった事実を示している。このような状況は、南北朝内乱期にはいるとますます進展していった。この好機をとらえて、東寺は所職一円化＝直接支配権の獲得に非常な意欲をもって向かっていったのである。

三　相論の激化

(一)源氏女の出現(相論第四期)

建武元年（一三三四）十二月、銭主平氏女は上桂庄の「領主職」権を主張して出訴した。[45]平氏女が提示した相伝系図によれば、正応三年十月二十五日に四辻宮より上桂庄を譲り賜った藤原氏女は、嘉元元年（一三〇三）十一月十日に平氏女に譲渡したことになっている。[46]しかし、これが事実でないことはこれまでの経過よりして明白であろう。妙円の入質文書を抑留し、上桂庄の支配権を奪取しようとした平氏女にとって権利保持の根拠となる正応三年の四辻宮譲状は否定しえない。それゆえに、徳治三年の妙円の入質以前に平氏女の権利獲得の事実を示すことによって、延慶三年ごろの高階重経の知行をも非法としたのである。一方で玉熊丸と争い、さらに東寺と相論を展開することによって、領主権を獲得せんとした銭主平氏女ではあったが、建武三年十二月八日、知行安堵の光厳上皇院宣が東寺供僧学衆に下るに[47]及んで、その目的を阻止された。

建武三年十二月といえば足利尊氏が九州より光厳上皇を奉じて入京し、皇位はいちおう光明天皇に継承されることによって南北朝分裂が固定化した時期、そして、尊氏によって建武式目が制定されて、室町幕府の基盤を築いた時期である。この時期に光厳上皇より所領安堵を受けた東寺は、文保の院庁下文よりもより大きな拠を得たことになり、ますます所職一円支配（領主権確立）貫徹への意欲を深めた。しかし、その目的を一応は阻止されたとは言え、銭主平氏女＝成尋は策略を凝らしていたし、妙円一族も強硬に支配権確保を図らんとしていた。とくに、平氏女は敗訴したにもかかわらず、妙円入質文書の一部を源氏女という人物に貸与し、[48]彼女を通じて権利回復を執拗に図っていた。ここに東寺は、正和～元亨期における道我の実力行使の成功及び、建武三年の安堵院宣の実績に基づいて、建武四年源氏女の排斥を企て、相論の前面にあらわれてきた。

すなわち、東寺は論敵源氏女の上桂庄違乱の停止を求め、公家に出訴した。[49]この東寺の出訴に端を発し、東寺が勝訴する康永四年（一三四五）まで約十年間、武力行使を伴った抗争が展開した。「謀計作沙汰、諸人之口遊、洛中之謳歌也」[50]といわれた武家被官長田対馬蔵人頼清を父にもつ源氏女が相論の相手であったことは、東寺にとっては不運であった。この相論過程において二度までも敗訴しなければならなかったことが、東寺の所職一円支配貫徹すなわち領主権確立への最大の難所であったことを如実に示している。

東寺の出訴に答えて、源氏女は同八月反訴した。[51]その支状によれば、

①上桂庄は、安貞二年八月五日の惣目録に見えているごとく、修明門院処分領の内の一つである。

②これを相伝した四辻故宮が在世時「由緒」あるによって、正応三年十月二十五日藤原氏女（教明）に譲渡した。永仁元年の四辻親王家下文・乾元二年四月の安堵院宣・岡屋関白家御教書等によって、知行相違がなかった。

③嘉元三年十一月十日比丘尼教明より源氏女が譲得し、建武元年三月二十四日「知行不可有相違」の安堵綸旨を賜わり、今日まで領掌に子細がなかった。

④ところが、四辻親王家雑掌が十七ヶ所について安堵勅裁を掠めたので、氏女が訴訟の最中に東寺が横ヤリを入れるのは迷惑である。正和二年十二月の後宇多院の施入に始まる東寺の由緒は何事であるか。よく吟味されて源氏女の知行を認めてもらいたい。

ということである。氏女はこの主張の根拠となるべき具書七通をそえ反訴したのである。しかし、源氏女の権利支証入手経過（銭主平氏女より借用）より、上桂庄の支配権保持の根拠は皆無であるが、以下の訴訟事情を明確にするためにこの具書を検討しておきたい。

(イ)修明門院処分惣目録案

これは①の根拠となるものであるが、この惣目録は弘安三年（一二八〇）七月二十七日、四辻宮が後宇多院に

二十一ヶ所を譲渡したときのものである。残る十七ヶ所については正応二年（一二八九）に譲渡したのであるから、この目録の奥書として後宇多院が「被分止本所十七ヶ所後代更不可有相違耳」と記していてもおかしくはない。それゆえ、この惣目録のみをもってしては十七ヶ所、とくに上桂庄が後宇多院に譲渡されていないという根拠にはなりえない。

(ロ)四辻宮親王家譲状案（正応三・十・二十五）・四辻宮親王家庁下文案（永仁元・八）・後宇多院々宣案（乾元二・四・二十三）・岡屋関白御教書案（同・四・二十三）

これら四通の文書は、妙円が徳治三年に(イ)と同様銭主平氏女に入質しておいたものである。これを源氏女が借用したのである。御教書の宛名が「教明の御房へ」となっているが、このことについては後日明白になるので、後述するが、教明が藤原氏女を指しているのではもちろんない。藤原氏女とは妙円であることは明白である。四辻親王家より教明への譲渡は、これらの支証では納得させられるものではない。

(ハ)教明譲状案（嘉元三・十一・十）

平氏女が建武元年に出訴したおり、嘉元元年に藤原氏女より譲得したと主張していたが、源氏女は嘉元三年に教明より譲得したとして、この支証を提出したのである。平氏女と結託しておりながらもそれをカムフラージュするために嘉元譲状の年を変更したのであろう。謀書であることはこれまでの事情より疑う余地はない。

(ニ)後醍醐天皇綸旨案（建武元・三・二十四）

源氏女が、いかなる手段によって安堵綸旨を入手したかは判然としないが、建武元年という混乱期に目をつけて獲得したのであろう。

以上、具書を検討してきたが、具書のみをとり上げても源氏女の権利保持の支証とはなりえないことが明らかになった。それゆえ、源氏女とくに父頼清は、悪党を引率して上桂庄に乱入し実力をもって領主権を確保せんとしたのである。当然この行動を非難した東寺は再訴したが[52]、源氏女は悪党引率の事実を否定し、東寺所帯の光厳上皇院宣は掠め賜ったものであると反論し、さらに建武綸旨が謀書であるという東寺に対し「就相伝申賜勅裁者通例也、謀書所見何事哉、然者所司等謀略罪科、争可遁申者哉[53]」と言い放った。

このように氏女側の激しい反論をうけ、また嘉元譲状の謀作理由まで十分に納得のゆく反論をなしえなかった東寺は、翌年五月、文殿での対決において敗訴するという危機に陥ち入った[54]。暦応二年（一三三九）四月、東寺は庭中訴訟をおこしたが[55]、六月二十一日「任文殿注進、可相伝領掌」の院宣は源氏女に下った[56]。七月ただちに東寺は院宣召し返しを願いでたが[57]、文殿での裁決をくつがえすことはできなかった。一方勝訴した源氏女は、暦応二年八月「領家職」を西山法花山寺内浄土院に寄進することによって[58]、獲得した上桂庄の支配権の保全を企てた。敗訴のみでなく、源氏女の他寺への寄進によって東寺は最悪の事態を招いた。所職一円支配貫徹過程における東寺の最初でしかも大きなつまずきであった。

この東寺と源氏女との相論は、やはり本家職の混乱によって、その間隙を縫って在地の直接支配権を獲得しようとした両者の対立とみることができる。また鎌倉幕府の崩壊から南北内乱期にはいって、すべての階層が大きく揺れ動き、今までの重層的支配体系の動揺の中にその存在価値を失っていった職権の整理期の現象としてこの対立を位置づけることができる。そして、権利支証の正当性が欠如していた源氏女に支配権を安堵されたということは、この混乱期の状況を如実に示したものであった。所職一円支配＝領主権確立へ大きく歩調を進めた東寺が、ここに大きな後退を余儀なくされたのであった。所領の一円支配をスムーズに貫徹しえなく、むしろ支配権を一時後退させられるほど南北朝内乱期は、すべての階層・あらゆる面にわたって深刻な状況を呈していた。

（2）妙光・康種と東寺の連合（相論第五期）

東寺は源氏女による敗北をいかに乗りこえていったか。一つは、武家への訴訟もち込みであり、他方は、別の権利保持者のその権利吸収であった。時期的に言えば武家への出訴が早いのであるが、武家出訴による東寺勝訴の背景となったのが、妙光らとの連合にあったので、この点についてまず検討したい。

東寺は、成尋らと入質文書の返還（＝領主権獲得）をめぐって嘉暦年間より訴訟をつづけていた妙光・康種（玉熊丸）に対して、その権利の寄進を促した。当然のことながら無条件の寄進をもちかけたのではない。

御一期のほとハ、としことに五石さたしまいらせ候へく候、御一期の後ハ、地下より三石をきりて、永代まいらすへく候[59]

という交換条件をうち出すことによって、上桂庄に対する領主権の放棄を促したのである。この条件も両者間に問答が行なわれて後の妥協点であったろう。もっとも、妙光親子にしても後醍醐天皇によって元亨三年（一三二三）に上桂庄の替りとして、四辻宮には吉身庄が返還されていたのであるから、ことさら上桂庄の領主権を主張することもなくなったのであり、成尋との相論に勝てば（文書奪還）、その権利支証にもとづいて吉身庄の領主権を獲得しうる可能性が存在していたのである。ならば、ここで東寺と協力することによって、成尋との訴訟に臨めば勝訴の可能性が、東寺のバックアップによってより増大するのである。このような事情からして、妙光らが東寺の誘いに乗ってきたのは当然であろう。

暦応四年十月二十三日、両者の契約が成立し、妙光らは権利支証の寄進を約束した[60]。契約に際して東寺は、

（前略）万一依平氏女之謀作之状、云寺家御訴訟、云比丘尼御証文、被弃損之日、御文書任目録、雖被返進、比丘尼御扶持分、更不可被及糺返之沙汰、（中略）次毎年御扶持分、自当庄之沙汰人方、直可被致検納（後

略[61]）
と、訴訟において敗訴した場合でも文書は返還しても「扶持分」の検納は続行することを確約した。しかし、この確約は十分に守られなかったらしく、康永三年二月妙光は、「毎年契約分五石内、去年未進三石、任当庄下司領掌、可致其沙汰[62]」と抗議している。このとき、東寺はこの契約を変更して扶持分検納期間を十か年と制限し、再契約を行なった[63]。下司未進の機会をとらえ、領主権の吸収を果たした東寺の強行策であった。

ともあれ、暦応四年（一三四一）東寺と妙光親子の和睦が成った。和睦と言っても東寺にとっては完全ではないが、領主権吸収の実現の第一歩であった。道我の上桂庄支配の事実が存在しているとは言え、本来本家職のみしか保持していなかった東寺は、一方の領主権保持者の権利を掌握してしまった。混乱していた職権もようやく整理されだしたのであった。そして、この和睦によって鎌倉末期より始まった複雑な相論も、成尋＝源氏女＝頼清、東寺＝妙光親子という二組の対立に整理されることになった。

暦応四年十二月、康種は東寺との契約を実現すべく、また嘉暦以来の紛争に決着をつけるべく宿敵成尋との訴訟を再発させた[64]。同二十一日「早可被弁申」しとの別当宣が下った[65]にもかかわらず、成尋は無視しつづけた。翌五年康種は再度出訴し[66]、前年と同様に別当宣も成尋に発せられた[67]。この康種の強硬な態度に抗しきれずついに成尋は「所労之間、以代官可明申候、但彼仁遠行事候、近日可帰洛候」という請文を提出し[68]、策を練るべく時をかせいだ。しかも十一月十八日の使庁における評定において[69]、成尋は敗訴したにもかかわらず、康永二年（一三四三）十一月四日鶴夜叉に文書を譲渡し[70]、なお執拗に文書抑留をしつづけた。しかし、結局この策略は成功せず、彼は頼清に貸与してあるもの以外のすべての文書を東寺に寄進し[71]、上桂庄に対する権利を放棄してしまった。

ここに、嘉暦以来の成尋と妙光親子をめぐる紛争は、成尋の敗北をもって終結した。と言うことは、上桂庄の領主権保持者が、いままた一人消滅したことを示すものである。妙光らとの和睦によって領主権の吸収を図った東寺は、ここに加えて平氏女＝成尋らを排除してしまった。一円領主権獲得へはあと一歩というところまできたのである。平氏女・源氏女らを派生させた妙円一族の保持する権利すなわち根幹の領主権を吸収し、さらに平氏女らをも排除しえた東寺にとって、残された課題は、源氏女とその父頼清の排撃であった。

(3)頼清の敗北――所職一円支配の実現――

時期は前後したが、暦応二年（一三三九）源氏女に敗訴した東寺は、同十月武家に出訴することによって権利獲得を企てた。(72)この東寺の武家出訴には一つの根拠が存在していた。

足利尊氏は、建武三年（一三三六）の東寺居城以来、(73)ことさら東寺の保護につとめていたのである。また論敵長田対馬蔵人頼清は武家被官人であった。東寺は幕府への出訴に大きな期待をかけたことは当然である。

> （前略）就中頃年以来、世上逆乱、専於当寺城郭防凶党之難、偏以密教威○《法》力退敵陣之軍、（中略）依之聖運速開、武徳繁栄、専是吾寺之擁護也(74)

と、東寺僧綱大法師等が訴訟にことさら銘記したことによっても、武家出訴の背景は明白であろう。

後宇多院への四辻宮譲状以下十二通の具書をそえ、「可全寺家知行」しの武家執奏を請うた東寺は、このように武家協力者としての自己を印象づけることによって、ひたすら「早任文殿参差勘進、所掠給院宣被召返之、可全当寺領之由預御執奏」りたいとの主張を押し通そうとした。愁状によれば東寺の主張は、

①四辻宮・後宇多院・東寺という上桂庄の相伝にまちがいがないこと

②源氏女所帯の安堵綸旨は謀作されたものであること

③上桂庄に対する東寺の知行は、数十年に及んでいること（武家年紀法適用を要望）
④七条女院領は承久没収以来、武家の沙汰であること
⑤長田頼清が侍所の奉書を掠めて上桂庄に乱入し、狼藉を働いていること
⑥この地が転倒すれば、夏衆得分・長日供花料所がなくなり、夏中不断供花が行なえなくなること

ということである。このように、武家年紀法の適用を強く要望し、七条女院領の武家沙汰の旧故をもちだすことによって、寺社本所領の武家出訴を正当化しようとした。

この東寺の強い要請を受けた幕府は、翌暦応三年四月掃部頭親秀を使者として菊亭家に派遣し、その受け入れの可否を問い「不可有子細」の勅答を得た(75)。東寺の領主権獲得への意欲をまざまざと見せつけた行為の結果であった。この勅答を得たころ、東寺は先述したごとく別の権利保持者の権利吸収を企て、それによって妙光・成尋らの上桂庄に対する支配権を排除していた。貴族・社寺らの庄園領主が、南北朝内乱という諸階層の混乱期において、その領主権を弱化あるいははく奪されていった動向とは逆に、東寺はその伝統的重みに加えて非常な意欲でもって、一円領主権確立へ急速に歩んでいった。

康永元年（一三四二）十二月、東寺と和睦することによって成尋を排撃した妙光は、攻撃の鉾先を頼清に向け、武家に出訴した(76)。これは、東寺の出訴を側面より援助する目的でなされたことは当然である。追求の主眼は、東寺となんら変わるところはないが、頼清敗北の決定的要因となった嘉元譲状の謀書たる理由を詳細に記してあり、教明という人物が訴訟に登場してくる原因も、ここに初めて明確になる。

①教明房は嵯峨光台寺の尼衆であり、在家のときは岡屋関白家祗候の女房であって、阿乃少将の一族である。
②光心の息女が「一事已上」に教明を頼としていたゆえに、上桂庄「牢籠」のとき教明房に属して訴訟した。

③教明房の願望によって、関白家が奏聞を経られて、院宣が関白家に下り、教明房宛に院宣を付して御教書を下された。教明房は領主でもなく光心の息女でもないことより、嘉元譲状の謀作は確実である。教明房の筆跡については、光台寺・今林寺の尼衆が存知しているのでおたずねあれば明らかになる。

④四辻宮より妙円に譲与されたことは、正和五年の令旨によって明白である。質券文書を頼清が誘い取ったものである。

以上が妙光の主張である。ここに関白家御教書の宛名が「教明の御房」となっていた理由も明らかになった。これらによって建武綸旨の入手経過を疑われることは当然である。さらに、妙光は暦応元年九月ごろの頼清による庄乱入についても「本所御領、武家仁領知之条、令違犯厳制之法者也」と激しく非難し、「東寺一具御沙汰」の執奏を強く要望した。

一方、東寺自身も翌年再度訴え、[77]康永三年にも長文の申状を提出しようとした。[78]このおりは、奉行人の病気によって提出延期を余儀なくされ、結局提出できなかったが、室町女院領に対する武家年紀法適用の先例をひき、「当知行」の事実を認めさせようとしたことがうかがわれる。

東寺の強硬な要請、それに加えて妙光の側面よりの援助が功を奏して、東寺の「当知行」が認められ、康永四年（一三四五）五月十八日「如元可管領」の光厳上皇院宣が下った。[79]源氏女の庭中訴訟も却下され、[80]文殿での裁決は、武家への出訴によって覆されたのである。この後、貞和四年（一三四八）七月に西山法花山寺内浄土院が訴訟に及んだが[81]これも却下され、八月十一日足利直義の施行状をもって、[82]東寺の所職一円支配は実現した。貞和五年、別の権利保持者信誓からも相伝文書の寄進をうけ[83]（図2参照）、四辻宮の妙円への権利付与より派生した諸権利は、ここにすべて東寺が吸収することになった。

もっとも、至徳年間まで法花山寺の再訴(84)、下司の領主職の主張(85)、大林家春の領家職の主張(86)といったごとき訴訟が続けられるが、東寺の立場を動揺させるものではなかった。至徳二年九月、家春出訴弃損を命じた管領斯波義将奉書(87)を最後として、鎌倉末期より展開した相論は完全に終結した。重層的かつ分権的であった職権は、混乱期を利用した東寺によって、南北朝内乱の終結とともに完全に吸収されてしまった。上桂庄に対する東寺の一円支配権はここに至ってようやく確立されることになった。

おわりに

本稿において、上桂庄の伝領をめぐる相論に焦点を合わせながら、鎌倉末～南北朝期における東寺の領主権確立過程をみてきた。それは、以下のごとくまとめることができると思う。

鎌倉末期より混乱を呈し始めた庄園制的秩序の動揺＝職権の流動期において、上桂庄では、本家職自体に四辻宮と後宇多院との間に明確な関係がなかったがために、「本家職の代官ともいうべき預所」としての権利の保持者が両者より生まれ、まずこの人々によって在地の直接支配権の争奪闘争が展開した。そして、それに加えて、在地領主＝下司がこの紛争に当然のことながら深く関与してきたことによって、この相論はますます混乱を深化させていった。相論第一～三期がこの時期であった。そして、正和二年、後宇多院より本家職の寄進をうけた東寺が、この職権混乱期に乗じ、伝統的重みを背景に、さらには道我の在地支配の事実を根拠に、上桂庄の一円領主権確立へ意欲的に歩調を進めていった。そのために紛争は激化しかつ複雑化したのであり、長期化もしたのであった。第四期以降の相論は、まさに東寺の目的遂行過程であった。本家職というものが生命を失ってゆく南北朝期において、東寺が所職を吸収することによって、排他的な一円支配を実現する方向に行かざるをえなかったのは当然であろう。在地に密着することなくして、自領を守りきることは不可能な時期である。遠隔地庄園がしだいに退転してゆく状況下において、膝下の上桂庄を失うことは、まさに東寺の経済的基盤をゆるがすことにもなる。小庄園ながら上桂庄が東寺に与える影響はきわめて重要であったといわねばならない。

上桂庄における領主権を獲得したことによって、東寺は在地の直接支配の強化を図り、開発領主の系譜をひく下司をも排除することによって、下地進止権をも完全に掌握した。応永期を最後として、下司が史料上より姿を消してしまったことの意味は、おのずと明らかであろう。もっとも、この東寺の動向のみが下司を没落させたとは言いがたく、下司自体にも要因があったのであるが、決定的要因はやはり、東寺の領主権確立にもとづく在地支配の強化であったと言える。下司の消滅が、東寺の一円領主権確立を示す典型である。

以上が、鎌倉末~南北朝期の上桂庄をめぐる東寺の動向であった。所領における地頭職を吸収することによって領主権の確立をはかるというコース(88)とは別に地頭職の存在しない上桂庄では、後宇多院によって施入された本家職を足がかりとして、あらゆる所職すなわち領家職といった上級所職だけではなく下司職といった下級所職までも吸収することによって一円的な領主権を掌握するというコースがあった。ともあれ、一円領主権を確立しえた庄園のみが、室町期において、その存続をゆるされたのであったと言える。

(1)　竹内理三『寺領荘園の研究』(畝傍書房、一九四二年)・網野善彦「東寺学衆方荘園の成立」(『中世東寺と東寺領荘園』、東京大学出版会、一九七八年)・宝月圭吾『中世灌漑史の研究』(畝傍書房、一九四三年)。

(2)　正中三年三月十一日「上桂庄相伝文書案」(京都府立総合資料館編『東寺百合文書』ヨ—八四、以下『東百』と略す・上島有編『山城国上桂庄史料』五九、以下『上桂』と略す)。この文書の性格については注(7)を参照。

(3)　竹内氏は前掲書において、中司職は預所職に相当するとされているが、則光の子孫と思われる人々がすべて下司として姿をあらわしているので下司職に相当させた。

（4）山城国上野荘年貢算用状（『教王護国寺文書』三二七、以下『教王』と略す、『上桂』七九）。なお定米は五十八石二斗五升八合六勺四才である。

（5）新見庄における相論については、杉山博『庄園解体過程の研究』（東京大学出版会、一九五九年）、彦由・上原・大橋「中世荘園に於ける本所領家関係の一形態――備中国新見庄の場合――」（『横浜市大文学部協同研究1』）に詳しい。

（6）竹内、前掲書四五四頁。

（7）A　大林家春具書目録

上桂庄敵方具書次第

玉手則光譲大納言局状長徳三年九月十日

大納言局譲進大柳姫宮状長久四年正月十日

大柳宮譲賜女房教子状　無之

教子譲内大臣法印清厳状久寿二年十二月廿日

清厳之時上西門院庁御下文寿永元七月日并関東下知状嘉禎二八廿六有之、此外始終無一紙之公験

清厳法印譲猷暹状建保二年九月十日

猷暹譲承雅状弘長二年九月八日

承雅譲聡覚状永仁三年六月十日

聡覚譲栄覚状正中三年三月十一日

栄覚譲紀氏女状延文四年三月十六日

紀氏女譲九条宰相状永和三年八月廿五日

九条宰相寄進高原庵状永徳三年三月十二日文章大不審

高原庵主僧昌達譲大林左近将監家春状 至徳二□(年)三月十六日

B　上桂庄相伝文書案

(端裏書)「上桂庄相伝文書案　可売○由申来奥ニ記其旨趣」

譲渡　山城国上桂庄事

代々□□

右相副○代相伝之証文、永譲渡幸松殿早、不可有知行相違之状如件

正中三年三月十一日　聡覚在判

譲進　山城国上桂庄事

右相具代々証文等、永譲進成福御料早、任道理可有御相伝、仍譲進状如件

永仁三年六月十日　権少僧都承雅判

大納言法印譲状

山城国上桂庄事、相具証文、永委附大法師承雅早、仍状如件

弘長二年九月四日　権律師猷暹判

関東御教書

早可令停止権乗房現朗弟子性存濫妨山城国上桂庄間事

右彼庄早可令(停止脱カ)現朗弟子性存濫妨之由、依仰下知如件

(嘉)寿禎二年八月廿六日　武蔵守平判

修理権大夫平判

前司入道御息消（ママ）
山城国上桂庄間事、御相伝証文披露返進候、誠分明上者、可停止現朗弟子性存濫妨之由、被下知候、恐々謹言

嘉禎二
八月廿七日　武蔵守泰時判

謹上　大納言律師御房

内大臣法印譲状
山城国上桂庄〻以被調度正文、永譲与猷暹早、〻〻〻仍状如件

建保三季九月十日　法印在判

上西門院庁
可早被止向後御綺、為権大僧都清厳所帯山城国上桂庄間事
右当庄就三位局申状、宜雖有御綺、教子寿保（嘉）二年自大柳姫宮、賜永代一円之御自筆状、知行之上者、宜為彼所帯、
向後被止御綺之状、所仰如件

寿永元年七月　日　主典代散位大江朝臣判
別当大納言兼左近衛大将藤原朝臣判　主典代散位大江朝臣判
権大納言藤原朝臣判　判官代因幡権守藤原朝臣判
右京大夫兼越前権守藤原朝臣判　宮内権少輔藤原朝臣判
右近衛少将藤原朝臣判

教子譲状
上かつらのしやうハ、こみやの御かたよりゆつり給たる所にて、かたしけなく候へハ、かの御けうやうのために、
ない大しんのあさりの房せいけんに、なかくまいらせ候、いろ〳〵の御仏事をこなハせ給へく候、あなかしく
きうす二ねん十二月廿日　判

大納言房譲状
やましろのくにかみかつらのしやうかみのともいふ事、たまてののりみつかよせふミいけのもんそくして、おほやなきとの、ひめみやの御所へなかくゆつりまいらせ候ぬ、ともかくも御心にまかせられ候へく候
　　ちうきう四ねん正月十日　在判

(玉手則光寄進状案は本文に掲載のため略す)

此文書、可売渡于当寺之由、永和二年十月比申之、宝井《禅聖》院法印口入之、披露之処、後宇多院御寄附以来数十年、未出此文書、不知行及数十年歟、就中不知行已後之譲与有之歟、旁古法古也、可返之由治定了、仍留案早
　売主不明之
　正文持来人ハ　山徒聖光《栄暹》坊僧都云々
　　救生同宿云々

以上二点の史料が領家職の相伝を示すものであるが、これらの史科の性格より信憑性の不可を検討しなければならない。本文で述べなかった点を補う意味で検討しておく。

なおBは、東寺自身も記しているごとく、永和二年に某売主が相伝文書の売却にきたおりの東寺側の控である。Aは、大林家春が至徳二年八月に東寺と領家職をめぐって争ったときに提出した具書の東寺側の記録である。

A・Bにおいて、玉手則光から承雅に至るまでの相伝についてはまったく一致する。A・Bの比較の点において問題となるのが承雅譲状案と聡覚譲状案である。永仁三年から正中二年まで三十二年間のひらきがあるが、これ以前の領家の権利保持期間よりみて、特におかしくはない（大納権言局四十七年間・大柳姫宮四十四年間・教子六十一年間・清厳六十一年間・猷暹四十七年間）ので、この期間に他の譲得者がいなかったと判断してさしつかえがな

いと思われる。

以上の点から聡覚と成福、栄覚と幸松とは同一人物であることが判明した。山門僧が永和二年の売却について関係していることより聡覚あるいは栄覚などは僧号ではあるまいか。これによって栄覚（幸松）までの領家職相伝がA・B一致することになった。なお付け加えるならば、大柳姫宮譲状案がA・B共に存在しないことも一致する。大柳姫宮から教子への譲渡は上西門院庁下文より知れる。

Bの史料はこれをもって終わるが、栄覚以降の相伝についてはAより知ることができる。相伝手継文書を売却可能な人物は相伝者として過去より継続してきた文書を譲得したものよりほかにはない。ゆえに、永和二年東寺に文書（＝権利）の売却に来た人物は延文四年、栄覚より領家職権を譲得した紀氏女かその一族であろう。東寺への売却に失敗した紀氏女は翌永和三年、九条宰相に譲渡（売却？）した。紀氏女とは、平氏女（本文後述）と同様山門と深い関係にあった金融業者の一人ではなかったかとも思われるが判然としない。「文章大不審」と東寺が記録しているが、九条宰相より寄進をうけた高原庵主昌達は、その関係は不明だが大林家春にその権利を譲渡した。これらの事情より、至徳二年家春は、東寺と領家職権を争ったのであろう。

以上、比較において永和二年以前まではA・Bまったく一致することが明確になったし、永和以後について、AにくらべてBの後半欠如の事情も判明した。

比較において一致するならば、「謀書」ということについて次に問題となる。至徳二年の大林家春の出訴に対し、東寺はその支状（『東百』さ―五八・『上桂』三一一）において、「以不知行之地数代之間、或譲与或寄進之条、太背大法者哉」と反論しており謀作ということにはなんら触れていない。またBにおける「後宇多院御寄附以来数十年、未出此文書、不知行及数十年歟、就中不知行已後譲与者有之歟、旁古法古也」との東寺の記録より、有効性は認めていないが譲与の事実は認めている。さらに家春の訴訟を却下した幕府においても「当知行」者を問題としている（「管領斯波義将奉書」『東寺文書』数九・『上桂』三一四）。

幕府および東寺は、年紀法すなわち当知行期間の可否に依存しているのであって、相伝文書における謀作の可否を問題としていない。ただ九条宰相寄進状案については、東寺は「文章大不審」と記しているため、検討を厳密にしなければならないが、寄進状の内容がつかめなく不明のため検討しえない。

以上、若干の問題はあるとしても、領家職相伝を示すA・Bはほぼ信頼しうる。

〔補記〕

本稿発表後、「玉手則光寄進状案」について、伊藤一義氏は「平安期のものとは考えられず、上野荘の下司の系譜について一定の事実を踏まえて、自己の権利を正当化、すなわち、文書を売るための正当化のために作成された」と論じられた（「一四世紀における山城国上野荘について」、『法学』第四八巻第六号、一九八五年）。この伊藤氏の見解に対し、武田修氏は「寄進地系荘園の代表例とはいえないにしても、特殊な例として長徳三年上桂庄寄進の事実を認めたい」とし、年月日の記載を欠いた「山城国上桂庄差図」（『東百』ヌ—三五一・『上桂』四六）について、「指図が作成される画期はいつかといえば、寄進時の長徳三年と考えることがもっとも妥当である」とされた（「長徳三年玉手則光寄進状と上桂庄差図について」、『資料館紀要』第二二号、京都府立総合資料館、一九九四年）。

(8)　『尊卑分脈』（『新訂増補国史大系』所収）一巻、三二五頁。

(9)　安貞二年八月五日「七条女院領処分状案」（『東百』イ—三三・『上桂』一六四）。

(10)　永原慶二『日本封建制成立過程の研究』五九頁。

(11)　寿永元年七月「上西門院庁下文案」（『東百』ヨ—八四・『上桂』五九）。

(12)　嘉禎二年八月二十六日「関東下知状案」（『東百』ヨ—八四・『上桂』五九）。

(13)　至徳二年八月「東寺雑掌頼勝支状案」（『東百』さ—五八・『上桂』三一一）。

(14)　安貞二年八月五日「七条女院領処分状案」（『東百』イ—三三・『上桂』一六四）。

(15)　正応二年正月十三日「四辻宮善統親王譲状案」（『東百』ミ—一〇・『上桂』八）。

(16)　大覚寺統は八条院領・七条院領・大宮院領・今林准后領・室町女院領などを、持明院統は長講堂領・神仙門院領・式乾門院領・室町女院領などを領有し、皇位を争う中において互いに所領の安全確保を図っていた。

(17)　上桂庄相論文書案〈東寺具書案〉（『東百』ヒ—四六・『上桂』一六三）。

(18)　延慶三年四月十五日「後宇多院々宣案」（『東百』ナ—六・『上桂』二一一）。

(19) 東寺長者第百六代栄海の兄弟で大覚寺門侶といわれた。後宇多法皇の灌頂の儀に彼は持花衆の一人として参列、延慶以後は清閑寺大納言法印といわれ、元弘元年以前に大覚寺聖無動院に住した。後宇多法皇が東寺に施入した全庄園の庄務権を一時期掌握した（網野、前掲書参照）。

(20) 正和二年九月「山門東塔北谷衆徒重申状」（『東百』シ―七・『上桂』二八）。

(21) 正応三年十月二十五日「四辻親王善統親王袖判譲状案」（『東百』イ―三三・『上桂』一六四）、正和五年五月十六日「四辻宮善統親王令旨」（『東百』こ―四四・『上桂』三五）。

(22) 徳治三年二月十日「大中臣千代松丸等連署日吉上分物借状案」・同年六月三十日「比丘尼妙円・大中臣広康連署日吉上分物借状案」（『東百』ヒ―四三・『上桂』一六五）。

(23) 「山城国上桂庄文書相伝次第」（『教王』三七三・『上桂』八六五）。

(24) このとき、成尋らは売券の文面を修正していた。徳治三年二月一〇日「大中臣千代松丸山城国上野庄売券」（『東百』へ―一一・『上桂』一四）は修正したものであろう。

(25) 延慶三年三月五日「平氏女山城国上桂庄寄進状案」（『東百』ほ―二〇・『上桂』二〇）。

(26) 正和二年九月「山門東塔北谷衆徒重申状」（『東百』シ―七・『上桂』二八）。

(27) 同前。

(28) 正和二年十二月七日「後宇多法皇宸筆庄園敷地施入状」（『東寺文書』御宸翰・『上桂』二九）。

(29) 正和四年の梅津庄下司行覚法師（清隆）の田地違乱及び正和五年の吉若丸の田地違乱の停止の後宇多院々宣がすべて大納言法印（道我）に与えられていること（『東百』せ南朝一・『上桂』三三、『東百』せ南朝 二一・『上桂』三八）からして明らかであろう。

(30) 正和五年五月十六日「四辻宮令旨」（『東百』こ―四四・『上桂』三五）、安堵の令旨にもとづいて、妙円の孫妙光・広康は上桂庄を中分している。正和五年五月二十日「大中臣広康・藤原氏女妙光連署山城国上桂庄和与中分契約状」（『東百』み―一二・『上桂』三七）。

(31) 「山門東塔北谷本尊院集会事書」（『東百』め―一二・『上桂』四〇）。

(32)『東百』め―一二一・『上桂』四〇。
(33)元亨四年十一月「山門東塔北谷十禅師宮二季彼岸料所山城国上桂庄雑掌良喜申状案」（『東百』み―一三・『上桂』五七）。
(34)文保元年四月「大納言法印道我所進文書目録」（『東百』メ―一〇五・『上桂』四七）。網野、前掲書参照。
(35)文保元年十月「後宇多院庁下文」（『東寺文書』楽甲一・『上桂』四八）。
(36)同前。
(37)延慶二年十月八日「尼妙円山城国上桂庄譲状案」（『東百』ヒ―四三・『上桂』一六五）。
(38)正中三年三月八日「大中臣氏女山城国上桂庄譲状案」（『東百』ヒ―四三・『上桂』一六五）。
(39)嘉暦二年四月「玉熊丸代宗康申状案」（『東百』ヒ―四三・『上桂』一六五）。
(40)嘉暦二年六月七日「南泉房成尋請文」（『東百』マ―三四・『上桂』六二）。
(41)徳治三年二月十日「大中臣千代松丸等連署日吉上分物借状案」（『東百』ヒ―四三・『上桂』一六五）。
(42)嘉暦三年二月二十二日「南泉房成尋申状」（『東百』ヒ―三五・『上桂』六四）。
(43)元亨三年九月三十日「後醍醐天皇綸旨案」（『東百』ヱ―三七・『上桂』五一）。これより先、正和三年七月三日に四辻宮には桂東庄北方が返還されていた（正和三年七月三日「春宮尊治親王令旨案」、『東百』レ―一五・『上桂』三一）が、安楽寿院領であったために、このような措置がとられた。
(44)嘉暦三年八月十九日「玉熊丸代浄顕請文案」（『東百』ヒ―四三・『上桂』一六五）。
(45)建武元年十二月「山城国上桂庄本主平氏女代良秀申状」（『東百』セ―九・『上桂』八〇）。
(46)同前及び「上桂庄相伝略次第」。
(47)建武三年十二月八日「光厳上皇院宣」（『東寺文書』楽甲一〇・『上桂』八二）。
(48)康永二年十一月四日「南泉房成尋上桂庄相伝文書譲状」（『東百』マ―四四・『上桂』一三三）。この譲状に「長田左衛門蔵人頼清依異他為知音、老母暫借遣早」という記載がある。
(49)建武四年八月「源氏女雑掌陳状」（『東百』ヒ―三八・『上桂』八七）。

(50)　康永三年六月「東寺申状案」(『東百』ヒ—四五・『上桂』一六六)。
(51)　注(49)。
(52)　建武四年九月「源氏女重申状案」(『東百』イ—三三・『上桂』一六四)。
(53)　同前。
(54)　「東寺供僧学衆代所司等庭中申状案」(『東百』ヰ—三一・『上桂』九四)。
(55)　同前。
(56)　暦応二年六月二十一日「光厳上皇院宣案」(『東百』ヰ—三一・『上桂』九四)。
(57)　「東寺見住僧綱大法師等連署申状」(『東寺文書』甲号外一四・『上桂』九七)。
(58)　暦応二年八月十五日「源氏女上桂庄領家職寄進状案」(『東百』な—九四・『上桂』九八)。
(59)　暦応四年十月十九日「聖無動院道我契約状案」(『東百』チ—一四・『上桂』一四一)。
(60)　暦応四年十月二十三日「比丘尼妙光・康種連署契約状」(『東百』み—二一・『上桂』一一二)、「譲渡文書目録」(『東百』シ—八六・『上桂』一三五)、「上桂庄調度文書目録送進状案」(『桑名本東寺百合文書』三三一—三八)。
(61)　暦応四年十月二十七日「使祐賢等連署奉書案」(『東百』へ—四一・『上桂』一一三)。
(62)　康永三年二月「比丘尼妙光申状」(『東百』チ—一四・『上桂』一四一)。
(63)　康永三年十月二十六日「東寺契状案」(『東百』チ—一五・『上桂』一四二)。
(64)　「左衛門尉康種玉熊丸申状」(『東百』ケ—二九・『上桂』一一八)。
(65)　暦応四年十二月二十一日「検非違使別当宣」(『東百』セ—八九・『上桂』一一五)
(66)　暦応五年三月「左衛門尉康種重申状」(『東百』マ—四三・『上桂』一二四)。
(67)　(暦応五年)三月十日「検非違使別当宣」(『東百』テ—一六六・『上桂』一二一)。
(68)　三月二十三日「南泉房成尋請文」(『東百』ケ—二三八・『上桂』一二二)。
(69)　康永元年十一月十日「検非違使庁参決廻文」(『東百』ケ—三〇・『上桂』一二七)。
(70)　注(48)。

(71) 「上桂庄相論文書案（源氏女所帯文書為質券支証状案）」（『東百』ヒ―四三・『上桂』一六五）に「已上十三通正文、成尋律師并玉（熊）菊丸依令寄進之納置御影堂乎」とある。
(72) 「教王護国寺僧綱大法師等申状案」（『東百』ト―三二・『上桂』一〇一）。
(73) 『大平記』巻一六「日本朝敵事」（有明堂版、五五四頁）。
(74) 注(72)。
(75) 貞和四年七月「東寺雑掌光信陳状案」（『東百』ア―五九・『上桂』一七九）。
(76) 「上桂庄領主藤原氏女妙光申状案」（『東百』レ―三八・『上桂』一二九）。
(77) 康永二年二月「教王護国寺僧綱大法師等申状案」（『東百』ミ―二四・『上桂』一三一）。
(78) 康永三年六月「東寺申状案」（『東百』ヒ―四五・『上桂』一六六）。
(79) 『東百』ホ―二四・『上桂』一五六。
(80) 「学衆方評定引付」貞和四年七月十六日条（『東百』ム―二〇・『上桂』記録一）。
(81) 「東寺雑掌光信陳状案」（『東百』チ―一九・『上桂』一七八）。
(82) 『東百』ホ―八五・『上桂』一八〇。
(83) 貞和五年四月二五日「信誓書状」（『東百』セ―一四・『上桂』一九〇）、貞和五年五月二十一日「信誓置文」（『東寺文書』数九・『上桂』一九一）。本稿において、訴訟にあまり顔を出さなかったため、検討しなかった。
(84) 延文元年六月七日「室町幕府奉行人奉書」（『東百』シ―二一・『上桂』二三六）。延文元年十一月八日「後光厳天皇綸旨」（『東寺文書』書七・『上桂』二三九）。
(85) 観応三年九月十八日「足利義詮御判御教書」（『東百』せ「足利将軍家下文」一三・『上桂』二〇四）。
(86) 注（7）。
(87) 至徳二年九月二十九日「管領斯波義将奉書」（『東寺文書』数九・『上桂』三一四）。
(88) 永原慶二「荘園制解体過程における南北朝内乱期の位置」（『日本中世社会構造の研究』、岩波書店、一九七三年）参照。

第二章　山間庄園の生活――山城国禅定寺とその周辺――

一　禅定寺領の成立

宇治橋から白川を抜け宇治川に沿って行けば、宇治田原町の高尾に辿り着く。この高尾からさらに宇治川に沿って北へ向かえば、池尾・曾束・二尾に辿り着くが、宇治川に別れをつげ、東に歩を進めると郷ノ口というところに入る。その名のとおり宇治田原郷の入り口である。ここを基点に東は甲賀郡信楽町へ通じ、北へ向かえば近江瀬田に通じることとなる。この郷ノ口よりの北方路すなわち荒木・岩山を抜け、禅定寺峠を越えて小田原・竜門を経て瀬田へという街道は、禅定寺越あるいは宇治田原越と称され、古くからの交通要路として多くの人々に親しまれてきた。この街道を見下ろす大峰山系のゆるい斜面に禅定寺がある。今日もその付近は当時のおもかげを残している。

禅定寺は、現在では禅宗に属しているが、もとは白華補陀洛観音妙智院禅定寺と呼ばれた天台宗の一寺院であった。「禅定寺造営年次目録」によれば、禅定寺は東大寺別当であった平崇上人の創建にかかり、正暦二年（九九一）三月二十八日に造営が開始され、長徳元年（九九五）に完成している。(1)また平崇は、長保三年（一〇〇一）四月八日、仏聖燈油料に充てるため杣山一千町を含む田畠を買い取って禅定寺に施入した。禅定寺領田原庄の歴史はこのときから始まるのであるが、「禅定寺田畠流記帳」[2]は、前欠の文書のため平崇の施入地の正確な数値を把握することはできない。しかしおおよそは以下のとおりである。

田地は、田原郷内に四町六段百七十歩、畠地は田原郷内に四町四段百八十歩と中村郷・久世郡竹淵郷・同拝師郷に一町六段五十歩で合計六町二百三十歩、田原郷草屋谷北に栗林一町、同じく田原郷に杣山が一千町、田原郷の墾田地が一町八段三百三十歩、家地が六段で、平崇が寄進した田畠は懇田地以外はほぼ全てが買得されたものである。宇治田原庄の正確な面積を知ることはできないが、集計の詳細は表1のごとくである。田畠の面積に比較して、杣山が一千町とかなり広く、典型的な山間荘園の様相を呈している[3]。

多くの庄園がそうであったように、禅定寺別当覚勢は延久三年（一〇七一）所領を平等院に寄進し、平等院を領家と仰ぎその支配下に入ることにより、庄の保全を図った[4]。摂関家ゆかりの寺である平等院にその保護を求めるということは、その背後にある摂関家の保護を要望するということでもある。摂関家の勢力が強大であった当時にあっては、所領の確保においてはぜひとも必要な方策であった[5]（禅定寺は平等院の末寺として記載されている）。

このように皇室あるいは摂関家といった権力者への荘園寄進は、十一～二世紀の一つの動向であり、それゆえ荘園制的秩序というものは、下位者から上位者に向かって寄進関係が積み上げられて形成されてゆく。それは当然のことながら本家職・領家職といった重層的な支配関係が一庄にのしかかるという結果を生みだしてくるが、この状況は、当時の庄園の特徴となっている。

平等院の末寺となって摂関家をその本所と仰ぐことにもなった禅定寺領田原庄であるが、荘園の管理＝支配に

表1　禅定寺領の面積と所在（「長保3年4月8日禅定寺領田畠流記帳<前欠>」より）

種別	合計面積	所在地	面　積	入手先	
田地	4町6段170歩	(一切)	□前	2段	奈癸兼正沽地
			川□前	3段	施入地
			□藤	7段	僧宮調沽地
			塩谷口	2段	
			菜生	1段160歩	僧宮調売
			下建藤	5段	奈癸滋仁売
		二切	檻谷	3段	僧仁弥売
				1段	検校利原買
				2段	奈癸滋仁売
		三切	檻谷下	2段190歩	僧念真売
				180歩	僧宮調売
		四切	須慧良谷	1段	酒浪高信大夫売
			胡桃垣内	3段	奈癸滋仁売地
			今安	3段180歩	
			内安田	1段180歩	山背兼興売
		五切	安仁	5段	山背安茂同茂正売
			胡桃垣内南辺	2段	奈癸兼正売地
		六切	大門内新開	1段	
畠地	4町4段180歩	(一切)	川□前	4段	施入地
			下建藤	7段	奈癸滋仁売
				5段	僧定朝売地
				1段	検校利原買地
		四切	須慧良谷	6段	酒浪高信大夫売
			沙弥観秀垣内	1町2段	僧定調売地
			川原行本垣内	8段	僧定調売地
			胡桃垣内	1段180歩	僧定調売地
		五切	長延	記載なし	
	5段196歩	綴喜郡中村郷	拾条楡瀬里	1段	山背頼中子并夫大中臣実理売地
			下古川里	1段120歩	子部則利売地
			下古川里	3段 76歩	山背忠海子并男等売
	1町　220歩	久世郡竹淵郷	二条古家里	2段 80歩	東大寺勾当仁弥売地
		拝師郷	六条上楡田上里	6段	山背利延等売
				2段140歩	東大寺僧浄名売
栗林	1町	草屋谷北			
杣山	1000町	綴喜郡田原郷			
墾田	1町8段330歩	綴喜郡田原郷	廿二条男石里・	1段314歩	
			廿三谷川里		
			十四坪	2段314歩	
			廿四迫田	5段	
			廿五坪水口里	5段272歩	
			廿六坪水口里	1段150歩	
			卅五坪	2段	
家地	6段	綴喜郡田原郷	水口里廿六坪	3段	上総守藤兼忠朝臣売
			一坪	3段	上総守藤兼忠朝臣売

ついては、禅定寺々僧中から禅定寺大房留守職が補せられ、庄務を執行した。(6) さらに杣山一千町については、衆徒中から山司職なるものが設置され管理運営に当たった。(7) しかし一千町もの杣山を一人の山司職が管理できるものではなかったようで、後には一山の惣衆が山司職に補せられ、預所沙弥某より「有限恒例臨時課役等、任先例可被致其沙汰、早百姓等可応之」と申し渡されたのである。(8) 一山の惣衆をもってしても管理は困難を極めたらしく、隠れて山に入り木々の刈り取りをする者も少なくなかった。そこで永仁四年（一二九六）十二月、次のような杣山に対する禁制が定められた。(9)

寺山禁制事

定　條々

一　寺山　四至限東「　　」西ノ高峯
　　　　　限北「　　」

一　此寺山内ニテ要木不可盗切、付之可有□深者也、

一　檜榀類小木ニテモ盗切タラム者、鎌ヨキノ外ニ三百文過粁ヲ引セテ、可加御堂修理者也、

一　松椎樅木殊ニ不可切、要木タル故也、

一　松ハツリ殊ニ可禁制者也、

一　山盗之過不可有別義、所持鎌ヨキヲ見合タラムニ随テ可取之、

一　取タラム鎌《カマ》ヨキハ、山守其外何人タリトモ見合取タラム者、可為得分、

一　此寺山内ニテ維那ナリトモ柴苅事、可禁制之、

一　山守事、殊ニハ□堂住僧可為役、其外何人モ見合タラムニ随テ禁制、鎌ヨキヲ可取者也、

右守条々定置之旨、各不可令違背之状如件

永仁四年丙申十二月　日

山内において檜・榑といった小木であっても「盗切」した者は、鎌や斧の没収に加えて、三百文の過料を取り、なおかつ御堂修理に使役するといった厳しい処罰を表明している。寺務を処理する寺僧である維那であっても、山内へは許可無く立ち入ることができなかった。都に近く宇治川を下っての材木の需要も多く、寺側にすれば貴重な収入源であり、その管理に対する熱意もいっそう強かったといわねばならない。田地の少ない山間庄園の一つの姿をそこにみることができる。

二　禅定寺の鐘

禅定寺の山門をくぐると右手に鐘楼がある。かつては朝夕、庄内一帯に鳴り渡るこの禅定寺の鐘の音は、村民の日々の暮らしのめりはりとなっていた。この禅定寺の鐘について「禅定寺造営年次目録」(10)に次のように記されている。

一、嘉応元年己丑本堂修理別当東南院法眼御房 □下司賀茂兼俊

一、治承五年辛丑二月本堂椎鐘始鋳之

鐘銘ニ書ク 禅定寺「 治承五年辛丑二月　日 」

願主入道寂西云々、是ハ兼俊入道事、

治承五年（一一八一）二月に寂西、すなわち禅定寺領の下司賀茂兼俊が願主となって禅定寺本堂の鐘が鋳られたのであるが、「禅定寺本堂鋳鐘日記断簡」(11)に「是百姓等座ニテ、頭ヲモチコミテイルナリ」とある。正応四年

（一二九一）の「本堂之外陣柱取改」のために費用が集められた折の「正応三年庚寅十月奉加人々日記」(12)に

一石五斗本堂修理米　　一石　本座ヨリ沙汰［　］
一石　新座ヨリ沙汰　　一石　弥座ヨリ沙汰ス
二石　是ハ佐渡殿僧座入衆用途此造営沙汰ス、已上六石五斗

とあり、禅定寺領には、本座・新座・弥座・僧座の四つの座組織があったことが知られるが、百姓座とは僧座を除いた三座をさしていると考えられる。このことから、禅定寺の鐘は、村民も各座ごとに、わずかずつの頭金を拠出して鋳造されたことが知られる。それだけに禅定寺で撞かれる鐘の音は、村民の生活に、心に深く入り込んでいたともいえるだろう。

ところが、正安三年（一三〇一）二月のころ、百二十年間もの長きに渡って毎日打ち続けられてきた鐘も、よる年波には勝てず破損し、六月十四日、ついに鐘木がおろされ、その日からぷっつり鐘の音が止んでしまった。生活のささえともいうべきものを失った村民たちは、早く新しい鐘が造られることを望み、禅定寺長者乗願が願主となって早速新しい鐘が鋳造されることになった。

新たに鐘を鋳ることになった経緯については、「禅定寺本堂鋳鐘日記断簡」および「禅定寺僧鋳鐘入供用途注文」(13)に詳しい。この二点の文書については、「禅定寺造営年次目録」(14)に

正安三年辛丑八月廿六日本堂椎鐘鋳ル、此鐘者、治承五年辛□二月□□□□□鐘、正安三年辛丑二月之比、椎破［
］同六月十四日下鐘木ヲ止音畢、同七月僧衆入供用途ヲ以テ、可鋳改旨評定畢、同八月十六日ヨリ始、
同廿六日鋳立畢、鐘楼本所ヲ改、引出造之、委細日記別在之
時別当宮辻子賢証上人御実名源入

寺住持僧長賢時二和尚

願主沙弥乗願時長者

とあって、文中に「委細日記別在之」と記載される日記にあたるものである。改鋳の経緯および経費について具体的に書かれているので以下に全文を掲げる。

①禅定寺本堂鋳鐘日記断簡

(前欠)

都合入供用途弐十五貫七百[　]此内拾伍貫者、加鐘十貫文[　]イモシカテマレウ以所残之用途、作鐘楼也

禅定寺本堂椎鐘日記事

此鐘者、治承五年辛丑願主沙弥寂西鋳之、是百姓等座ニテ、頭ヲモチコミテイルナリ、

一、新鐘者、依本鐘破損○正安三年二月之比破云々、同六月十四日ニ下鐘本止音畢、然間郷人歎テ、以寺僧入供、同八月十六日ヨリ始テ、同廿六日ニ鋳立、此鐘自廿七日椎之、

一、本鐘者、当二十貫加十五貫文、都合卅五貫文ニテ鋳之、

本堂○寺別当長賢二和尚

小寺別当信玄一和尚

僧信亮三和尚

僧賢性　入供ニ出用途十壱貫百文

僧経乗　入供ニ出ス用途十一貫百文

僧真教　入供ニ出ス用途三貫五百文

（後欠）

②禅定寺本堂鋳鐘用途書立（①文書の紙背）

（前欠）

イモシカ相節、領家賢勝証上人一石八斗下行之、

正安三年八月廿六日鋳此鐘了、

此外結縁用途

三百文　中蔵房信玄　五百文僧長賢

二百文　教願房　五百文　畠中後家

此外不注之、

已上三貫文アマルト□（云々カ）

正安三年

③禅定寺僧鋳鐘入供用途注文

越前公厳性（マヽ）　□□土左公経乗　真教大徳

已上三人

正安二年庚子二月一日　僧座入衆、任恒例、修二月頭可令勤仕之処、正安三年辛丑三月比、本堂鐘破損、然間同八月為奉鋳此鐘、寺僧入供用途各可出之由義（マヽ）定畢、

十貫文賢性分　十貫文経乗分　三貫文真教房分

正安三年八月出鐘鋳畢、委細ノ日記別紙ニアリ

此外座衆仁酒盛ルヘキ之由定畢而、鐘楼引出、重テ造作之間、用途不足之処ニ酒分、一貫文賢性　一貫文経乗分

已上弐貫文出畢、然間酒ハ不盛也、

五百文真教房分　是ハ鐘供養布施入畢、

右為後代、所注置如件、

正安三年辛丑八月　日

凡今度用途出事、先規仁過分スル者也、其故者、信乃公有快御堂造営之時、米参石出之、三座々衆飯酒共営云々、其後佐渡公信豪、又御堂造営時、米弐石出之、酒盛畢、今度モ真教房分参貫五百文也、今両人十一貫文出事、且ハ別助成可被思之由、有義定間、如此出畢、

④乗願鋳鐘願文(15)

奉治鋳洪鐘一口

山城国綴喜郡　禅定寺

夫此鐘者

治承五年　中春之候

始終鋳功　伝豊嶺響

歳序梢積　及百余廻

寺僧悲之　郷人歎之
衆人協力　一口鋳鐘
致信心輩　投軽財類
寿久誇楽　佛光生福
凡所覃響　触声部類
捨悪赴善　飜邪帰正
　正安三年辛丑八月　日
　　願主沙弥乗願
　　大工藤原守行

まず、寺僧の賢性と経乗の二人が十一貫百文ずつ、真教が三貫五百文を差し出した。さらに他の僧や村民たちも二百文あるいは三百文と出し合って、合計二十八貫七百文にもなったのである。破損した鐘は二十貫文にあたり、集められた銭のうちから十五貫文を加えて三十五貫文で鐘が鋳造されることになった。また十貫文は鋳物師藤原守行に手間料として支払われ、鐘楼には七百文かかり、三貫文ばかりが残った。八月十六日に鋳造が始められ、二十六日には完成し、翌二十七日からは、ふたたび鐘の音は庄内に鳴り響いたのである。村民たちが喜んで鐘の音に聞き入ったであろうことは想像にかたくない。

三　木幡の山立――禅定寺寄人と木幡庄住人の争い――

山を間近にみながら自由に入山して柴を苅ることさえままならなかった禅定寺領の庄民は、狭い田畠を耕すことにおいてその生活を維持していたが、彼ら庄民のなかに、一般農民と若干性格の異なった集団がいた。「禅定寺寄人」あるいは「御香寄人」と称される二十人の人たちである。この寄人なるものの起源は、嘉元二年（一三〇四）八月「東三条殿文殊堂御香寄人由緒書案」[16]に

禅定寺住人東三条殿○文殊堂御香寄人ト［(号スルコ)］ト当寺《タウシ》建立以前云々、然者禅定寺ト云事ハ、御寺号ナリ、当寺建立以前当庄名字、尤不見、但縁起ニハ、久和利郷ト書ケリ

とあり、また年月日不詳ながら「禅定寺由緒記断簡」[17]には、

□禅定寺□領庄民、号平等院寄人藍(濫)觴□最初者、東三条文殊堂御香寄人也、□(天)元年中奝然上人一条院御時、天元五年壬午入唐也渡唐之時、被渡進文殊像於東三条殿第八摂政兼家御事也之間、文殊堂御建立、奉安置彼文殊像、爰当庄々民等、為末代高所、二十人捧□(引)文、令参東三条、直入見参、及子々孫々、号文殊堂御香□人、不可有他所煩之由蒙仰云々、

とある。

寛和二年（九八六）東大寺僧奝然が宋より帰国し、将来した文殊菩薩像を藤原兼家に寄進し、東三条殿に文殊堂が建立された。その際、宇治田原に住する人たちから二十人を選んで、その御香寄人としたのが始まりとされると記されており[18]、禅定寺が建立される以前から東三条文殊堂御香寄人と号する人たちが田原庄におり、彼等が禅定寺寄人と称されるようになったのは禅定寺が建立され、延久三年（一〇七一）に所領が平等院に寄進され、禅定寺が平等院の末寺となって以降のことであろう。

ともあれ、寛元三年（一二四五）においてもなお二十名の寄人が存在するところから、二十人という数は最初からかなり厳重に維持されてきたようである[19]。文殊堂が亡失して以降は、西法華堂・五大堂・池殿御堂といった

平等院の諸堂の時香料を負担するとともに、平等院修正会の参勤、園城寺長吏・摂関家・准后家・禅定寺殿下にも年末年始に参向し、諸役の勤仕、臨時の用夫ともなっていたのである。(20)寄人は、年々新たに二十名が選ばれていたようでもないところから、古くよりこの地で生活を営んでいた根本住人、わけても有力農民が代々受け継いできたものと考えられる。

事件は、寛元三年（一二四三）十二月七日に起こった。同年十二月十八日付の「禅定寺寄人申状案(21)」によれば、事件の内容は以下のごとくであった。

右件元者、去七日寄人六人令京上候、而木幡住人八人同罷上候之処、於七条河原辺、木幡住人馬与寄人馬走競之間、寄人等沛艾候木幡馬引留候、一切木幡住人不可腹立之処、無左右蹴寄人之尻、又取立頸散散令打候、上下諸人見之、成不思議之思候、然而是者人数少之間、一切不申合、爰木幡住人於于今者、可和平之由令申候之間、其条神妙之由、寄人承諾仕畢、其後置出彼住人等、待請木幡山、存外令打之剋、一人者被打殺畢、残同被打損云々、

禅定寺寄人が年末の諸役参仕のため京に向かう途中、同じく京に上ろうとする木幡庄住人八人と同道することになった。一行が七条河原付近にさしかかったところ、突然、両者の引き連れていた馬が走り出した。驚いた寄人は、何気なく手近の馬を引き留めたのである。これがいけなかった。自分たちの馬を引き留められたのが気にさわったらしく、木幡住人は、寄人らの尻を蹴ったり、頭をつかんで打擲したり、さんざんな目にあわせたのである。たまたま、この付近を通りかかった人々も、この喧嘩の真意を測りかねていたのであるが、寄人たちは人数の少なかったこともあって抵抗せず、なされるがままになっていた。ようやく木幡住人たちも手を引き、和解を申し出たため、その場は一応収まりがついて、両者はそれぞれ目的地に向かった。

ところが事件はこれで収まったのではない。京での所用を済ませて、帰路を急いでいた寄人たちが木幡山付近にさしかかった時、待ち伏せしていた木幡住人たちが彼らに襲いかかった。住人たちは、寄人たちを「存外」に殴打し、寄人らのうち「美乃男」なる者を殺害し、あげくに銭まで奪って木幡山に姿をくらませた。寄人にとって「難有程之狼藉」であった(22)。

この事件の報告を寄人たちから受けた禅定寺は、ただちに本寺である平等院に子細の注進をした。これを受けた平等院の公文阿盛はさっそく木幡庄の領主である浄妙寺執行御房に宛てて書状を送った(23)。それによれば、寄人の一人が今夜（七日）子刻に死去したことを告げ、「歳末年始之折節、寺家并長吏御房御所役、旁令計会候之処、以外大事出来候、尤可召御下手人等候歟」と下手人の引き渡しを要求するとともに、「自昔宇治与木幡一切不存喧嘩候之処、此条者真実驚承候、且歳末役修正等事、定違乱出来候歟、恐存候」と、ことの成り行きによっては、ますます両者の間が悪化してゆくことを案じ、強く反省を求めたのである。翌八日、寄人はさらに本所である長者殿下（二条良実）にも事件の報告を行った。「尤為向後傍輩、被召出件輩、於木幡山可切懸頸候、不然者、如此之山立不可断」と強い怒りを表し、もしこの要求が入れられなければ、今後諸役には「寄人一人不可被召仕」と、さらには「舁死人可量(置)木幡下主(手)人之由雖令申候、寺家御制止之間遅々仕候」とまで言い切っている(24)。

この寄人たちの、領家・本所を巻き込んでの作戦は功を奏し、しばらくすると木幡住人の名が判明してきた。浄妙寺別当職を握る聖護院御所より(25)「弥源二」「藤四郎」の二人が召し出されたが、「中六男」は座主御房祇候人の所従という理由で召し出されなかった。これを不服とした寄人らは十八日、「正道憲法之御世、争乍殺害無誤、寄人等無其誡哉、若無御沙汰者、二百余歳之勤不及勤仕」と中六男の召し出しをせまった(26)。はたして八人の木幡「山立」がすべて召し出され禁獄されたかどうかは、史料欠如のために知る由もない。また禅定寺側の史料のみがこの事件を今日まで伝えているため、どこまで寄人らの言い分が正しかったかも判然としない。ただ、単なる馬の走諍から端を発し、銭貨の奪取、さらには死人の出来までエスカレートした両者の争いは、表だった原因からみて、結果が大きすぎるように思える。両者の確執にはもっと深い根があったのではないだろうか。

治暦四年（一〇六八）三月二十九日の「太政官牒案」[27]によると、平等院領の四至については「東限近江国、南限［　　］、西限久世郡堺、北限浄妙［　　］」とあり、庄域の北限が浄妙寺領であることがわかる。平範家領伏見庄と浄妙寺領木幡庄との堺相論の中で発せられた永暦元年（一一六〇）五月五日の「後白河院庁下文」[28]によると木幡庄の四至は「□限大路、南限岡屋河、西限伏見坂紀伊郡堺、北限車路」となっており、木幡庄域の南限は岡屋川である。このことから平等院領と木幡庄は、岡屋川によってその堺を接していたと推測しうる。この木幡住人と寄人の争いも、その根底には藤原氏の支配を離れ聖護院の支配下に入った浄妙寺と藤原氏の支配下にある平等院の確執および庄域の堺をめぐる争いが複雑にからみあうという不幸な現実が横たわっていたとみるべきであろう。その象徴的な事件が馬の走諍にはじまる「山立」であったといえるのではないか。

禅定寺寄人と木幡庄民の争いにおける銭貨奪取といい、禅定寺領民の鋳鐘銭の寄進といい、注目すべきは、十三世紀後半から十四世紀には、すでにこれら山間庄園内にも貨幣経済の浸透が見られたということである。

四　堺相論――禅定寺領と曽束庄――

二尾より少し東、宇治川を越えたところに大石曽束がある。山に囲まれ中央を曽束川が流れ、やがて宇治川に合流する。現在は大津市域であるが、古くは最勝金剛院領山城国曽束庄と呼ばれ、九条家を本所と仰ぐ庄園であった。この曽束庄内にあって、南の禅定寺領と堺を接する大田谷という狭い盆地がある。この大田谷をめぐって禅定寺領民と曽束庄民が鎌倉末期から激しく争った歴史がある。

ことの発端は、「乾元之比」禅定寺領の住人多数が大田谷に押し入り、「伐取山木」「奪取資財」という「悪行狼藉」の限りを尽くした「自由乱入」を行ったことにある。(29)

この突然の乱入に驚いた曽束庄側は、ただちに摂関家氏長者二条兼基に、禅定寺領住人の非法を訴え出た。ちょうどこの頃、氏長者の遷替があって、曽束庄本所九条師教が長者の座についたため、同じ摂関家を本所と仰ぐ禅定寺領住人がその訴訟相手では、曽束庄側に有利に展開するかにみえた。しかし、禅定寺領住人側は、平等院公文信盛の所帯する絵図を拠にして、大田谷は禅定寺領内であると強固に主張し譲らなかった。

さらに、訴訟中にもかかわらず宇治田原庄民は、徳治三年（一三〇八）三月二十七日、今度は小田山に乱入し、数十町歩を焼き払い、五月六日には再び多数の庄人が乱入して曽束庄民を「打擲」し、「袈裟二郎男」を半死半生の目にあわせるという深刻な状況となった。(30)

この相論の一応の解決は元応年間まで待たねばならなかったが、(31)乾元から数えて二十年間にも及ぼうとする長い紛争であった。しかし、両庄の堺相論は応永年間に再燃し、(32)結局江戸時代まで断続的に続いていく。長年の争いの発端となった大田谷は、両庄庄民が、耕地の拡大のため日々少しずつ開発の手を入れていた土地であったのではないか。今日においてもなお山間部の境界線は技術的にも困難を極めているのに、ましてや当時においては、はたしてどれ程正確に庄域を定められたか疑問である。

両庄とも典型的な山間庄園のため、少しの耕地も無駄にはできなかったところに、同じ農民が血を流すほど対立せねばならなかった悲劇が存在する。各庄は隣接する他庄との堺相論は避けることができないものであった。木幡庄においても紀伊郡伏見庄と三年間も激しくぶつかり合っている。(33)

堺相論は、農民の活動的でたくましい姿を浮かび上がらせると同時に、農民の土地に対する深刻な事実をも浮かび上がらせている。躍動と悲劇が表裏一体となって堺相論は展開してゆくのである。曽束庄と宇治田原庄の堺争論は、大田谷という狭い盆地（＝耕地）が、いずれの庄に帰属するかにかかっていた。そしてそれは、大田谷に対していずれの庄が先に開発に手を染めたか否かにかかっていたということである。

開発の結果によって生じるこの種の相論は、困難な状況下において行われた開発だけに、農民の生活にとっては深刻であったといわねばならない。「年荒」などと称され、短くても二年、長ければ十年間も休耕地として耕作を放棄しなければならない地味の劣悪な不安定耕地が平安時代には多かったのである。このような耕地の状況下において、開発が進められるということは、当然のことながら耕地が拡大されてゆくということであり、それはとりもなおさず不安定耕地の安定化をその課題として担っていたということができる。とくに耕地の少ない山間庄園においては、開発による耕地の拡大は、必要不可欠のものであった。

醍醐寺観音堂領笠取西庄は、承和十三年（八四六）において、「田地二百九町四段百六十歩、水田五丁五反二百歩」という典型的な山間庄園であった。(34) しかし、この庄においても着々と開発は進められていた。

治承三年（一一七九）十月十日の「笠取西庄実検取帳并枚目録」の奥書によれば、(35)

本田五丁二百歩　仁平年中九下（マヽ）一反百四十卜　応保元年十月十一日慶延検注之十丁二反也勘益一丁二百卄卜
承安元年十月九日命千慶兼慶延三人検注之十四丁六反七十歩也勘益四丁四反七十卜　治承三年十月慶延検注之十
七丁七十歩勘益二丁四反　又下寺辺九町坪付追可注之

と、だいたい十年間隔で田地面積が記録されている。「勘益」として記されている田積が開発田地面積を示しており、仁平年中（一一五一〜五三）以前の本田五丁二百歩から数えて約三十年後の治承三年には十二町歩もの耕地が増加している。ただ、本田面積が、承和十三年（八四六）と五反の誤差が生じているが、これは耕地状況に変化があったと考えて差し支えがないだろう。山に囲まれた庄園という特殊な条件下におかれた笠取西庄にとっては、本田の面積が倍以上の十二町歩という新開田の数値は、極めて大きかったといわねばならない。庄民による絶え間ない開発への努力の成果といえる。

新たに土地を開墾しようとするとき、領主層を指導者として行われる場合と農民自ら主体となって着手する場合の二つが考えられる。まず、領主層を指導者として開発が行われる場合であるが、このときは一定期間組織だって強制的に行われることが多い。本来の田地を耕作し、年貢・公事・課役などを負担しなければならなかった農民にとって、一定期間新たな開発のために労働力を強制的に徴発され駆使されることは、非常に苦しい負担であった。この領主層による強制的な徴発に耐えきれず、拒否すれば、農民に対して「メコトモヲイコメ、ミミヲキリ、ハナヲソリ」といった暴力的手段が、否応なく襲いかかってきたのである。(36)このような使役に耐えられなかった農民たちは、逃亡あるいは逃散といわれる庄放棄によって他庄へ流れ込んで行った。しかし、流れ込んだ庄園においても、この「浪人」の労働力を利用して開発を促進するという、農民にとっていかんともしがたい状況であった。

しかしながら、開発によってできた新たな耕作地に対して、年貢などについてはある程度軽減されるという措置がとられた。笠取西庄においても表2にみられるように、反別の斗代を段階的に変えている。(37)笠取西庄の場合、四斗五升代・三斗代・二斗代の年貢率の反数が、各年次の開発田積数とは一致しないが、おそらく、本田および開発田の地味の優劣の違いによって、分けられたものであろう。

また醍醐寺延命院領笠取東庄のように、

表２　笠取西庄反別斗代表(治承３年「実検取帳」)

田堵名	田　数	年貢斗代			
		４斗５升代	３斗代	２斗代	
重方	１町２反300歩	５反300歩	６反120歩	120歩	神田120歩
重行	８反180歩	３反180歩	４反	１反	
重恒	７反	４反	２反180歩		神田180歩
秋方	６反	３反 60歩	１反120歩		神田180歩
助友	１町３反220歩	１町120歩	２反100歩		神田180歩 寺田180歩
国貞	６反 10歩	２反 10歩	１反180歩		神田１反 寺田180歩 下司給１反
末貞	７反	４反240歩	２反120歩		
重友	７反180歩	６反 60歩	１反120歩		
友清	７反 40歩	５反320歩	１反 20歩		神田60歩
友貞	３反270歩	１反	120歩		
宗貞	２反 30歩	120歩	150歩		神田１反
守方	240歩		240歩		
末次	５反300歩	４反280歩	200歩	180歩	
友里	５反300歩	２反340歩			
友里友貞	２反330歩	２反330歩			巳本田４斗５升代也
是里	６反210歩	５反230歩	340歩		
有里	１町３反	５反300歩	３反	２反240歩	神田180歩
武友	６反170歩	４反300歩	１反130歩	100歩	
助国	１町１反150歩	４反240歩	２反	４反270歩	
重清	５反240歩	３反180歩	１反 60歩		
国里	１町２反	６反300歩	１反180歩	２反240歩	神田180歩 新神田180歩
重里	９反180歩	５反	１反 60歩	３反120歩	
重貞	８反180歩	６反180歩	１反 30歩	１反	
勢美河	240歩				作人炭山延元

本水田四町今九町七段小本田所当段別四斗五升
新田段別三斗
のごとく、新開田の年貢率を一定にしている例もある。(38)

開発田に対するこのような年貢優遇策は、開発を促進する場合において必要な施策の一つであった。(39) 農民自身が自力で開発した田地に対してもそれは同じであった。しかし、いずれは領主によってこの開発田も年貢収奪の対象とされるのであった。たとえ期限が限られていたにせよ、収納されない田地、すなわち「伏田」が増加するということは、農民において、それだけ多く余剰が確保されることになった。それゆえ、農民は零細ではあったが「伏田」の拡大に努めたのである。この「伏田」に対して領主側からの収奪の手は厳しく、「伏田」を認めない方針での田地検注に対して、必死の抵抗を試みる農民の姿を史料上に見ることも少なくない。

ともあれ、この収納されざる田地「伏田」の増加を基盤として、農民は自立化への道を歩むことになってゆくのである。流血を伴う他領との堺相論や領主の厳しい収奪下での「伏田」の拡大といった日々の苦闘の中から、着実に自立化への道を歩む農民は、彼ら自身のなかに団結への意識を芽生えさせつつあった。それは他庄あるいは領主の圧迫に対して、自らの生活を守り抜くためには、農民の結束なくしては打ち勝てないことを学びとりつつあったということである。

五　一味同心

弘長年間（一二六一～六四）、禅定寺北方の近江国昭慶門院領龍門庄と隣接する冨家殿領大石庄との間で堺相論が起こった。以前より、大石庄は大炊寮領山城国奥山田庄と、奥山田山・小輪谷・鳴谷山の帰属を巡って相論を展開していたが、「大炊寮供御人与冨家殿人相論奥山田事、於寛治政所下文・仁平高陽院庁牒四至内○《山》者、可為寮家之進退、於小輪谷・鳴谷者、任法家勘状、冨家殿可令進止、兼又入部山之時者、両方相互可済率分之由、可令下知給」という後嵯峨院の裁決で決着をみたのであるが[40]、大石庄は、龍門庄が隣接する奥山田庄に同心したとの疑念を抱き「打止路次、令抑留御年貢已下炭薪等」という挙に出たため[41]、龍門庄との間で紛争が起こった。

しかし、田原住人の仲介によっていちおう両庄に和解が成立し、庄堺で寄合がもたれ、和与状が作られた。弘長二年（一二六二）十一月十六日のことである[42]。

一、和与沙汰人等交名龍門

大石庄与龍門庄和与子細事

一、富家殿本殿等交名人数

田原住人右衛門尉・同住人馬允・同子息兵衛尉・左近入道此ハ大石住人、口入天十月廿六日ニ田原之衛門□りの使者ヲ、龍門へつかはして申候やう、和与せさせに可罷越之由遣之、但廿七日ハ田原の御堂のムネアケニテ候へハ、廿八日ニハ可罷越之由申之、十一月六日件住人等、衛門尉・馬允・兵衛尉・左近三郎・進士・武蔵房等龍門へ立越申者、大石庄民等和与之状ヲ不出者、殿人等ヲヌキテ、龍門庄ト可為同心由申、次同十六日ニ彼輩等大石庄ニ出来、龍門庄民等ヲ境ニ寄合テ、和与状出了、

弘長二年十一月十七日　　公文圓宗在判

秦　行安在判　　秦　重綱在判

文　国塞重ヽ在判　　秦　重助在判

藤井助友在判　　秦　家重在判

一、大石庄民等

僧定慶在判　　　物部行守在判
沙弥威佛在判　　　尾張包行在判
磯部吉恒在判　　　播磨光国在判
草加部為末在判　　　尾張守包在判
尾張守行在判　　　僧圓秀在判
正文ハ神水ノミ畢

田原住人右衛門尉・馬允・兵衛尉（馬允子息）と大石住人左近入道の四人を口入人として、大石・龍門両庄民が両庄の「境ニ寄合テ」和与を誓い合った。それによれば龍門庄民六人（史料に欠損部分があるため正確な人数は不明）と大石庄民十人が判をついている。この和与状の正本は、当日記案に「正文ハ神水ノミ」と書かれているごとく、また「近江国龍門庄雑掌言上状案」に「以神水両庄民等各呑之畢」と書かれているように[43]、焼いて灰にし、神水に混ぜ、境に寄り合った農民たちが飲んだのである。和与の約束が必ず守られるように、普通は起請文に署名、すなわち一味の起請を書き、神水を飲み交わし「同心」するのであるが、龍門・大石両庄民は、さらに起請文を神水とともに飲み干すことによって、より確かな同心の証としたのである。

この一味同心という言葉は、ちょうどこの頃に史料上に姿を現してくる。一つの味で心を同じくするという意味であり、それは、神社（村の鎮守社）の前に寄り合って神水や神酒をささげ、その神水を汲み交わし、相互に偽りのないことを誓うという行為で現される。その意味で、まさに農民の共同意識の萌芽であったといえる。しかし、逆に考えてみれば、これほどまでの誓いをたてねばならなかったということは、「同心」するということ、すなわち結束することがいかに困難であったかということをもあらわしている。

また和与状などに名を連ねている人々、龍門庄の行安や助友、大石庄の成佛や行守たちは、庄内においてはかなり有力な農民たちであったにちがいない。まさに治承三年の「笠取西庄実検取帳」などにその名を残す人たちである。彼らの中においても、大名主・小名主といった差があり、お互いに機会あらば、領主あるいは武士勢力（たとえば地頭）と結びつき、公文・下司といった庄官に成り上がろうとする動きが、つねにみられたのである。裏切りがたえず起こりうる条件は、まさに整っていたといえる。

近江の奥嶋庄のように、庄の悪口を言う者は庄を追放し、妻や子供といえども悪口を言えば小屋を焼き払うというかなり厳しい処罰を定めている庄もあった。(44) それほどまで農民たちは「返忠」（裏切り）を恐れていたのである。結束なくして勝ち得ないという強い意識が、このような厳しい自己防衛体制を作らせたといえる。「一味同心」がさらに有効に作用するためには、史料上にその名をみせず名主の経営の下に従属していた下層農民たちをも含めた結束がなければならなかった。この点において、一味同心の大きなひとつの弱点が見いだされる。これが克服されるには、まだまだ時期を待たねばならなかった。

六　名の変質

中世の庄園はおおむね「名」「名田」によって構成されていた。平安時代の中ごろまでは、庄園領主のもとで農民は田地を請作経営するのみで、土地＝田地に対する権利は無きに等しかったのであるが、後期から鎌倉時代にかけて、次第にこの請作者である田堵と呼ばれた農民は、現実の耕作を基盤にして権利＝耕作権を強化し、自らの名をその耕作田に付し、名田として私的所有権を確保していった。名田は名主の経営単位となり、かつまた領主においては徴税の基礎単位として把握されることとなったのである。

寛治二年（一〇八八）十月五日、醍醐寺遍智院僧都御影供の折、その「御佛供用途」は笠取西庄内久元名の所当米の内から用立てられている。これは例年のことであったようである。[45]このように名単位に所役が課せられているが、この名が変化するということは、この領主の年貢・所役の収取体系に大きな変化をもたらすということになる。なぜならば、領主側においては、支配地域内の庄園の各名の持ち主である名主が、いかなる人数の隷属する下人を使って名田経営を行っていたとしても、おのおのの田積に応じて年貢課役などを行使しておればば事が足りていたものが、この名の変質、すなわち分割現象が進展すれば、この分割現象に応じた支配体制を確立する必要にせまられるのである。

ところで、名が解体するには、おおよそ次の契機が考えられる。第一に相続の問題である。自らの不断の努力によって守り抜いてきた田地を子孫に相続するとき、名田を分割して子孫に分け与えるため、名田の規模が分散し、縮小される。第二に、名田を請作していた弱小農民が、狭小な開発田あるいは農業技術の発達を基盤に、かつての名主と同じように土地に対する権利を強化して、名田そのものを分割しはじめる。第三に、名主自身が分散に関与する点においては第一と同じだが、名主自身が名田を分割・売買するということである。これは農業経営の変質の問題として重要である。

だいたい以上のことが名の分解について言えるのであるが、これは逆に考えれば、新田開発あるいは農業技術の発達、また二毛作の普及により、大名田を保有しなくとも名田経営がある程度成り立ってゆくということであり、さらに言えば、開発による耕地の拡大により耕地経営そのものが安定し、一反あたりの収穫が増加してゆく傾向であったとも言えるのである。

具体的に言えば、「笠取西庄実検取帳」において、助友・重方・国里・重貞など田堵名しか表面にあらわれずに領主によって把握されていた庄園内の農民は、次第に作人層まで、史料上にその姿を現してくる。その姿を伊勢田郷にみてみよう。伊勢田郷は宇治市の西方にあり、今日伊勢田という地名を残している。承平年間（九三一～三七）に成立したとされる『和名抄』に、その郷名を見いだせないことから、おそらく中世に入ってから成立した郷ではないかと思われる。

『大徳寺文書』に数十点の伊勢田郷関係の史料が存在する。それによれば、伊勢田郷内桑本里卅四坪に一町一反、隣接する真木嶋に四反、合わせて一町五反ばかりの小所領があった。この所領は、「山城国富家殿内三条殿給」と呼ばれている田地で、康暦元年（一三七九）八月十七日に勘解由次官平知輔が、祈禱料として大徳寺長老言外和尚（宗忠）に寄進し、大徳寺領となったものである。[46]

紫野如意庵領富家殿内三条殿御給分田地之事

合　　明徳二年辛未

伊勢田（異筆）「内桑本里卅四坪」

一反得	七斗五升	定米五斗四升七合五夕	作人	長金殿
一反得	五斗五升	定米四斗一合六夕	同	同人
二反得	一石三斗四升	定米九斗七升八合二夕	同	二郎大夫
一反得	六斗八升	定米四斗九升六合四夕	同	衛門二郎
一反得	六斗九升	定米五斗三合七夕	同	大夫二郎
一反得	七斗	定米五斗壱升一合	同	源内二郎
一反得	七斗二升	定米五斗二升五合六夕	同	彦太郎

一反得　七斗三升　　定米五斗三升二合九夕　三郎左衛門入道
一反得　六斗八升　　定米四斗九升六合四夕　同 クワウイン庵
一反得　七斗三升　　下司給　同 宗空僧
定米　以上四石九斗九升三合二夕

槇嶋方

一反得　八斗　　定米五斗八升四合　又二郎
一反得　七斗　　定米五斗一升一合　左近五郎
一反得　七斗　　定米五斗一升一合　大夫三郎
半　得　三斗五升　　定米二斗五升五合五夕　吉五
半　得　三斗五升　　定米二斗五升五合五夕　与志
定米　以上二石一斗一升七合
惣都合七石一斗一升二夕

地下々行

一斗　内検借屋　　一斗　　御倉付
二升　二人一宿　　一升　　二人一宿
二升　二人一宿　　三升　　二人三片食
以上二斗八升
定残米六石八斗三升二夕

当庵升延分十壱石三合三夕

但此内二斗三升四合四夕ハ代二百文、借状在之、

節茶用途　　二百廿文

明徳二年十二月十三日

定貞（花押）

明徳二年（一三九一）に作成された「富家殿内三条殿御給分田地帳」であるが、[47]伊勢田郷桑本里卌四坪一町一反の田地が九人の作人によって分割されている。その内一反は下司給である。作人として「クワウイン庵」や「宗空僧」が記載されていることから、「作人」と脇書された人々がすべて田畠を直接耕作していたと限定することはできない。一筆目の一反を例にとれば、作人長金殿は七斗五升の年貢に対して、五斗四升七合五夕は本所である大徳寺如意庵に納められ、差額の二斗二合五夕は領家である富家殿内三条殿に納められたとみるべきであろう。

しかし、年貢納入はこれだけでなく、この田地の下司である大野範能の永徳元年（一三八一）四月十九日の請文によれば、[48]「さんてう殿御くしあしの事、うけれう反へちに百文つゝの内七百文ハ、まいねんしんへく候、三反ハ中一ねんやすむへく候、一くハんの時も七百文時も、百文ハさた人給へく候」とあり、下司範能は反別百文の公事料足の納入を約束している。「せんきハ反へち廿つゝ、内五十文さた人給へく候」とあり、公事料足は以前は反別に二十文ずつであったようだが、範能が下司の地位を確保するためには、このような増額納入を約束せねばならなかった。その約束分がさらに作人層の負担となってはねかえってくることは言をまたない。

六年後の嘉慶元年（一三八七）八月二十九日の下司範能の請文に、[49]「御ねんくハ御ひやくしやうのもちくに、御てらへおさめ申へく候」とあり、年貢の百姓直納という方法がとられだしたことがわかる。これは、領主側が年貢収取の安定的確保のために作人層を収取の単位として把握しようとした結果であるが、ともあれ、名田が変

質・分解してゆく過程で、農民たちは、自らの力で、歴史の表面に姿を現せるほど成長してきた証でもある。宇治伊勢田郷の農民たちはその好例であるといえよう。

（1）「禅定寺造営年次目録」（『禅定寺文書』・『鎌倉遺文』一三八〇六）。以下、出典の『禅定寺文書』は『禅定寺』と表記し、文書番号は、（財）古代学協会編『禅定寺文書』（吉川弘文館、一九七九）に拠る。また、『鎌倉遺文』は『鎌遺』と表記する。

（2）長保三年四月八日「禅定寺田畠流記帳」（『禅定寺』・『平安遺文』四〇八、以下『平安遺文』は『平遺』と表記する）。

（3）杣山の四至については、養和元年十一月二十一日「禅定寺領四至注進状案」（『禅定寺』三・『平遺』四〇一一）に「四至　東限近江国堺綾槻尾　南限国分寺山太譲葉峯　西限公田　北限大津尾」とある。

（4）仁平元年九月二十二日「禅定寺由緒注進状案」（『禅定寺』二・『平遺』二七四六）・文保元年十二月「禅定寺・山城国曽束庄由緒注進状案」（『禅定寺』六二・『鎌遺』二六四九五）。

（5）（嘉元三年四月）「摂籙渡庄目録」（『鎌遺』二二一九六）。

（6）建久四年三月十八日「禅定寺大房留守職宛行状」（『禅定寺』四）。

（7）寛元二年五月「某袖判下文写」（『禅定寺』一五）。

（8）貞治四年五月十三日「山城国田原殿郷山司職補任状案」（『禅定寺』八九）。

（9）永仁四年十二月「禅定寺領山禁制」（『禅定寺』二七）。

（10）「禅定寺造営年次目録」（『禅定寺』・『鎌遺』一三八〇六）。

（11）『禅定寺』一八。

（12）「禅定寺造営日記」（『禅定寺』）。

（13）正安三年八月「禅定寺僧鋳鐘入供用途注文」（『禅定寺』二九）。

(14) 注(10)。
(15) 乗願鋳鐘願文(『禅定寺鐘銘』・『鎌遺』二〇八五六)。
(16) 『禅定寺』三一。
(17) 『禅定寺』七五。
(18) 奝然が宋より文殊菩薩像を持ち帰ったということや、宇治田原の庄民から寄人が選ばれたことなどは伝承の域をでない。
(19) 寛元三年十二月十八日「禅定寺寄人等申状案」(『禅定寺』一八・『鎌遺』六五九九)。
(20) 寛元三年十二月十二日「禅定寺寄人等重訴状案」(『禅定寺』一六「禅定寺寄人等・山城国木幡住人等争訟文書案」・『鎌遺』六五九一)、(寛元三年)「平等院鎰取友成申状案」(『禅定寺』二〇「禅定寺寄人等・山城国木幡住人等争訟文書案」・『鎌遺』六五八四)。
(21) 『禅定寺』一八。
(22) 寛元三年十二月十八日「禅定寺寄人等申状案」(『禅定寺』二〇・『鎌遺』六五八四)。
(23) 寛元三年十二月七日「平等院公文阿盛書状案」(『禅定寺』二〇・『鎌遺』六五八四)。
(24) (寛元三年)「禅定寺寄人等申状案」(『禅定寺』二〇・『鎌遺』六五八六)には、事件の発端となった馬の争諍の場所は「法性寺辺」となっている。
(25) 『玉葉』建久三年正月二十日条によれば、勅諚によって浄妙寺別当職は聖護院宮静恵法親王が補任され、この時期、浄妙寺は摂関家の支配を離れている。
(26) 寛元三年十二月十八日「禅定寺寄人等申状案」(『禅定寺』一八・『鎌遺』六五九九)。
(27) 治暦四年三月廿九日「太政官牒案」(『禅定寺』一・『平遺』一〇二四)。
(28) 永暦元年五月五日「後白河院庁下文」(『平遺』三〇九三)。
(29) (徳治二年九月)「山城国曽束庄雑掌訴状」(『禅定寺』三四・『鎌遺』二三〇四六)。
(30) 徳治三年七月「山城国曽束庄雑掌良因重申状」(『禅定寺』三七・『鎌遺』二三三二六)。

(31) (元応元年六月八日)「禅定寺領・山城曾束庄堺和与目安案」(『禅定寺』七八)。

(32) 応永二十四年十月「山城国曾束庄名主百姓等申状案」(『禅定寺』九〇)。

(33) 『宇治市史』第一巻・第四章第二節参照。

(34) 『醍醐雑事記』巻一三。

(35) 『醍醐雑事記』巻二。

(36) 建治元年十月二十八日「紀伊阿□河荘上村百姓等言上状」(『高野山文書』・『鎌遺』一二〇七六)。

(37) 治承三年十月十日「笠取西庄実検取帳并枚目録」(『醍醐雑事記』巻二)。

(38) 承安元年十月二日「笠取東庄実検取帳」(『醍醐雑事記』巻二)。

(39) たとえば、東寺領上桂庄の事例であるが、「新開田地事、従明年辛酉歳参拾参箇年、為限其間、年々随開出、於初三ケ年之本年貢者、悉百姓仁被免之、従次年已後、本年貢内以三分二者、井水等之興行分被免之、於三分一者、可有寺納者也、若三十三箇年中、三十二ケ年已後初開之者、御百姓御免不可足三ケ年、其年者於寺家可申請之也、雖然於御代官三分二之御免者、不可出三十ケ年自甲子年至癸巳年三十ケ年也者也」というように、用水等の出資分も含めて年貢を収納しない方針で優遇策を講じている(永享十二年七月「革嶋貞安上桂庄代官職条々請文」『東寺百合文書』や—七五・『山城国上桂庄史料』四四〇)。

(40) 三月十三日「後嵯峨上皇院宣」(『禅定寺』四六)。この院宣の奉者は吉田経俊であるが、経俊が左大弁に任じられたのは建長六年(一二五四)正月十三日で、権中納言に任じられたのが弘長二年正月二十六日であるので、当該院宣は建長六年から弘長元年の間の三月十三日に発給されたものである。

(41) 「近江国龍門庄雑掌言上状案」(『禅定寺』一二三)。

(42) 弘長二年十一月十七日「近江国大石・龍門両庄民和与日記案」(『禅定寺』一二四)。

(43) 『禅定寺』一二三。

(44) 弘長二年十月十一日「近江奥嶋百姓等庄隠置文」(『近江奥津嶋神社文書』・『鎌遺』八八八一)。

(45) 『醍醐寺新要録』巻十一「下諸院部・遍智院篇」に「年中行事上古云、十月五日、遍智院僧都御影供事、御佛供用途、以久元名田所当内、用之、有僧前、笠取西庄領家沙汰也、用途米六斗内、政所御分四斗、預家役二斗立用之云々」とある。

(46) 康暦元年八月十七日「安居院知輔寺領寄進状」(『大徳寺文書』一五七二)。

(47) 明徳二年十二月十三日「富家殿内三条殿給分田地帳」(『大徳寺文書』一五八一)。

(48) 永徳三年四月十九日「富家殿内三条殿下司大野範能請文」(『大徳寺文書』一五七六)。

(49) 嘉慶元年八月二十九日「富家殿内伊勢田下司大野範能請文」(『大徳寺文書』一五七八)。

第三章　近江国河上庄の変遷

一　河上庄の成立と伝領

近江国河上庄は、現滋賀県高島市今津域に所在した庄園である。この河上庄を中心とする一帯は、かつては高島郡川上郷と呼ばれ、(1)中山忠親の日記『山槐記』元暦元年（一一八四）九月十三日条に記載される「近江国注進風土記」には、河上里と板蔵山が挙げられている。この川上郷域に成立した庄園が河上庄であった。河上庄の成立・伝領の経緯をおおよそ伝えるものとしては、酒波の日置神社に伝来する『日置神社文書』があるが、同文書の中に含まれる治暦四年（一〇六八）三月二十九日の日付を持つ太政官牒（写）にはつぎのように記されている。(2)

太政官牒　平等院
　雑事弐箇処
一、応以院領庄園玖箇処、永為不輸租田、兼停止院家并庄園四至内官使検非違使諸司院宮諸家国使等闌入、
　宛課雑事、責凌住人事、

壱処　字子田上杣・河上庄
在近江国高嶋善積両郡、
子田上庄
四至　東限公田　南限阿刀河并河上谷川
西限丹波国堺大生木山　北限若狭国比良山
件杣嘉祥四年立券後相伝歴年、今為前大政大臣家領矣
河上庄
四至　東限水海　南限角河并山峯
西限杣山并若狭国堺　北限山田谷并黒河
件庄、天平十二年以従七位上角山君家足領之墾田与正三位小野石根朝臣、久歴星霜、曽無他妨、今亦前大政大臣為家領矣、
右、大政官今日下民部省、并彼国々符偁、得平等院今年三月廿九日奏状偁、謹検傍例、公家御願寺四至内官使検非違使并所々使等、恣以濫入、禁制已重而、当院被下宣旨、永為御願、已降、殊致鎮護国家之誠、専企令法久住之計、薫修漸積星霜屢悛、抑前太政大臣草創寺家之後、以所領庄園等為支寺用、永以施入新古庄園、重亦被給官符、永為不輸祖田、而如此庄園所々使寄事公務、宛課雑事、庄園之煩、職而此由、望請天裁、被下宣旨、停止官使検非違使并院宮諸司国使等濫入寺家之四至并所領庄園四至内、将絶向後之濫吹者、正三位行権大納言兼民部卿藤原朝臣俊家宣、奉勅、依請者、
治暦四年三月廿九日　　左大史小槻宿禰牒
左少弁藤原
これによると、当庄の四至は、「東限水海、南限角河并山峯、西限杣山并若狭国堺、北限山田谷并黒河」と記

載されている。ここにいう南境の角河は現在の石田川であり、北境の「山田谷并黒河」は森西（マキノ町）の南部に山田川があり、黒河は百瀬川のことをいうから、河上庄域はおおよそこれら河川の流域に囲まれた湖岸の平野部から若狭に連なる西部山間部をふくむ一帯に広がっていたことになる。荘園の中核は、深清水・桂・酒波・日置前・福岡・北仰・浜分といった、旧川上村（現在の北地区）を構成した地域で、北方はマキノ町の大沼・中庄・新保にまで及び、南部は北生見・梅原・岸脇を含んでいた。

河上庄の伝領経緯については、天平十二年（七四〇）に角山君家足から、その墾田が小野石根朝臣に移り、やがて藤原頼通の家領とされ、さらに頼通から平等院に施入寄進されたということになる。

開発領主である角山家足は、高島郡の北部一帯に勢力をもった豪族で、反乱をおこし湖西を敗走北上して角野郷に入った藤原仲麻呂に一夜の宿を提供した人物「前少領角家足」とされている。(3)また小野石根朝臣とは、宝亀六年（七七五）に遣唐副使に任命され、翌々年に渡海したが、同九年十一月に帰国の途中遭難して没した人物である。なお小野石根は正三位と太政官牒（写）には記載されているが、『続日本紀』宝亀十年二月四日条によれば、従五位上で遣唐船難破のため没し、従四位下を追贈されているものの、正三位には昇ってはいない。(4)しかし、考えてみれば、この牒が発せられた治暦四年の時点で、天平十二年からすでに三百年以上の歳月が流れていたわけであり、このあたりの矛盾はとるに足らないものかもしれない。

河上庄が小野石根以降、どのような経緯によって藤原頼通のもとに移ったのかについては明らかではない。ただ、天承二年（一一三二）八月の「河上庄公文寄人等解」(5)によれば、すでにこのころ河上庄は藤原氏の氏長者に伝領された平等院修理料所となっていた。また、藤原頼長が仁平元年（一一五一）八月十日に南都の佐保殿で饗宴を催した時には、屯食十九具分の費用が河上庄に賦課されている。(6)

建長六年（一二五四）に成立した『古今著聞集』に、河上庄の武蔵阿闍梨勝覚という僧の父が飼っている牛が阿弥陀経を夜毎に呻くという話が載せられている。[7]「近江国高島郡に、平等院領河上庄といふ所に」という文言から説話がはじまっていること、また朝廷文書の出納を司っていた藤原兼仲の日記『勘仲記』正応二年（一二八九）四月二十九日条に平等院領近江国河上庄の預所職の補任を下知するための「関白右大臣家政所下文案」が記載されていること、[8]さらに嘉元三年四月および暦応五年（一三四二）一月の「摂籙渡庄目録」[9]に、平等院領として「年貢六百卌石　比皮百井」を賦課される庄園として記載されることなどから、河上庄は鎌倉・南北朝期を通じても、なお平等院領であったことをうかがうことができる。

治暦四年の太政官牒に併記される子田上庄は子田上杣ともいわれ、嘉祥四年（八五一）に立券されて藤原家の家領となり「相伝歴年」の後、藤原頼通家領となりさらに平等院領に施入されるなど、河上庄と同じ道を歩んだ庄園である。杣とは字義の通り木を切り出すための山のことで、都の所在した京都・奈良に近かった近江には、古くから宮殿・寺院などの造営・維持のため、材木を切り出す杣が数多く設けられていた。中でも、高島郡には子田上のほか、朽木・三尾などの杣が設定されており、木材の一大生産地となっていた。[10]

本来は木材を切り出すために作られた杣であったが、その多くは開発の進展に伴い庄園に再編成されており、子田上杣もまたその例にもれなかった。子田上杣が子田上庄とも呼ばれるようになっているのはこのためである。庄域は「東限公田、南限阿刀河并河上谷川、西限丹波国堺大生木山、北限若狭国堺比良山」とあり、若狭国堺にまで及ぶ河上庄の山間部に連なって、さらに奥地に拡がる杣山であったことがわかる。その庄域は、南は阿刀河（安曇川）、西は丹波国堺大生木（生杉）山を限るとされることから、安曇川町・新旭町・朽木村の山間部にまで及んでいたと推定される。

高島郡内に所在する杣山は、都に近接する林業地域として古くから知られており、歌にも数多く詠まれてもいる。(11) 河上庄や子田上庄は、広大な杣山をその庄域に含んでいるだけに、平等院修理料所ともなっており、杣人が杣役を勤めるために領有を認められた雑免田からの官物はもちろんのこと、寺院に檜皮や瓮榑といった修理・造営用材を貢納していた。杣山から切り出された木材は、石田川や安曇川を下って河口の港に集められ、湖上大津を経て京都方面に運ばれていったのである。

天承二年（一一三二）八月、河上庄の公文・寄人・所司らが連署して摂関家政所に、隣接する延暦寺領某庄の非法を訴えでた。(12)

殿政所被免給許歟、不可後例之由、政所御下文状明白也、如□度々経沙汰畢、彼庄後(古カ)老寄人等、皆存知歟、且可被対問□□検御庄御公験状、南限角河南山峯、北限黒川山田谷者、任此宣□者為宗、彼庄四至内二十八条北畔マテ可成平等院御領歟、依□此等事煩、延暦寺所司等并殿下御使本院所司等罷下、決□日御庄下司沙汰人等、依不取出一紙証文、於杣山者、無論為□(平)等院御領旨、裁定既畢、而当時彼庄本家使右京進藤原□(貞)道、募法性寺座主御房之勢、所令致如此非道也、望請□(天)裁、早任先例并方々御公験状、令停止件貞道非法无道訴□、将仰道理貴矣、仍注子細、言上如件、以解、

天承二年八月　日　　公文僧教仁

寄人等百済安成

勝　重則（以下寄人名列挙）

平　為貞・三宅恒行・橘　延任・僧　林勝・後分延任・清原成末・

山　有正・僧　立快・［　　］・後分為延・大石光安・藤井国末・

依知秦助任・百済清貞・生江末元・小野為末・橘　正末・大江安興・
秦　則末・紀　成末・生江末永・藤井利貞
所司等
別当僧定圓
検校僧能寿
検校藤原国民
検校清原時忠
御庄司散位源信貞

前欠文書ではあるが、「彼庄四至内二十八条北畔マテ可成平等院御領歟」「於杣山者、無論為平等院御領旨」とあることなどから、両庄の四至および杣山をめぐっての争いであった。相手の庄は、河上庄の北部で四至を接していることから、おそらく山門飯室不動堂妙香院領大処庄（現マキノ町）が争論の相手方であったとおもわれる。両庄は四至をめぐって以前から紛糾しており、かつて「延暦寺所司等并殿下御使本院所司等罷下」って杣山が平等院領であるとの裁許が下っていた。しかし「彼庄本家使」の右京進藤原貞道が「非法无道」を止めないため、再度河上庄が訴えをおこしたものと推される。

この時の河上庄の訴状には三十一名の署名があり、その内訳は、公文が僧教仁、寄人が百済安成以下二十四名、所司が五名、庄司一名である。河上庄が平等院修理料所であったことから、庄民は寄人と称していたのであろう。彼らは、田地を耕作する一方で杣山に入って木材の切り出しにも携わっていたのである。ちなみに分業が進んでいなかった中世以前においては、住民たちは伐木・造材を筏に組んで運び出す運材までを一手に行っていたものと考えられる。そして、それだけ懸命に打ち込んでいた山仕事だけに、豊かな山林資源を持つこの辺りでは、杣山を巡る争いがこの後も絶えなかった。

平等院に下された「太政官牒」(13)によると、平治元年（一一五九）頃には、子田上杣と朽木杣の間に入会料をめぐって争いが起きている。この時の子田上杣すなわち平等院の主張は次のようなものであった。

朽木杣は、以前から子田上庄に従っており、「山手」を当庄に支払って材木を伐採してきた。朽木杣は、「津料」と号して率分を子田上庄に支払ってきたが、この両三年、みだりに当庄の制止に背き、「河曳きの例物」（津料）を弁わない。また、当庄杣人の往反を塞いで採樵の便を妨害するばかりか、他国の人夫を杣に入れ、大小の材木を採り尽くしている。このため、寺家の修理も勤まらず、子田上杣はこのままでは頽壊してしまう。去る年に停止の宣旨を下されたが、朽木庄司は聞き入れず、濫行を止めないので、重ねて宣旨を下してほしいというものである。さらに、当杣人の雑免田は八十町で、官物は国衙へ弁済し、雑事は寺家（平等院）に勤仕していたが、三十町を国司に収公されてしまったとも述べている。

これによって、朽木杣がもともと子田上杣に対して従属しており、朽木の杣人は、「山手」（入会料）や「津料」「河曳きの例物」ともいわれた通行料を支払い、子田上杣に入って材木の伐採を行っていたことがわかる。子田上杣の側からいえば、自分たちで材木の伐採を行うだけでなく、「山手」や「津料」を徴収して近隣の杣人の入山伐採を認めていたのである。しかし、やがて朽木庄司を中心とする朽木杣の杣工たちの、他国の人夫を動員してまでの杣域を拡大した結果、子田上杣の人々の権益さえもが危機にさらされることとなったのであった。

二　延暦寺の支配と番頭制

室町幕府の評議記録である『御前落居記録』永享三年（一四三一）十二月五日の記事に[14]「山門大勧進申大講堂領近江国河上庄奉行職事」とあり、河上庄は延暦寺大講堂領となっている。河上庄がいつ延暦寺大講堂領となったかについては詳らかではないが、つぎに述べる時期の可能性が考えられる。

応永元年（一三九四）九月、室町幕府三代将軍足利義満は日吉社に参詣した。これは、南都の興福寺とともに強大な勢力を有し、事あるごとに幕府と対立していた延暦寺に対する威圧を目的とした、山門対策の一環として行われたものであったが、その社参のおりに、義満は延暦寺諸坊から進上された七千二百五十貫文すべてを大講堂造営料として奉加する。[15]また義満は、応永三年九月に落成した大講堂の供養の大法会にも公卿を従えて参会している。[16]おそらくこの時期に河上庄は義満より大講堂領として寄進されたものではなかろうか。

河上庄は、角山君家足の開発に始まり小野石根に伝えられ、不明期間を経過して藤原頼通、平等院と伝領され、やがて延暦寺大講堂となったのである。そして大講堂領となったときには、河上庄は既に領家方と地頭方に二つに分割されており、義満から寄進されたと考えられるのは、地頭方の方であった。

鎌倉中期から南北朝期にかけて、庄園領主と地頭の間では年貢や公事などの確保をめぐって争いが繰り返されるが、その結果、和与中分に代表されるような下地中分という一つの解決策が生み出されていた。今日、浜分に残っている領家・地頭という地域名は、下地中分を示すものかどうかは明らかでないが、河上庄がなんらかの形で分割支配されていたことを今に伝えている。

朽木文書の中に「河上庄地頭廿五房田数帳」という冊子[17]が残されている。これは河上庄の地頭方の田地の所在地などを記録したもので、河上庄の内部構成を知る上で貴重な史料である。この冊子は、追記の部分も含めて筆跡が同じであることから、作成時期は分からないものの後世の写本であることは間違いない。ただ、その筆跡などから推定して、朽木氏が河上庄地頭方へ進出した十六世紀初頭をさほど下ることのない頃に作られたものと思われる。

この田数帳に記載される条里によると、河上庄地頭方が占める範囲は、二十二条五・六里、二十三条四・五・六里、二十四条三・四・五・六里、二十五条三・四・五里、二十六条三・四・五里、二十七条四里にまたがっている。条里の方向は、安曇川流域の条里の例から、条は南から北へ、里は西から東へ数え進む。そして坪並びは各里の南西隅から始まり北へ進む平行式で、北東隅の三十六坪で終わる形式となっている。条里区画からはみ出た地域の地名は、「伊井村分木原へ所」「新才才垣内」「乃牛垣内」「慈幸垣内」「庄司垣内」「石見冷泉東藤司垣内」「正覚寺前」「脇田カセノ下」「伊井橋河ヨリ南」「伊井沢冷泉堂東ナワテ道ヨリ西」「半在家南伊井ノコトナリ」「半在家南」「河登岸脇南川原」「源泉習向際田」「字丈六□南」「新別当垣内」「酒浪東」「大池」「松木ノ上之谷口」「ヘイカヲカ」「スサキ」「引谷」「大門口」の二十三ヶ所である。字名から位置を推定すると、その所在地は岸脇から伊井・酒波を経て深清水の西部にかけての一帯ということになろう。

図1は、田数帳の条里記載に従って地頭方と領家方に区分して図示したものである。地頭方の区域内のみではあるが、河上庄における土地支配の実体をうかがうことができる。すなわち、河上庄は、二十五条・二十六条の分割の様子から、庄域を東西あるいは南北に分割するといった方法ではなく、当初は規則的な坪並びによる中分がなされたことがうかがえる。

年貢・公事の収納に主眼をおいた支配から、土地までも支配していこうとする新しい十世紀以降の庄園においいては、上分知行・下地知行という二つの知行形態が併存していた。しかし、鎌倉時代に入り、あくまで土地（下地）支配に執着する地頭が登場してくると、事態は大きく変化する。地頭たちが領家の支配をおびやかし始めたのである。

河上庄においても坪並びの中分形態では在地の一円支配が貫徹しえず、相互に領主的支配をめざす領家と地頭の間で土地の交換が行われることになっていく。その結果が二十四条以南の状況である。二十三条四里に「十五坪ヨリ十八坪マテ東四至廿四マテ領家方四至、廿七坪八家前地頭方四至ノ始、南堺六反六十歩竹中坊分田、此内反六十歩音地式部」との注記があり、地頭方の領家方との南堺は「廿七坪八家前」であったことがわかる。「河上庄地頭廿五房田数帳」は、当初の坪並び分割形式から地域分割形式に変化してゆきつつある状況を如実に示しているといってよい。

「河上庄地頭廿五房田数帳」の冒頭部に「廿五坊之次第」として一番から二十五番までの番号を付した院坊名が記載される。

廿五坊之次第

一番　習禅坊　　二番　般若院
三番　田中坊　　四番　勝蓮坊
五番　実教坊　　六番　西仏坊
七番　妙音院　　八番　金輪院
九番　□□坊元仏成坊　　十番　杉生坊
十一番　上林坊　　十二番　竹中坊

図1　河上庄地頭方条里図（朽木家古文書525「河上庄地頭廿五房田数帳」）

	6	12	18	24	30	36																			
	5	11	17	23	29	35																			
	4	10	15	22	28	34																			
	3	9	15	21	27	33			今在家前																27条
	2	8	14	20	26	32																			
	1	7	13	19	25	31																			
							大所	長福寺南	長福寺南 大津サハ	大津サワ	大沼南 大ツ沢南	ニカウ田	中町	ヤ、イ ヤスノ丁	森丁	(海)									
							北川原	大津沢	大津沢南	大津サワ	荒田町	五反田 荒田丁	五反田	押領使丁	ヒロ丁	大沼									
						十禅師東	マフタリ 十禅師東	仁和寺	仁和寺	(公文給)	池丁	北八反田	千束丁	地頭藤沼中町	寺丁	ミノナワテ									26条
																	(海)								
						西方寺	西方寺東	ト、メ 北サワ	清成名	大藤吹丁	八夫田	下八反田 葉柳	葉柳	中下葉柳	小江	小江	(海)								
						西方寺南																			
							杉サワ	ツヽミ田	ツヽミ田 ヘラ田	ヘラ田	ハラ田	染丁	保丁 苔原下	苔原	落合川際	苔原	(地頭)								
						杉サワ溝丁																			
						芝沢	ナカツラ 今サワ	ナカツラ	ヤマセ	アマル部	アマルヘ東		苔原	流田	苔原南町	御願川	(地頭)								25条
							河原尻	河原尻	墓ノ丁	墓丁 蕃丁		ハルノ木サワウンウロシ	小ヒロマリ	小ヒロマリ	ヒロマリ	小ヒロマリ東	大町	淡井サワ							

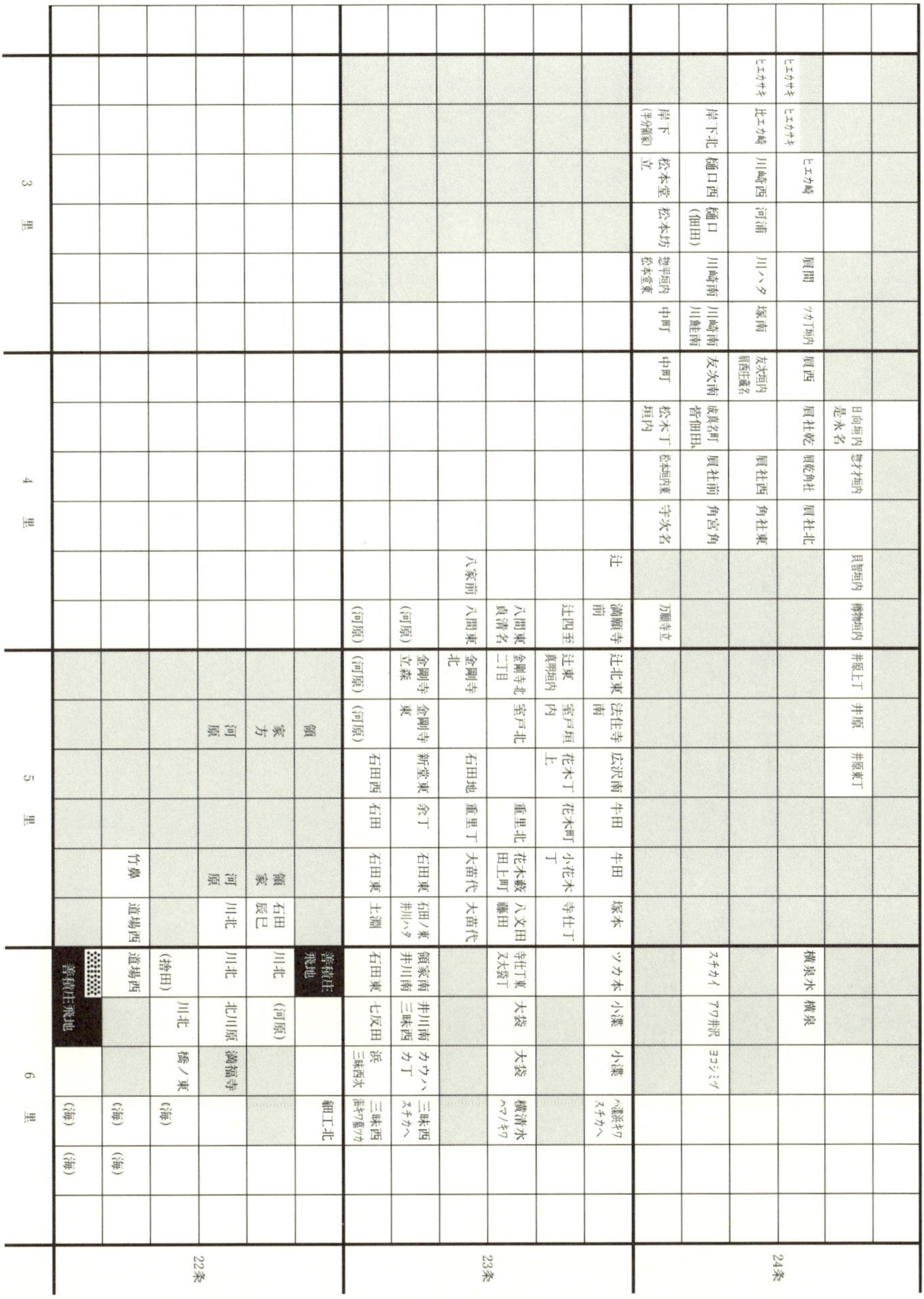
3 里
4 里
5 里
6 里
22条
23条
24条
善積庄飛地

十三番　□正院　　十四番　西勝坊
十五番　□□坊（玉）　　十六番　月輪坊今ハ行泉坊
十七番　円宗院　　十八番　仙蔵坊
十九番　妙光坊　　廿　番　月輪坊
廿一番　善住坊　　廿二番　曼殊院
廿三番　坐禅院　　廿四番　蓮花院
廿五番　山本坊今ハ西養坊[18]

この二十五の院坊名は、後にのべるようにいずれも延暦寺大講堂の山徒たちの院坊名を付けたものである。山徒とは、延暦寺にあって、政治・経済に大きな力を持った僧侶たちのことで、延暦寺では幕府から河上庄地頭方を大講堂領として寄進されたとき、彼ら二十五人を給主（奉行）に指名し、実際の年貢取り立てにあたらせることにしたものである。後に「根本奉行為廿五人」といわれているところからしても、[19]「田数帳」に見える二十五人が当初からの給主であったことは間違いない。

田数帳によれば、総田数二百町八反余を数える河上庄地頭方は、彼ら二十五人の給主によって分割されているが、その分担面積は、上林坊の六十三反余から坐禅院の九十四反余までかなりのばらつきがある（表1参照）。しかし、これはあくまでも朽木氏の入部時のものであって、当初は七十四反前後で均等に配分されたようである。というのは、彼らに与えられている直営地である佃の面積をみれば容易に想像がつく。各院坊のその佃保有面積を一覧としたものが表2である。各給主の佃は一反百歩を標準としており、これらが当初は均等かつ計画的に配当されていたことは明らかであろう。つまり、佃は給主が知行する田数に応じて分配されるのが普通であり、し

表1　河上庄地頭方番頭知行田地表

番数	番名	田地面積	番数	番名	田地面積
1	習禅坊	71反274歩	14	西勝坊	71反258歩
2	般若院	71反 41歩	15	下瑠璃坊	74反 89歩
3	田中坊	73反 29歩	16	行泉坊(月輪坊)	73反216歩
4	勝蓮坊	68反 35歩	17	円宗院	80反346歩
5	実教坊	70反185歩	18	仙蔵坊	74反300歩
6	西仏坊	74反 96歩	19	妙光坊	76反341歩
7	妙音院	77反182歩	20	月輪坊	74反 62歩
8	金輪院	70反 58歩	21	善住坊	67反250歩
9	玉輪坊(仏成坊)	76反228歩	22	曼殊院	64反172歩
10	杉生坊	78反 34歩	23	坐禅院	94反184歩
11	上林坊	63反206歩	24	蓮花院	67反327歩
12	竹中坊	86反136歩	25	西養坊(山本坊)	74反206歩
13	護正院	73反 49歩		その他	160反332歩
				総面積	2010反316歩

備考
1.田数帳の給主欄に「西」とのみ記載される例が多く、西仏坊・西勝坊・西養坊のいずれを指すかが問題となる。西勝坊と記載されるのは、23条5里10坪～24条3里15坪の10例のみであることと、「西」とのみ記載される例が24条3里33坪から始まること、以上の理由から「西」は西勝坊を指していると判断した。
2.「妙」と記載される例が9例あるが、24条3里20坪では、「妙」と「妙光」が並列記載されるので、「妙」は妙音院を指すことは明らかである。

たがって当初給主らが分配された田数は、ほぼ均等であったことが分かるのである。ちなみに二十五人の給主に割り当てられた知行地を、条里別に筆数比較すると表3のようになる。番数が上がるにつれて、その知行地が南から北へ広がっていく傾向がみられなくもないが、これが意図的な配置に基づくものか否かは即断しがたい。

では、このように延暦寺から河上庄地頭方をいわば委託されて領有した二十五人の山徒とは、具体的にはいかなる人々であったのだろうか。

高島郡の南部に所在する音羽庄と比良庄は、南北朝時代、ともに延暦寺が支配した庄園として知られる。ただこの両庄はともに延暦寺領とはいいながら、その実、全く異なる組織がそれぞれの庄園を支配していた。すなわち、比良庄は根本中堂の「供僧」たちが、また音羽庄は「山徒一揆中」なる組織が支配する庄園であった。[20]「供僧」とはその名の通り本尊に供奉して給仕する僧侶のことで、ここでは根本中堂でその役を勤めていた僧侶をいう。一方、「山徒一揆中」とは山徒たちの集団で、彼らは観応三年（一三五二）、その戦功の賞として将軍足利義詮から「近江国音羽庄地頭

表2　河上庄給主別佃保有面積表

番数	給主名	面積(反)	各面積(歩)	名請人名	田地所在地
1	習禅坊	1.000	360	金阿弥	23条5里5坪
2	般若院	1.200	100		23条5里5坪
	般若院		100		23条5里5坪
	般若院		360	彦四郎	23条6里13坪
3	田中坊	1.100	100	金阿弥	23条5里5坪
	田中坊		360	彦四郎	23条6里13坪
4	勝蓮坊	1.100	55	左衛門太郎	24条3里20坪
	勝蓮坊		60	金阿弥	23条5里5坪
	勝蓮坊		345	万福寺	24条3里20坪
5	実教坊	1.100	100	左衛門太郎	24条3里20坪
	実教坊		360	西念	24条3里20坪
6	西仏坊	1.100	360	桂田	24条3里20坪
	西仏坊		100	左衛門太郎	24条3里20坪
7	妙音院	0.090	90		24条3里20坪
8	金輪院	1.100	100	伊予	24条3里20坪
	金輪院		360	式部	24条3里20坪
9	玉輪坊	1.100	100	伊予	24条3里20坪
	玉輪坊		360		24条3里20坪
10	杉生坊	1.100	100		24条3里20坪
	杉生坊		360	弾正	24条3里20坪
11	上林坊	1.100	60	伊予	24条3里20坪
	上林坊		360	弾正	24条3里20坪
	上林坊		40	桂田	24条4里8坪
12	竹中坊	1.100	100		24条4里8坪
	竹中坊		360		24条4里8坪
13	護正院	1.100	100		24条4里8坪
	護正院		360		24条4里8坪
14	西勝坊	1.110	80		24条4里8坪
	西勝坊		30		24条4里8坪
	西勝坊		360		24条4里8坪
15	下瑠璃坊	1.200	100		24条4里8坪
	下瑠璃坊		360		24条4里8坪

	下瑠璃坊		100		24条4里8坪
16	行泉坊	1.100	100		24条4里8坪
	行泉坊		360		24条4里8坪
17	円宗院	1.110	360		24条4里8坪
	円宗院		80		24条4里8坪
	円宗院		30		24条4里8坪
18	仙蔵坊	1.100	120	日向	24条4里19坪
	仙蔵坊		340	桂田	24条4里8坪
19	妙光坊	2.040	160	越前介	24条4里19坪
	妙光坊		240	日向	24条4里19坪
	妙光坊		360	式部	24条3里20坪
20	月輪坊	1.100	320	越前介	24条4里19坪
	月輪坊		140		24条4里19坪
21	善住坊	1.100	60	覚念	24条4里19坪
	善住坊		40	越前介	24条4里19坪
	善住坊		360	西念	24条4里19坪
22	曼殊院				
23	坐禅坊	1.260	360	西念	24条4里19坪
	坐禅坊		180	式部	26条5里15坪
	坐禅坊		80	土佐	26条5里15坪
24	蓮花院	1.100	100		26条5里15坪
	蓮花院		360	覚性	26条5里15坪
25	西養坊	1.000	360		26条5里15坪

職等」を与えられているように[21]、強力な軍事集団としても存在していたのであった。「供僧」が延暦寺のいわば公認の僧侶集団であったとすれば、「山徒一揆中」は延暦寺内の任意団体であったといってよい。

ここで、「供僧」と「山徒一揆中」を引き合いに出したのはほかでもない。この二つの組織のうち「山徒一揆中」は、音羽庄を支配するにあたり「音羽衆」なる組織をつくり上げており、その「音羽衆」のメンバーの多くが、実は河上庄地頭方の給主と重なりあっているからである。すなわち「音羽衆」としては、月輪院・勝連坊・日吉坊・金輪院・竹中坊・西仏坊・般若院・正覚坊といった山徒の名前が確認できるが、このうち、日吉坊と正覚坊を除いた六人は、すべて河上庄の田数帳にもその名をみることができる[22]。

表3　河上庄条里別院坊田地筆数表

番号	院坊名	22条	23条	24条	25条	26条	27条	条里以外	合計
1	習禅坊	8	22	12	25	2	0	2	71
2	般若院	15	15	6	22	3	0	6	67
3	田中坊	2	19	13	31	4	0	5	74
4	勝蓮坊	1	26	6	32	6	0	6	77
5	実教坊	3	14	11	13	6	1	6	54
6	西仏坊	0	14	13	8	3	0	5	43
7	妙音院	0	19	11	20	3	0	11	64
8	金輪院	0	18	7	20	10	0	4	59
9	玉輪坊	0	11	20	14	4	0	7	56
10	杉生坊	0	12	10	17	7	0	12	58
11	上林坊	0	14	5	14	39	0	6	78
12	竹中坊	0	24	13	16	8	0	2	63
13	護正院	0	10	11	14	13	0	16	64
14	西勝坊	0	7	16	14	23	0	11	71
15	下瑠璃坊	0	5	13	12	9	0	10	49
16	行泉坊	3	4	14	6	14	0	17	58
17	円宗院	0	3	23	16	37	0	15	93
18	仙蔵坊	2	10	5	10	35	0	13	75
19	妙光坊	2	9	11	8	13	3	19	65
20	月輪坊	0	6	15	13	22	3	10	69
21	善住坊	0	3	8	6	25	1	11	54
22	曼殊院	0	7	5	10	5	0	24	51
23	坐禅坊	0	2	9	13	14	0	29	67
24	蓮花院	0	4	3	10	20	0	36	73
25	西養坊	1	1	5	7	18	0	28	60

これらの点からして、河上庄地頭方の二十五人の給主もまた、「山徒一揆中」のメンバーであった可能性が高い。室町時代始めに幕府から大講堂の造営料所として河上庄地頭方を寄進された延暦寺では、これを一括して「山徒一揆中」に委託し、「山徒一揆中」ではさらにこれを二十五人のメンバーに分割したのではなかろうか。そのようにして出来上がったのが、河上庄の番頭制だったと考えられる。(23)

三　庄民階層

次に、河上庄の庄民の階層についてみてみたい。「河上庄地頭廿五房田数帳(24)」における田地の明細は、条里坪名の順序にしたがって記されていくが、冒頭部分を示せば以下のとおりである。

　　河上庄地頭方田数帳
　　　合
廿二条五里　一坪ヨリ廿五坪マテ領家方河原
　　　字竹鼻
廿六坪自河南夏焼東ノ市ノ西
百一反小　習禅坊　宗真　百半卅歩　習　宗性
百一反　習　宗真　七一半卅歩　習　金阿弥
百大　習　宗真　百小廿四歩　習　宗真
廿七坪　廿八、　廿九、　卅、　卅一、マテ領家河原
卅二坪　道場西

各坪のほとんどには字名が記されている。そして坪順にしたがって田地を一筆ごとに、田積・給主・名請人が記載され、田積の肩にはすべてではないが斗代が付記されている。給主名の記載形式はさまざまで、番号のみ、あるいは番号と坊名のほかに「習」とか「玉」といった略称が用いられている場合が多い。条里坪順の記載が終わると、条里区割からはずれた地域の記載に移るが、条里坪名が記されるかわりに在地字名が記載されるだけで、田地一筆ごとの記載形式は変わらない。筆数は千七百筆を越える。

平安時代中期、公領・庄園において一年を期間として、領主より一定面積（一町を基準とする）の庄田・公田を割り当てられて請作をする農民が現れ、そうした農民は田堵と呼ばれた。その請作の大きい者は大名田堵、小さい者は小名田堵と称され、その年ごとに請地の地子を貢納さえしておけば領主との関係は継続された。彼らは平安後期から鎌倉時代にかけて耕作地に対する権利を強め、自らの名を請作地に付けるようになり、その私的所有権を強める。これが「名主」である。やがて領主は庄園の荒廃を防ぐため田堵に権利を認めるようになり、田堵の名主化は急速に進展してゆく。

河上庄においても、宗武名・延□名・是永名・貞清名・守次名・清武名・成真名・為末名・庄兵衛名・歓喜寺名といった名田名が確認できる。領主は年貢・所役の賦課にあたって、これら名田を基礎単位として把握していればよかったのである。

しかし、名主のもとに隷属していた弱小農民が、僅かな新田開発や農業技術の発展を基盤にして耕作地に対する権利を強化すると、名田の分割・分散が進展し、新たな収取体制の確立が求められるようになる。そのような中で登場してきたのが番頭制である。それゆえ、朽木氏は河上庄への入部にあたって、年貢収取の単位としての延暦寺の番頭制を引き継いだのであろう。

表4　河上庄地頭方庄民階層表

耕作面積（反）	人数（人）	比率（%）		経営耕作者
100以上	4	1.2	4.1	桂田　式部　西念　弾正
50～100	2	1.4		覚性（跡）　藤本（坊）
40～50	3			左衛門太郎　宗真（跡）　藤四郎
30～40	1	1.4		五郎三郎
20～30	4			伊予　越前介　金阿弥　万福寺
10～20	24	7		
5～10	35	10.3		
1～5	139	40.8		
1以下	129	37.8		
計	341	100		

表4は、田数帳を名請人別に整理し、経営規模によって分類したものである。おおよそ三百四十人余の庄民数であるが、二町以上の耕作地を経営するものが十四名を数える。彼ら大規模経営者たちは、在地の指導的役割を担った階層であるが、とりわけ大きな経営規模を誇っていたのが桂田氏である。桂田氏は公文給田二町のうち一町に経営耕作者として記載されるところから、河上庄地頭方の公文であったことがわかる。この桂田氏の総所有田地は十四町余に及んでいる。彼らの大半は、給主（二十五院坊）に配当された佃の名請人であり、桂田氏が最大規模の田積を請け負っている（表2参照）。

河上庄の年貢については、嘉暦三年（一三二八）及び暦応五年（一三四二）の「摂籙渡庄目録」には、「年貢六百卅石　比皮百井」と記載されるが、大永四年（一五二四）十二月の「近江河上庄地頭方年貢米算用状[25]」によれば、定畠と今新田を含めて四百十五石二斗三升となっている。なお、当算用状には白拍子に対する年貢負担が一石記されているのも興味深いところである。また「河上庄地頭廿五房田数帳[26]」の二十四条四里一坪中町に「一反　今津遊君　妙アミ」とあり、名請人の一人として遊女が記載されており、港津として賑わった今津の土地柄がうかがえる。

四　朽木氏の入部

朽木氏の被官飯田新兵衛尉が延暦寺大講堂から河上庄の地頭職の補任をうけたのが文亀二年（一五〇二）十二月のことである。(27)

補任　大講堂領河上庄地頭職之事
　合上分米銭貢数御注文在之
右件之在所、朽木殿様へ於申合者、無未進懈怠御取沙汰肝要候、此段以登山令披露、為山門重而補任調可被進之候、其間之儀先為両人一筆令啓候、仍状如件
　文亀弐壬戌
　　十二月五日　　　山門上使
　　　　　　　　　　　直全（花押）
　　　　　　　　　同
　　　　　　　　　　仲覚（花押）
　飯田新兵衛殿

延暦寺から飯田新兵衛尉への地頭職補任状に「件之在所、朽木殿様へ於申合者」とあることから、朽木氏の了承のもとで、飯田新兵衛尉は延暦寺から地頭代官に補任されていたことがわかる。そしてこの時点で飯田新兵衛尉を通じて朽木氏に地頭代官職を請け負わせているのは、その河上庄支配に大きなほころびが生じていたことを暗示している。

延暦寺は当初、河上庄地頭方領の年貢収納を二十五人の山徒に配分・奉行させ、大講堂運営の費用としていた。ところが、延暦寺大講堂修造のための勧進を受け持った大勧進宝福寺の訴えによって下された永享三年（一四三

一）十二月五日の幕府の裁許によれば、それら二十五人の山徒による河上庄支配の実体は、既にこの頃には大きく変化していた。

二十五人の給主は、本来大講堂を守る二十五人の阿闍梨一人ずつに割り当てられ、その諸役を分担することになっていた。しかし、永享三年（一四三一）の時点で既に阿闍梨の数は十人にまで減少していたという。またそれにもかかわらず、大講堂の「修造・常供・常燈」などの費用を出さない給主が多く、幕府では永享三年十二月、改めて阿闍梨の数を十三人に増加するとともに、残りの十二人分の費用をすべて「講堂修造」にあてることにしているのである。(28)給主の山徒の中には、専ら私腹を肥やすものが跡を絶たなかったらしいことが分かる。

この幕府の命令が忠実に実行に移されたか否かについてはつまびらかではないが、延暦寺は年貢確保にかなり苦慮していたことだけは間違いない。年貢収納を円滑に行うためには、国人領主として在地に実力を伸張しつつあった朽木氏に頼らざるを得なかったというのが実情であった。また朽木氏にとっては、河上庄地頭職の補任は湖西における勢力拡大の重要な足がかりとなるものであり、朽木直親は、延暦寺からの河上庄地頭職と「山門大講堂領大勧進分代官職」の補任の安堵も幕府に申請している。(29)それに応えて幕府が両職を安堵する旨の奉行人連署奉書を発給したのは、文亀三年（一五〇三）十二月二十九日のことであった。(30)

一方、河上庄の領家職は守護六角氏が保持していたようであるが、政治情勢の推移にともなって、その支配は混乱を余儀なくされる。すなわち将軍義尚の鈎の陣（第一次六角征伐）により六角氏は領国を失い、近江国の守護には、延徳二年（一四九〇）八月、細川政元が就任する。それにともない明応三年（一四九四）十一月には、六角高頼の所領であった高島郡の地も幕府の守護料所（直轄地）となり、その代官には細川政誠が任じられる。(31)

一方、新たに近江守護となった細川政元は、河上庄の代官職を知止軒なる者に宛行い、このため文亀二年に大講堂領地頭職代官として河上庄に入部した朽木氏は、守護代であった安富元家のもとで、地頭方と領家方の互いの代官の確認を受けている。[32]

六角高頼が、河上庄領家方の支配を復活したのは明応四年（一四九五）、幕府の赦免をうけて近江守護に返り咲いた直後のことで、代官として被官布施貞友を入部させている。[33]

しかし、その六角氏の領家職もやがて朽木氏の手に委ねられることになる。大永四年（一五二四）、朽木賢綱・稙綱は、河上庄領家代官職を請け負う旨の請文を連署して提出している。[34]この請文は日付と宛所が欠けているが、「去年従大永参」という文言から大永四年のものと判断でき、宛所は当然領家職を保持する守護の六角定頼であったと考えられる。[35]これによって朽木氏は五年間の契約ながら、河上庄の地頭方・領家方の双方の代官職を獲得したことになり、河上庄の一円支配に向けて大きな一歩を踏み出したのである。

大永五年閏十一月、朽木稙綱は善積庄内で買得した田地の知行安堵を近江守護六角氏より得ているが、[36]これは朽木氏が河上庄にとどまらず善積庄へも支配権の浸食を企てていたことを物語っている。この頃、幕府は奉行人飯尾行房を通じて河上庄内の幕府御料所歓喜寺名の代官職を請けるよう、朽木氏に働きかけを行っている。歓喜寺名は、これ以前在地土豪と思われる甲屋五郎左衛門貞光が知行していた名田であったが、年貢緩怠によって「勘落」の状態となり、[37]そのお鉢が朽木氏にまわってきたものであった。再度にわたる行房からの斡旋はあったが、[38]朽木氏が幕府の要請を請けたのかどうかについては判然としない。

（1）『和名類聚抄』。

（2）治暦四年三月二十九日「太政官牒写」（『日置神社文書』・『平安遺文』補一七〇）。本文書は写しではあるが、『禅定寺文書』に、平等院に発給された同年の「太政官牒案」があり、それに酷似していることからその内容がある程度信用できることは間違いない。藤本孝一「治暦四年における後三条天皇と藤原頼通――禅定寺文書と日置神社文書との関係を中心にして――」（『法政史学』二四号、一九七二年）参照。なお、当庄の伝領については、戸田芳実「摂関家領の杣山について」（井上薫教授退官記念会編『日本古代の国家と宗教』下巻所収、吉川弘文館、一九八〇年、のち『初期中世社会史の研究』に所収、東京大学出版会、一九九一年）に詳しい。

（3）『続日本紀』天平宝字八年九月壬子条。

（4）乙亥、贈故入唐大使従三位藤原朝臣清河従二位・副使従五位上小野朝臣石根従四位下、清河贈太政大臣房前之第四子也、勝宝五年、為大使入唐、廻日遭逆風漂著唐国南辺驩州、時遇土人、及合船被害、清河僅以身免、遂留唐国、不得帰朝、於後十余年、薨於唐国、石根太宰大弐従四位下老之子也、宝亀八年、任副使入唐、事畢而帰、海中船断、石根及唐送使趙宝英等六十三人、同時没死、故並有此贈也、

（5）近衛家本『知信記』天承二年巻裏文書（『平安遺文』二二二二）。

（6）『台記別記』同日条。

（7）「魚虫禽獣」第三〇。

（8）今日被成始政所御下文、依嘉禎例也、鹿島香取主御下文等可被成以前、先所被成始也、

関白右大臣家政所下　　　　御庄々、

可早以　　　　為預所職事、

平等院領近江国河上庄

東北院領甲斐国布施庄

右人為預所職、宜令執行庄務之状、所仰如件、故下、

正応二年四月廿九日　案主中原

大従散位惟宗朝臣在判

別当修理右宮城使右中弁藤原朝臣在判

政所成上之間、予加判行、即経御覧了、少時被返下、

(9)『九条家文書』。なお嘉元三年四月「摂籙渡荘目録」は『鎌倉遺文』二二一九六号文書として所収。

(10)明法博士中原明兼勘注(近衛家本『知信記』天承二年巻裏文書、『平安遺文』二二八一)

(11)たかしまやみをのそま山あとたえて氷も雪もふかき冬かな(『新勅撰和歌集』第六冬歌)

たかしまやみをの中山そまたててつくりかさねよちよのなみくら(『拾遺和歌集』巻一〇神楽歌)

まきもくのひばらにまじる薄紅葉これやくち木のそま木なるらん(『夫木和歌抄』巻第一五秋部六)

雲かかる木もひばらもたかしまのみをの杣山いく世へぬらん(『新続古今和歌集』第一八雑歌中)

いかにせんたつ名ばかりは高島やみをの杣木のしげき思ひを(『新続古今和歌集』第一四恋歌四)

(12)天承二年八月「河上庄公文寄人等解」(近衛家本『知信記』天承二年巻裏文書、『平安遺文』二二三三)。『平安遺文』では、「某荘公文寄人等解」となっているが、河上庄関係文書であることは、戸田芳実「摂関家領の杣山について」(前掲注2)によって明らかにされている。

(13)『日置神社文書』・『平安遺文』補二二六。

(14)『室町幕府引付史料集成　上巻』。

(花押)

一、山門大勧進申大講堂領近江国河上庄奉行職事

如大勧進宝福寺申者、根本奉行為廿五人之処、近年為十人、尚以修造・常供・常燈以下無沙汰云々、爰弁阿闍梨申請三口之加任者也、如当奉行十人申者、支配彼得分、致其沙汰訖、被加任者得分・所役等可減少云々、所詮、被任先例之上者、於寺役者何可令減少哉、只称申私得分歟、然今被加任三口間、十三分也、以残十二口可致講堂修造之旨、被仰付大勧進、如根本所被定置廿五分也、次十三口之衆造営・常供・常燈以下、不可有無沙汰之由、被成御教書訖、

永享三年十二月五日　　　　肥前守為種(花押)

(15)「日吉社室町殿御社参記」（『続群書類従』第二輯下・神祇部）。
十四日辛亥、天晴、巳刻、経本路還御、三千衆徒如前供奉之、今度惣別進物七千二百五十貫文、悉講堂造要料御奉加畢、
大和守貞連（花押）
加賀守為行（花押）

(16)「東寺王代記」（『続群書類従』第二九輯下・雑部）

(17)『朽木家古文書』五二五（以下『朽木』と略す、『内閣文庫影印叢刊』、国立公文書館、一九七七〜八年）。

(18) 田数帳の明細部分では九番は玉輪坊で仏成坊と記載されることはない。また十三番も同じ理由から護正院であり、十六番は廿番の月輪坊と区別して行泉坊と記されている。十五番は「下ルリ坊」「下ルリ」「下玉」などと記載されているから「下瑠璃坊」のことである。なお、山本坊についてはほとんど西養坊と記載されるが、六筆ほどが山本坊となっている。

(19) 注(15)。

(20) 近江国比良庄堺相論絵図（「北比良図」「北小松図」）裏書。弘安三年（一二八〇）および永和二年（一三七六）に両庄が堺相論をおこし、室町時代後期の写しながら、傍示を確定するために作成されたもので、絵図の裏に、比良庄側は供僧方といわれた中堂使節が、音羽庄は音羽衆といわれた音羽使節が署判を加えている。久留島典子「比良荘境相論絵図調査報告」（『東京大学史料編纂所研究紀要』第四号）参照。

(21) 観応三年四月二日「足利義詮御判御教書」（「足利将軍代々下知状」、『大日本史料』六―一六）。

(22) 二十五院坊のうち、坐禅院・上林坊・妙音院・杉生坊・行泉坊は坂本にあった院坊であり、応永元年（一三九四）九月の将軍足利義満の日吉社参詣にあっては、坐禅院・杉生坊が円明房とともに「一山之使節」となって「山洛之行事」を執り行っている（『日吉社室町殿御社参記』）。

(23) 当庄の番頭制については、水上一久「荘園における番頭制について」（『歴史学研究』一八九号、一九五五年、のちに『中世の荘園と社会』所収、吉川弘文館、一九六九年）参照。

(24) 注(17)。
(25) 『朽木』八二四。
(26) 注(17)。
(27) 文亀二年十二月五日「延暦寺上使仲覚等連署地頭職補任状」(『朽木』一四五)。
(28) 注(14)参照。
(29) 文亀三年「朽木直親申状案」(『朽木』一九〇)。
あふミの国たかしまのこほりの内かわかミのしやうちとうしき・山もん大かうたうりやう大くわんしんふん代くわんしきの事、本所ふにんまきれさる事ニ候、ことに大せんの大夫かたく申つけ候うへハ、ことなるしさいなく候といへとも、くはう御けちの御事申うけたく候、このふんきこしめしわけられ、御けちをなされ候やうに、御ひろうにあつかり候ハヽ、かたしけなくかしこまり入なん候へく候、
(30) ①文亀三年十二月二十九日「室町幕府奉行人連署奉書」(『朽木』五二)。
近江国高嶋郡河上庄地頭職・同諸入免等代官職事、帯山門補任、為佐々木大膳大夫下知令存知之云々、被聞食入訖、弥可被全領知之由、所被仰下也、仍執達如件、
文亀三年十二月廿九日　加賀前司（花押）
大和守（花押）
佐々木朽木弥五郎殿
②文亀三年十二月二十九日「室町幕府奉行人連署奉書」(『朽木』一七二)。
佐々木朽木弥五郎直親申江州高嶋郡河上庄地頭職・同諸入免等代官職事、帯山門補任、為高頼下知令存知之云々、被聞食入、被成奉書之上者、令存知其段、年貢諸公事以下、如先々厳密可沙汰渡直親代之由、所被仰出之状如件、
文亀三
十二月廿九日　清房（花押）

当所名主沙汰人中

元行（花押）

(31)

①明応三年十一月二十六日「室町幕府奉行人連署奉書」（『朽木』七九）

江州高嶋郡保坂関内除知行関并小林新左衛門入道分等高頼跡一所事、為御料所被預置細河伊豆守訖、宜被存知之由被仰出候也、仍執達如件、

明応三

十一月廿六日　英致（花押）

貞通（花押）

佐々木朽木殿

②十一月二十六日「細川政誠書状」（『朽木』三二三）。

当国高嶋郡保坂関之内高頼跡事、為御料所被成下御下知候、同可有御存知之旨、被成御奉書候、仍彼在所事、御被官中請地之由承及候、然者不相違可申合候、於公用者、如先々厳重可有運上之由、任上意堅被仰付候者、所仰候、委細大原可申候、恐々謹言、

十一月廿六日　政誠（花押）

佐々木朽木弥五郎殿
御宿所

(32)

①三月二十七日「安富元家等連署書状」（『朽木』二〇九）。

江州高嶋郡内河上事、有由緒当方知行候間、今度為屋形被申付知止軒候、仍彼代可令入部之条、自然之時宜、可被成其御意得之旨、可申由候、恐々謹言、

三月廿七日　元右（花押）

元家（花押）

朽木弥五郎殿
御宿所

②四月二十三日「安富元家書状」（『朽木』二一一）。

高嶋郡内河上庄地頭職事、為山門大講堂領御代官御拘之由示給候、仍其段相届知止軒候処、於領家分者当軒相拘候、格別之儀候条、委細意得申候由申候、自然之時宜可被仰合事、可為肝要候、恐々謹言、

卯月廿三日　　元家（花押）

朽木弥五郎殿
御返報

（33）①十一月二三日「布施貞友書状」（『朽木』二〇七）。

尚々、以前者四郎殿江鱒被参候、御祝着之由、御報申入候、参着候哉、旁近日以参上可申上候、

乍恐以書状令啓上候、仍河上領家方御代官職事、近年致不知行候処、今度被申付候間、代官指越候、就者御書并後藤大和守以書状申入候、地下之儀被加御异見、無相違被仰付候者、可畏存候、尤罷越雖可申入候、為使上洛仕候間、先代官を遣候、悉皆御扶助奉憑外無他候、委曲猶欲賀次郎三郎方可被申候間省略候、可得御意候、恐惶謹言、

十一月廿三日　　貞友（花押）

朽木殿
まいる人々御中

②十一月二十四日「六角高頼書状」（『朽木』二八六）。

河上代官職事、布施新右衛門尉申付候、自然之儀候者、無相違被仰付候者、可為祝着候、猶委細後藤大和守可申候、恐々謹言、

十一月廿四日　　高頼（花押）

朽木弥五郎殿
進之候

③十一月二十四日「後藤高忠書状」（『朽木』二六七）。

就河上領家方御代官職之儀、以御書被仰候、只今布施新右衛門尉被差越候条、於自然之儀者、被加御合力候者、可畏入存候、尚以無御等閑、可被懸御意事可為本望候、可得御意候、恐惶謹言、

十一月廿四日　　高忠（花押）

朽木殿
人々御中

(34) 朽木賢綱・稙綱連署請文（『朽木』四五二）。

　高嶋郡河上庄領家代官職請文事
一、代官得分之事、庄之損免・諸下行引訖、以定納之内、五分一可引給事、
一、年季之事、去年従大永参癸未至于丁亥歳、可為五ケ年事、
一、於在庄下行者、毎年拾石分引給事、
一、万疋銭内漆拾貫文□成内、以切符守護方江可渡事、
一、段銭・棟別［　　］時、於代官得分者、可為五分一、至在庄者、年貢納所之時之以校量可進□可申談事、
一、関所検断并諸公事物等、半分宛可引給事、
一、山林竹木用之時者、重而可申談事、
一、年貢・諸公事物令無沙汰者、雖為年季内、代官職可被改易事、
一、於庄内□□定銭已下之上儀、隠置事在之旨、就被聞□者、［　　］於［　　］分□以算用上、為代官可弁進事、
［　］条々有相違之儀者、雖為年季内、代官職可有御改易［　　］請文状如件、
　　　　　　　　　　　朽木信濃守
［　　　　］日　　　　　　賢綱（花押）
　　　　　　　　　朽木民部少輔
　　　　　　　　　　　　稙綱（花押）
［　　　　　　］殿

岡田晃司「中世後期の近江国河上庄と朽木氏」（『史翰』一六、國學院大學地方史研究会　一九八〇年）参照。

(35) 大永三年四月八日六角氏年寄奉書案（『朽木』六七五）。

御料所江州高嶋郡河上領家職御代官職事、数年被仰付上坂五郎占、若当時寄事於さ右、雖有競望之族不能承引、如先々、年貢諸公事物以下厳密可致其沙汰之由候也、仍執達如件、
大永三
四月八日　　　　寿綱在判

沙汰人中

(36) 大永五年閏十一月二十三日「近江守護六角定頼家年寄連署奉書」(『朽木』九五)。

(37) 十一月十九日「飯尾行房書状」(『朽木』三一一)。

(38) 十一月二十四日「飯尾行房書状」(『朽木』三三〇)。

〔補注〕 近年、湯浅治久氏が「室町・戦国期における山門領荘園の支配と代官職――近江国高島郡河上庄を事例として――」(河音能平・福田榮次郎編『延暦寺と中世社会』、法蔵館、二〇〇四年)において、河上庄における山徒・武家勢力・有徳人らの動向を詳しく論じられているので参照されたい。

II

公武の文芸交流

第一章　小京都―領国文化論

一　西の都・山口

(一)鷺舞神事

山口県山口市の竪小路にある八坂神社の祭礼は毎年七月二十日から八日間にわたって行われ、初日の夕刻から、黒地蔵前・その年の頭屋の前・札の辻四ツ角・八坂神社社殿前の扇の芝・御旅所・札の辻四ツ角・その年の頭屋の前・翌年の頭屋の前・黒地蔵の前という順序で「鷺の舞」が舞われていく。舞方は鷺二人・かんこ二人・赤熊二人の六人、囃子方は太鼓一人・笛二人で、津和野や京都で行われる鷺舞とちがって山口のそれには歌詞が付随しない。

八坂神社は、もとは祇園社と呼ばれ、北野天神（現古熊神社）とともに大内弘世によって京都から勧請された。応安二年（一三六九）のことといわれている。永正十六年（一五一九）、大内義興によって高嶺山麓に大神宮が建立された時、祇園社もそこに新築移転されたが、長州藩主毛利敬親によって現在地に移されたのは元治元年（一八六四）のことであった。現在の八坂神社は、築山殿跡に建っており、大内氏の守護所が置かれた位置（現竜福寺）の北側にあたる。守護所が公の場とすれば、築山館は私邸にあたる。その由緒によって移ってきたものであろう。鷺舞が祇園社の奉納舞として移入された時期については、祇園社の勧請時とも、教弘（一四〇二〜六五）の時とも義興（一四七七〜一五二八）の時代ともいわれ、確証がない。

この優雅な鷺舞は、島根県の津和野町の弥栄神社の祭礼でも行われている。毎年七月二十日と二十八日の例祭に、神幸につき従いながら、社殿や御旅所、町の辻ごとで鷺舞が舞われるが、その折につぎのような歌詞が繰り返し謡われる。

橋の上に降りた鳥は何鳥
かわささぎの
かわささぎの
ヤア、かわささぎ
鷺が橋を渡した
鷺が橋を渡した
時雨の雨に
濡れ鳥　鳥

津和野の鷺舞は、大内家の家老格で大内義興の娘を妻とする津和野城主吉見正頼によって山口から、天文十一年（一五四二）に伝えられたといわれる。この津和野の鷺舞もその後衰退し、現在行われているものは、寛永二十年（一六四三）に藩主亀井茲政が京都に人をやって習わせて、正保元年（一六四四）より復活したものである。

京都の祇園祭の七月十六日と二十四日には、八坂神社で鷺舞が奉納される。鷺舞は、一条兼良の作と伝えられる『尺素往来』[1]に「祇園御霊会、今年殊結構、山崎之定鉾、大舎人之鵲鉾、処々ノ跳鉾、家々ノ笠車、風流之造山」と記されるように、大舎人町の笠鷺鉾の中心をなす風流であった。しかし江戸初期に廃絶してしまっていた。しかし、その鷺舞はさきに述べたように周防国の山口を経て石見国津和野に伝えられてきた。それが昭和三十年（一九五五）京都に逆輸入されて復活したのが、現在の京都の鷺舞である。山口や津和野にのこる鷺舞は、都の景気を映したもので、この地が小京都であり続けてきた証ともいえる。

（2）帝都の構様

鷺舞に代表される西の小京都・山口は、大内弘世に始まる。周防国を平定し、厚東氏を破って長門国を手に入れた大内弘世は、大内村から、防長両国の中心部に位置する山口に本拠を移した。幕府方に転じた弘世は、貞治三年（一三六四）はじめて入洛する。

在京ノ間数万貫ノ銭貨・新渡ノ唐物等、美ヲ尽シテ、奉行・頭人・評定衆・傾城・田楽・猿楽・遁世者マデ是ヲ引与ヘケル間、此人ニ増ル御用人有マジト、未見ヘタル事モナキ先ニ、誉ヌ人コソ無リケレ、世上ノ毀誉非善悪、人間ノ用捨ハ在貧福トハ、今ノ時ヲヤ申スベキ、

京都に入った弘世の所行を伝えた『太平記』の一節である。[2]あまりに派手な手土産の振る舞いによって、都の話題となり人気を博した反面、批判もうけた。しかし、このエピソードは大内氏の財政の豊かさを語ってあまりある。

はじめて訪れた都の景観は、弘世に強い印象を与えた。そこで彼は、都に似た自然地形をもつ山口に都を映すこととした。山口は三方を山に囲まれ、平野は南のみにひらけている。鴨川や桂川に比定しうる一ノ坂川や椹野

川が南北に貫流し、都を映すには格好の地形であった。

弘世は、山口に豪壮な方百間の館を造営した。その大内館跡は現在竜福寺境内になっており、発掘調査の結果、金色や銀色に塗色された軒丸瓦や、金箔を貼った土師器、龍泉・景徳鎮・磁州といった中国の窯で焼かれた陶磁器などが多数出土した。館は堀にかこまれた豪壮な建物で、館内には偏平な河原石が敷き詰められた園池も確認されている。(3)

「大内系図」の一本に「始遷吉敷郡山口、此地之繁華起于此代、山口祇園・清水・愛宕寺等建立之、統遷帝都之構様」(4)とあり、弘世はこの大内館を中心として都の景色を再現しようとした。

慶長以降の作製で明治期の加筆もあるとされる反面、大内時代の都市景観を現していると考えられる『山口古図』(5)には、都をしのんで大路や小路と付いた街路名が多く描かれている。南北の街路では下小路・中殿小路・鞍馬小路・請願小路・銭湯小路・相物小路、東西の街路では伊勢小路・片岡小路・栗本小路・大殿小路・久保小路といったところである。

(3)大内氏の公家志向

都の文化に対する強い傾倒は歴代に受け継がれ、たとえば、応仁の乱における西軍の雄であった政弘は、和歌や連歌を好み、宗祇を招いて築山館でたびたび連歌会を催している。この傾向は、戦国大名義隆にいたって頂点に達する。義隆の都文化への傾倒ぶりは、『大内義隆記』(6)によればつぎのようであった。

加様ニ武家ノ御所サマニ代々奉公シ玉ヘド、義隆ノ御心中ニハ、先祖ハ王子ノ事ナレバ、公家ニナラセ玉ハン事勿論シタル事ナリト内裡ヲアガメ玉ヒツヽ、二条殿、三条殿、広橋殿、柳原殿、其外公卿、殿上人、外記、官務、北面ノ輩ニ至マデ山口へ下向アレバ、公家ノマジハリ計ニテ、朝夕ノ遊宴ニハ歌ノ披講ニ管弦シ、水ノ縁曲朗詠シ、カラカミナンドヲウタカタニ、スゞメ小弓ニ楊弓ノヒク手ハナレヌ上臈ヲ友ナヒツヽ、春ノ朝ノ蒼天ニハ山々寺々ノ花ニ心ヲ染、秋ノ夕部ノ楼ニ月ヲ翫ビ玉ヒテハ木々ノ紅葉ヲ峯々谷々ニ尋入リ、

義隆は父義興ほどの武略に長けず、天文十二年（一五四三）三月に出雲の尼子氏を攻めたが惨憺たる敗北を喫した。この敗北を契機に、義隆は武から文への傾斜を強めていった。大内氏には義弘（弘世の子、一三五六～九九）以来百済王の王子琳聖太子の後裔という貴顕の家柄意識が強く、義隆にいたってその意識がますます高じていった。都に対する強烈な劣等意識が、百済王の血をひくという家系への自負心となって現れ、公家たちとの交わりのなかで自らを公家化することによって、義隆は覇権への道を捨てた自身を慰めたといえるだろう。

しかし義隆の復古主義ともいうべき都文化への傾倒は、たんなる趣味・道楽の域を越えたものであったことをしめす好例が、三条西実隆と義隆との間に交わされた問答であろう。これは、天文六年成立の『多々良問答』[7]として今に伝わっている。有職故実に関する義隆の問いは三百数十条にも及んでおり、義隆の故実への執心なさまが生半可なものではなかったことを知る。

しかし、義隆のあまりの公家ぶりは、

位階タカクアガリツヽ、冠ヲ着シ装束色々ナリシ有サマニテ、舞猿楽ヤ犬追物計ニテ弓馬ノ道ニウトクシテヲロサカニ有事ドモヲ、家来ノ老中若輩ニ至ルマデ歎キツヽ、無益ノ公家ノ出立ヤ、当家ノ武士ハスタリナントツブヤク事限ナシ[8]

というように、家臣の反発を招くこととなり、ついに武断派の頭目陶晴賢の謀叛にあって義隆は天文二十年九月に自刃し、大内氏は滅亡した。その折、山口に滞在していた二条伊房・二条良豊・三条公頼・持明院基規・小槻

伊治といった公家たちは陶軍によって殺されている。(9) 晴賢にとって公家はまったく用がなかったということの現れであった。義隆とは違った戦国武将の一面を見ることができる。

(4)大内版と山口殿中文庫

大内文化の底力をみせつけるものとして大内版と称される出版事業について触れておきたい。応永十七年(一四一〇)の『蔵乗法数』に始まる大内盛見の刊行事業は、『理趣分』『金剛経』『仏経神呪』等に及び、政弘は『金剛経』(文明十三年=一四八一刊)を刊行した。また氏寺である興隆寺も『法華経』を同じ頃に開版している。また虎関師錬の著作で漢字の四声や音韻の辞書である『聚分韻略』(周陽真楽軒版)が明応二年(一四九三)に刊行された。この書は義隆によって天文八年(一五三九)三月小型本で再び刊行されてもいる。また文治派家臣で知られた杉武道が、明応八年に『論語集解』を刊行している。これら以外に名称のみが知られている出版物もある。

大内氏には、「山口殿中文庫」とか「防州大内文籠」と称される文庫があったことがわかっており、現在残っている歌集や物語の諸写本の奥書には、大内文庫の蔵本を書写したと記されているものが多くある。たとえば『源氏物語』のみをとりあげても、一条兼良自筆本(河内本)、飛鳥井雅康自筆本(青表紙本)、藤原定家筆・三条西実隆補筆本(青表紙本)といった稀覯本が文庫に納められていた。これらの書籍は、歴代当主の京都滞在中における積極的な中央文化摂取志向によって、また京下りの公卿たちによって山口にもたらされたにちがいない。朝鮮に使者をだして書籍の収集もしている。この文庫の存在が、大内版といわれる出版事業の背景にあったことはまちがいがない。大内氏滅亡によって文庫の蔵書も散逸し、蔵書目録も伝来していないので、どれほどの蔵書が収められていたかは定かではないが、金沢文庫や足利学校にも匹敵する大文庫であったといわれている。

二　越南の都・一乗谷

(一)戦国大名と京中図

越前朝倉屏風新調、一双画京中、土佐刑部大輔新図、尤珍重之物也、一見有興、

『実隆公記』永正三年(一五〇六)十二月二十二日条の記事である。朝倉貞景が土佐光信に命じて描かせた「京中図」とは、おそらく織田信長が上杉謙信に贈ったという伝承をもつ狩野永徳筆「洛中洛外図屏風」(上杉本)のごときものであったに違いない。

壬生晴富も洛中図を所持していたようだが、この絵は扇面画のような小品であったようで、[10]洛中図もやがて屏風形式が出現してくるようになる。戦国時代に突入し大名たちの天下布武への目標が現実味を帯びてきたことが、京中図の大画面化をもたらした一つの要因とみることもできよう。

ちなみに、実隆は、禁裏より高野雲絵詞製作の命ぜられたおり、絵を土佐将監(光信)に申し付けたことがある。[11]朝倉とは付き合いのある実隆が、貞景の依頼をうけて光信に京中図の製作を斡旋した可能性も考えられなくもない。

孝景の孫である貞景が絵の上手な大名であったことは知られているが、[12]単に絵画的興味によって京中図を描かせたのではない。一つには、都にあって天下に号令をかけることを夢見る戦国大名が、その気持ちの裏返しとして都の活気を映すものとして、また一方では繁栄する城下町の建設モデルとして、都の絵師に描かせたにちがいない。都より遠く離れていればいるほど、都への憧憬が強くなるものである。洛中洛外図成立の要因は、簡単に

いってここにある。

(2)朝倉氏の本拠・一乗谷

近江と越前の国境、刀根坂で織田信長軍に惨敗した朝倉義景は、一乗谷に留まることができずに大野へ落ち、一族景鏡の謀叛によって六坊賢松寺で自刃した。天正元年(一五七三)八月二十日、越前の雄朝倉氏はここに滅亡した。信長軍によって火を放たれた一乗谷は、十八日の未明から二十日にかけて燃え続け、義景の館をはじめ仏閣僧坊にいたるまで一宇ものこさず灰燼に帰してしまった。[13] 越前支配を任された柴田勝家は、一乗谷に城を築かず、北ノ庄に本拠を置いたため、一乗谷は朝倉氏の滅亡とともに土の下で眠り続けてきた。そのため一乗谷遺跡は、今日すばらしい姿をみせてくれることとなった。

元来、但馬国養父郡朝倉(現兵庫県八鹿町)を本拠地とする朝倉氏は、建武四年(一三三七)に、越前守護に補任された斯波高経に従って越前に入り、坂南郡足羽北庄黒丸に城を構えた。越前朝倉氏の祖とされる広景の時である。正長二年(一四二九)八月、斯波義淳が二度目の管領職就任を渋ったとき、甲斐・織田・朝倉の武衛内者三人が将軍の御所へ召し出されていることから、[14] 朝倉氏は斯波家を支える三家の一角を占めるまでになっていたことが知られる。一乗谷に城下町の建設を始めたのは、広景から数えて七代目にあたる朝倉孝景(はじめ敏景)であるが、孝景の父家景のときすでに一乗谷に城を構えていたようである。[15] 応仁の乱における主家斯波家の内紛に乗じて文明三年(一四七一)越前の支配権を掌中にした孝景は、戦国大名としての越前支配の本拠地として一乗谷に城を構え、城下町建設に着手した。

孝景が残した家訓『朝倉孝景条々[16]』には、領国支配の基本が十六ヶ条(伝本によっては十七ヶ条)にわたって記されている。その十四条目に「朝倉□館之外、国内□城郭を為構ましく候、惣別分限あらん者、一乗谷へ引越、郷村には代官計可被置事」とあり、家臣団を一乗谷城下に集住させる方針が明言されている。戦国大名権力の集権性を表現したものとしてよく知られている。また、重職の世襲制を排し、人材登用をうたった条文もあって、家臣団統制上の合理的な考えも多くみられる。ところが、朝倉氏の家臣団は国内各所に館を構え、世襲制をとるなど、理想と現実の相違はあったが、朝倉氏の領国支配のめざした方向性は垣間みることができる。

しかし、孝景は「称国司、立ヱホシ（烏帽子）・狩衣等ニテ成殿上人」って振舞っていたという記録があり(17)、一面では公家文化へのあこがれを強くもっていたといえるだろう。孝景にかぎらず、領国支配のための進取性とは本質的には相容れない公家的なものへの指向性は、戦国大名をはじめとする地方武士は多かれ少なかれ自己矛盾として内包していた。それが、都の文化としての公家文化が地方武士層へ伝搬してゆく、また武士層の積極的な摂取性の素地になっていたといえるだろう。

(3)越前猿楽

朝倉氏の文化的関心の強さを語るものとして、先述の『朝倉孝景条々』の第五条目がよく取り上げられる。

四座之猿楽切々呼下、見物被好間鋪候、以其価、国之申楽之器用ならんを為上洛、仕舞を習はせ候者、後代迄可然歟、其上城内にをゐて、夜能被好ましき事。

都から四座猿楽をたびたび呼んで見物することはしてはいけない。そのような費用があるならば、その費用を国内の猿楽器用の者を都に派遣して、仕舞を習わせた方が後々は国のためになるであろう、といっている。猿楽国内育成の積極性を語っていて興味深いが、永享七年（一四三五）二月二十一日に将軍御所で「越申楽福来」が演能しており、[18]孝景が「条々」で記すべき土壌はすでにでき上がっていたというべきだろう。朝倉氏の保護をうけた越前猿楽は、以後たびたび都でも演能するなどの活躍をしたことは、諸日記に詳しい。

越前は、文化的土壌の豊かな土地で、朝倉氏の庇護をうけて桃井直詮（幸若丸）が幸若舞を完成させたことは周知のことであるし、足利将軍家の同朋衆となって文化的な活躍をした三阿弥（能阿弥・芸阿弥・相阿弥）は越前朝倉の家臣であったという伝承もある。また孝景の孫貞景は絵を描くに堪能で、永正元年（一五〇四）十二月、「あさくらゑをよくかき候よしきこしめし候ほどに」禁裏より、子昭筆楼閣図四幅一対を下賜された。[19]これには次のような経緯あった。

前年十月に禁裏の意向を携えて与次郎という者が使者として越前の朝倉氏のもとへ赴いたが、翌年二月に「内裏御料所河合庄御年貢三千疋、杣山庄分三千疋」の割符と、貞景から綿五屯・太刀三腰、また貞景女房から銭二百疋・雁一・鳥子百枚・蠟燭十挺、教景から綿二把、教景母から銭二百疋・雁一という贈り物を携えて帰洛した。[20]また、貞景の要望した弾正少忠と左衛門少尉任官口宣案を携えて閏三月八日に下向した与次郎が、貞景よりの返礼として禁裏への太刀（金）・三千疋等を持ち帰った。[21]禁裏からすれば、越前における御料所からの年貢の確保と任官料収入が目的で、絵画を下賜し、有名無実ながら地方武士にとっては有効に作用する官位を与えたということになろう。官位によって自身を飾ることが、わが身を権威づけるという古い意識が武士側にあり、それが地方においては時に有効性が発揮される。これは都に対する地方の劣等意識に他ならない。

（4）最新医学研究の中心地・一乗谷と越前版

昭和六十年（一九八五）六月、一乗谷の吉野本という地域から、焼けて炭化した小紙片塊が出土した。三～四センチ四方の紙片ながら判読できるものもあり、調査の結果、それは『湯液本草』という医学書の一部であることがわかった。[22]『湯液本草』は、中国・元時代の一二四八年（宝治二）に成立した医師王好古の著作であり、最新実用医学書として重宝された。出土地点は一乗谷の医者の家と想定されたが、朝倉氏の保護のもと最新医学の研究がなされていたことを推測させる。

医学に関しては、朝倉氏の文化的底力を見せつけるものに越前版がある。敦賀市の西福寺には、中国・明の熊宗立が著した医学書『八十一難経』の版木が六枚伝えられている。奈良蓮仙院にいて一栢上人と呼ばれた谷野一栢が、孝景の招請をうけて越前に下向し、足羽川の北に位置する高尾に屋敷地を与えられた。一栢は、医国救民を目的とする孝景の要請に応えて、『八十一難経』を天文五年（一五三六）九月に刊行し、その版木を高尾の薬師堂に納めた。医学書の刊行としては、堺の阿佐井野宗瑞が大永八年（一五二八）に『医書大全』を出版しているが、『八十一難経』はそれに続くものである。日本の印刷文化史上において貴重な事例といわねばならない。

一栢は、これ以外にも『霊樞集』や『素問』といった医学書を著し、また朝倉一族の三段崎氏に医薬法を伝授するなど、越前における医学の進歩に多大の貢献をしている。典薬頭であった半井明重も孝景の庇護を得て都から越前に居を移し、越前半井家の祖となっている。軍用薬「万金丹」の製法を考案した大月景秀のように、家臣にも医術の心得がある者が現れ、また医術をもって朝倉氏に仕えた僧侶もおり、越前一乗谷は都にも劣らない最新医薬のメッカでもあったことになる。

三　公家の小京都・土佐中村

(一)公家の疎開

応仁元年（一四六七）一月十八日の家督相続をめぐる畠山政長と畠山義就の合戦（御霊林の戦い）に端を発した応仁・文明の大乱は、種々の権力争いが複雑に交叉して以後十一年間の長きにわたって東軍と西軍に分かれて争われることになる。戦乱を避けて移り住むべき所のある者ははやくも疎開をしはじめた。

土佐国幡多の中村館に移住し、土佐一条氏の礎を築いた前関白一条教房もその一人であった。乱を避けて、すでに東寺長者となっていた弟の厳宝のいる九条随心院に身を移していた教房は、同じく弟で、厳宝の兄にあたる大乗院門跡の尋尊を頼って奈良・興福寺に下ったのは応仁元年八月二十五日のことであった。(23) それを契機に一条家の人々は続々と尋尊を頼って興福寺へ疎開をしてきた。

もっとも疎開を始めた公家は一条家だけではない。関白二条政嗣は鞍馬寺辺長谷、近衛房嗣夫妻は奈良の内侍原、鷹司房平・政平親子は奈良の王寺、九条政忠は奈良古市の迎福寺、右大臣九条政基は近江の坂本、教房の父一条兼良は奈良興福寺の成就院へという状況で、彼ら上卿たちはいうにおよばず、このほか諸家の人々も乱を避けて諸国に止住している。尋尊は、この有り様をまったく田舎の民の如きではないかとため息をついている。(24)

ところで疎開先として内侍原・古市・王寺・成就院といった奈良方面が多いことに気づく。まったくの不案内の地域へ疎開するよりは、都にも近く、都の情報がすぐ入手できる所として近江や奈良は最適の土地であったといえるだろう。遠隔地へ疎開する公家もあったが、時節柄道中での罹災の可能性も大きくなるので、それを避けたともいえるだろう。この頃の公家の罹災の好例としては、一条教房の嫡男政房の兵庫での死亡事件がある。

文明元年（一四六九）十月十六日、東軍の山名是豊・赤松政秀の軍と西軍大内政弘軍が兵庫津で合戦に及んだが、昨年来福厳寺に滞在していた政房は合戦に巻き込まれ、東軍によって翌日殺害された。兵庫津での合戦の情報は、同月二十一日に奈良の尋尊のもとに届いた。(25) 尋尊は甥政房の消息が知れないので使いを堺にやって情報収集につとめたが、政房の消息は杳としてつかめなかった。[26] 十一月十一日になってやっと政房殺害と東光寺で荼毘に付されたとの情報がもたらされた。[27] 政房の福原滞在の理由は詳かではないが、殺害されるまでの一年間を福厳寺を仮寓に過ごしているので、土佐の家領と同様に福原庄の直接経営にあたることにあったかもしれない。福原も都には近い位置ではあるが、軍事面から考えれば兵庫津はもっとも危険極まりない地であり、政房の状況判断の甘さは覆うべくもなかったというしかないだろう。

このような悲しい事態はあったにしても、疎開先の受け入れ側にたてば、その世話たるや大変なものがあったようで、興福寺大乗院門跡の尋尊にとっては、生家一条家からの父兼良を始めとする一族の日常の世話に明け暮れて、忙しい日々をおくることとなり、いささか迷惑の体は否めなかった。

(2)教房の土佐下向と大平氏

ともかく、父兼良の奈良興福寺大乗院への疎開と入れ違いに、長子教房とその女房たちは、応仁二年（一四六八）九月六日、土佐国幡多庄へ向かうべく宿所であった成就院を発ち、和泉の堺に向かった。[28] 一族がうち揃って尋尊の世話になることの迷惑をおもんぱかってのことはさておいたとしても、教房はなぜ土佐へ下向することにしたのだろうか。

一条兼良が文明十二年（一四八〇）四月に、一条家を継いだ冬良に書き与えた『桃華蘂葉』という記録がある。[29] これは、一条家の当主として知っていなければならない有職故実や財産等を記録したもので「為左大将覚悟、任筆所注シ置ク也、不可出閫外、深可蔵櫃底、莫言也」と奥書されるほど一条家にとっては大切なものであった。

これによれば、一条家の家領は、山城国小塩庄・同久世庄・摂津国福原庄・土佐国幡多郡・備後国坪生庄・和泉国大・越前国足羽御厨・同安居保・同保別納清弘名・同吹田名・同国東郷庄・尾張国徳重保・摂津国大田保公文職并売得田畠・尾張国高畠庄・一条室町敷地・一条町口四十町地・武者小路室町地などであった。一条家領は、鎌倉時代に九条家が一条・二条・九条の三家に分かれたときに嫡家として分与された所領六十数ヶ所に始まる。しかし兼良の時代には十四ヶ所の所領に減少しており、鎌倉期から受け継がれてきているのは、久世庄・坪生庄・幡多郡・足羽御厨の四ヶ所にすぎなくなっていた。在地勢力の浸潤による年貢収入の減少を回復するために教房は、家祖以来の所領の直接経営をめざしたのではないだろうか。すでに家督は嫡男政房に譲っており、都を離れ遠国へ向かうことへの抵抗は少なかったとおもわれる。もっとも嫡男政房は文明元年（一四六九）十月に死去したため、父兼良の子冬良を猶子として一条家は存続することになる。

九月六日に奈良を発った教房たちが、大平氏の用意した船で堺港を出航することができたのは二十五日の午後四時頃であった。『大乗院寺社雑事記』応仁二年（一四六八）閏十月六日条によれば、教房の乗った船は「土佐之太平知行之山下船」とあり、また同十一月二十三日条には「大平之女房与宣旨殿縁者故無等閑云々」とあり、教房の妻宣旨殿と大平氏の女房が縁者の間柄で、その縁で土佐国の大平氏が船を用意したことがわかる。しかし、教房一行のためだけに用意された船とはとうてい考えられず、商売上のことや風向きのことなどもあって出発が延びたのだろう。翌日の午後六時頃には阿波と土佐の国境にある神浦（現高知県安芸郡東洋町甲浦）というところに着いた。当地の阿弥陀寺で休息を兼ねて数日を過ごした教房は、「名にし負ふ桜津なれや春の色知るも知らぬも花の白浪」という歌を詠んでいる。[30] 桜津は神浦の古称である。十月一日再び乗船して、翌二日に猪ノ尻（現土佐市宇佐町井ノ尻）に着いた。一行は再びここでしばらく滞在することになった。猪ノ尻は大平氏の本拠地蓮池城の外港ともいえるところで、教房たちは蓮池城に招かれて供応を受けたことだろう。また宣旨殿と大平女房との懐かしい対面もあったにちがいない。

ところで、猪ノ尻暫時滞在にはもう一つの理由があった。同行者の一人宗兼都維那という者が神浦から猪ノ尻にむかう途中で誤って船から落ちて半死半生という憂き目にあったので、その快復を待つということにあった。同十日には宗兼もようやく同行できるまでに快復したので、一行はほどなく出発し、十月中旬には幡多庄についたようである。翌月六日に「波多郷之内山田庄之内中坊と云者」が伊勢参宮の途次に、教房の書状を尋尊に届けていることと、以後の幡多庄から尋尊への書状の届く必要日数が最短で十六日間、普通はだいたい一ヶ月かかっていることから、十月中旬の幡多到着は間違いのないところだろう。

十二月十四日、宗兼都維那が土佐の幡多庄より上洛し、大乗院の尋尊のもとに教房の書状を携えてきた。宗兼は土佐には戻らずそのまま大乗院に勤仕しているので、宗兼は教房たちを土佐へ送るための同行役であったのだろう。教房よりの手紙を読んだ尋尊が「御在国儀毎事無為云々」との感想を日記に記している。(31) このことは、貴種性と権威をあわせもった都からの第一級公卿として西土佐に入部した一条教房が、国人土豪衆の支持のもと、中村に館を構えて家領の整備に意を注ぐことに、当面は障害なくスタートしえたことを物語っている。尋尊にとってもひと安心というところであったろう。

教房の妻と大平氏の女房が縁者の間柄であるとのことについて、都の公家と地方武士との文化交流の様相を示す事例でもあるので触れておきたい。

大平氏は鎌倉初期の讃岐守護近藤国平の末裔といわれ、蓮池庄（現土佐市蓮池）を本拠に南北朝期頃から台頭し、室町時代には細川氏の有力披官人として勢力を張るにいたった。長宗我部元親の事績を主として記述した軍記『長元物語』に「土佐ノ国七郡、大名七人、御所一人ト申ハ一条殿一万六千貫、津野五千貫、大比良四千貫、吉良五千貫、本山五千貫、安喜五千貫、香宗我部四千貫、長宗我部三千貫。以上八人之内、一条殿ハ各別。残テ七守護ト申ス」と書かれている。大平（大比良）氏は土佐七守護の一人に数えられるほどの国人であった。大平国豊は、細川勝元の要請を受けて応仁二年（一四六八）閏十月二十九日には数騎を率いて入京している。[32] その子国雄も父同様文化人でもあり、しばしば在京して公卿や禅僧たちと交遊を重ねている。そのことは、彼が細川勝元の描いた達磨図に建仁寺の天隠龍沢の賛を求めたり、また天隠の法嗣月舟寿桂の漢詩集『幻雲詩藁』に「送大平中書国雄居士皈土州」や「七夕月　以下七首和歌題、冷泉院為広書之、会大平国雄家」といった詩序が付された漢詩が収められていることからも窺うことができる。

ところで、大平氏と公家とのこのような交遊は、国豊の時代に急に始まったわけではない。文明十六年（一四八四）十一月三日に国豊が書写した『拾遺和歌集』[33]の奥書によれば、応永四年に冷泉為邦が大平下野守のために家伝本『拾遺和歌集』を書写し、「大平下野守依当道之好士、以当流本染筆了」と記している。この下野守は国豊の祖父国光で、彼は応永十三年（一四〇六）には当代一流の歌人であった四辻善成の所蔵する『八雲御抄』[34]を借り受けて書写している。国光はまさに当道（歌道）の好士であり、大平氏歴代はこの教養を受け継いできた。また、文明十八年二月二十一日の国雄邸での月次和歌会での冷泉為広の歌が『為広詠草』[35]に収められているが、そこで「竹契遐年」と題して詠った「代代かねてここら契らんくれ竹のもとのねざしの宿のことの葉」の後に「右心は代代門弟なり」との注記がある。このように冷泉家と大平氏の関係は浅からぬものがあり、教房の妻宣旨殿は冷泉為之の娘であり、大平氏と冷泉家との交流を考えれば宣旨殿と親密な関係にあった女性を、大平国雄が女房にしていたことは十分考えられることである。このような縁を頼って教房は土佐への下向を決意したといえるだろう。

(3)幡多御所での所領支配

幡多本庄といわれた中村にはいった教房は、当面の居館をどこに定めたかについてはさだかではない。伝承の域をでるものではないが、土豪為松氏の居城為松城(現為松公園)にひとまず腰を落ち着けたともいわれている。幡多庄は、一条家祖実経が建長二年(一二五〇)十一月に父九条道家から譲与された所領の一つで、本庄・大方庄・山田庄・以南村・加納久礼別符の五ヶ所によって成り立っていた。庄域は、現況で示せば本庄の中村市を中心に、東は大方町、西は宿毛市、南は土佐清水市にまで及び、中土佐町に加納地をもっていた。それが幡多郡全域をおおうほどの庄園に発展していったが、室町期に入ると在地勢力の進出によって庄園侵略が激化し、一条家領としての実態が希薄となっていったようである。

教房は、幡多郡入部後ただちに庄園の回復に着手した。文明元年(一四六九)八月十一日に尋尊のもとに届けられた五月七日付の教房からの書状には「下山事、自伊与国押領、色々御計略如元御知行云々、中村闕分事御知行云々」とあり[36]、隣国との所領争いにも勝ちぬき、庄内の中村の支配も解決をみており、教房の所領支配もまずは順調な進展をみせていたようである。

教房は、文明元年に二度にわたって在地土豪の官位昇進の進達を尋尊に依頼してきている[37]。

文明元年五月十五日到着分(応仁二年十二月三十日任日)

右近将監惟宗朝臣能基任山城守

豊後介藤原朝臣能永任雅楽助

左衛門尉藤原朝臣宗孝任土佐守

同年八月十一日到着分(応仁三年四月日付所望)

申　伊与守右近将監惟宗朝臣長忠
申　市正下野介藤原朝臣家則
申　隼人正右衛門尉藤原朝臣武平

昇進日付まで指定してきており、そのあたりにも在地土豪の慰撫に神経を使っている教房の在地支配への苦心の一端を垣間みるおもいがする。

「土佐国幡多郡有諸村、村等当時雖有知行之号有名無実也、但応仁乱世以来、前ノ関白令下向、于今在庄継渇命者也」と文明十二年（一四八〇）の『桃華蘂葉』で兼良が述べていることから、教房下向後十二年を経ても庄園支配の貫徹はなお困難を克服しきれずにいた。しかし、その文明十二年十月五日、土佐一条氏の基礎を築いた教房が五十八歳の生涯を終えた時、国人十余人が殉じて出家したといわれ、教房は都の公家として国人たちに対する求心力はあった。(38) 四歳で跡を継いだ房家は、実母の父であり、以南の豪族加久見氏の補佐を得て家臣団をよくまとめ、父以上の力量を発揮し、飛騨の姉小路氏、伊勢の北畠氏とともに三国司と呼ばれたほどの公家大名に成長した。

(4)公家の小京都

中村市の中心部である本町に小森山という小高い丘がある。現在は一条兼良夫妻を主祭神として土佐一条家歴代を祭神とする一条神社（文久二年創社）と、京都五条天神を勧請したと伝えられる天神社（昭和二十八年天神山より移転）が祭られている。社務所の奥に、井戸枠にくりぬき石を使った「御化粧の井戸」があるが、かつての中村御所を忍ばせる唯一の遺跡となっている。この小森山は古くは小山といったが、中村館跡の推定復元図によれば、館はこの小山の西麓に位置し、かつては東西一一五メートル、南北一五七メートルにおよぶ広大な敷地を誇っていた。小山は館の借景としては格好の自然であったろう。

中村は、四万十川の河口である下田から約一〇キロさかのぼった所の左岸に位置し、東側には四万十川の支流である後川が流れる。西には為松山、南には羽生山があり、まさに山と川に囲まれた京都によく似通った地である。都から遠く離れた土佐国幡多郷にはるばるやってきた一条教房は、中村に都を映そうとした。中村を洛中とみたてるならば、北東に聳える石見寺山は比叡山、後川は鴨川で、四万十川は桂川ということになろう。左岡や右山は左京・右京の名残であろうし、祇園社（現須賀神社）や石清水八幡宮（現不破八幡宮）を勧請し、間崎の十代地山（大の字山）では今も大文字送り火の盆行事が行われる。

教房が都の送り火を偲んで始めさせたといわれるこの盆行事については、発祥地である京都においても確認しうる史料上の初見は、万治元年（一六七九）刊行の『洛陽名所集』であり、中村での始まりも近世にはいってのことからと考えたほうがよさそうである。しかし、教房時代に始まったという伝承そのことが、中村が小京都であったことの証左として、かつて公家が下向して当地に土着し、都の文化を播植した歴史をいまに伝えているといえるだろう。

四万十川の河口近くの間崎では「旧七月十六日に、山の神を祭ってある十代地山（地元では〝大の字山〟と呼んでいる）の中腹の草木を大の字形に堀《マヽ》り取って、そこに部落各戸から集めたタイ松を配して焚火を行」い、「行事の運営は、間崎部落八七戸が七組（テンマ・ゴウデン・東・石橋・中西・朝日灘・西組）に分かれており、各組が一年交代で当番に当たる。当番組は十六日早朝に〝大の字山〟へ行き、字形部分の草を刈あけ、各戸を廻ってタイ松を集める。各戸の拠出するタイ松の量は、一束一握り大のもの七束と決まっている。十六日の午後部落の人たちは大の字山の山の神さんの社前に集まり、お祝いをする。そのあと各自持寄った肴で酒盛りをし、夕方になって大文字に火をつける。尚、当夜は各戸でも庭先や川渕で送り火を焚く」という。(39)

ともかく、中村の小京都化は教房から始められたが、十一年の在世期間しかなかった教房一代で成ったわけではない。土佐一条氏として房家・房基・兼定と百年ばかりの間、公家大名として西土佐に君臨しえたことによって中村は小京都として都文化を享受することができたといえるだろう。応仁の乱による大内氏の瀬戸内海航路の掌握によって、日明貿易船の堺への帰港コースが瀬戸内を避けて南海路をとった。そのため中村の外港である下田が海外貿易の中継地の一つとして繁栄することとして、そのことが、中村が都市として発達を遂げる大きな要因になったと考えられる。

四　都文化の伝播者

(一)清原宣賢

地方の武士の文化的教養の向上に関しては、都から下向した公家や僧侶そして諸国を遍歴する連歌師たちの果たした役割は大きい。たとえば朝倉氏の場合、朝倉氏が本拠を構えて越前を掌握してから信長に滅ぼされるまで、一乗谷には百人ちかくもの中央文化人たちが訪れている。(40)

公家……飛鳥井雅親・中御門宣胤・大炊御門信量・飛鳥井雅康・四辻季春・綾小路有俊・小倉宮王子・松殿忠顕・一条兼良・冷泉為富・北小路俊宣・二条持通・北小路俊泰・阿野季綱・烏丸冬光・飛鳥井雅俊・甘露寺元長・菅原章長・丹波親康・四条隆永・冷泉為和・壬生伊治・清原宣賢・飛鳥井雅綱・中御門宣秀・持明院基春・北小路俊永・徳大寺実通・甘露寺伊長・富小路資直・四辻季遠・吉田兼右・烏丸光康・勧修寺

晴秀・中御門宣治・東坊城長淳・清原枝賢・転法輪三条公頼・飛鳥井雅教・飛鳥井雅敦・四辻公遠・二条晴良
武家……足利義伊・伊勢貞仍・伊勢貞陸・細川高国・伊勢清辰・足利義昭
僧侶……蓮如・招月庵正広・常光院堯憲・堯盛・聖護院道興・月舟寿桂・真盛上人・覚勝院良助・不断光院慶乗・大成□集・祖心紹越・継天寿・玉之恵宝・周楞・覚勝院了淳・一栢上人・摂取院真益・開花院・如月寿印・大覚寺義俊・万休軒
連歌師…宗祇・宗長・猪苗代兼載・宗仲・玄清・玄等・道悦・祐全・宗牧・宗養・良全
芸能……金剛大夫勝康・豊原枝秋・観世大夫之重・豊原熙秋・観世大夫元忠・金春大夫安照・豊原親秋
その他…半井明重・半井見孝・明川・半井明孝
不明……藪内中納言・うんれうろん・福昌庵母
応仁二年（一四六八）から永禄十一年（一五六八）までの百年間に一乗谷を訪れた文化人たちである。記録に現れた人たちのみであるので、実数はもっと多きにのぼるだろうが、じつにさまざまな人々が一乗谷に赴いている。一条兼良のように、子息冬良の右大将昇任費用の工面と越前国内の家領回復を目的に一乗谷を訪れる者、あるいは朝倉の招きをうけて下向した飛鳥井雅康の例もある。また、一乗谷でその生涯を終えた人も少なくない。覚勝院良助・清原宣賢・真盛・祖心超越・建仁寺二四九世大成・菅原章長・豊原枝秋・松殿忠顕といった人たちがそうである。

なかでも清原宣賢は、天文十九年（一五五〇）七月十二日に一乗谷で没した。宣賢は吉田兼倶の子で宗賢の養子となって清原家を継いだ。当代随一の国学者・儒学者であり、『日本紀神代巻抄』をはじめとして多くの著作をものにしている。宣賢は二位を望んだが聞き入れられず享禄二年（一五二九）二月大徳寺で出家し、三条西実隆に「美麗之法師(41)」と賞された。ときに五十五歳であった。同月中旬宣賢は越前に下向した。孝景に招かれてのことであった。宣賢は以後四度越前と都を往還するが、四度目の下向を最後に再び都に戻ることはなかった。下向のたびに宣賢は朝倉氏の求めに応えて孝景館・慶隆院・金剛院・十宝院・興雲軒・安養寺や、孝景より提供された宣賢邸などで孝景の小姓衆にまで講義を行っている。(42)講義内容は、『中臣祓』や『日本書紀』といった史書、『論語』をはじめとする四書五経などで、孝景の要求なのか、宣賢の教化意向なのかは明確でないものの、一乗谷における学問的要求の現れとみていいと思われる。

（2）三条西実隆と宗祇

地方武士への文化伝播の最大の功労者は、なんといっても三条西実隆であろう。実隆は文明六年（一四七四）正月から天文五年（一五三五）二月まで、若干欠ける部分はあるものの六十一年間もの長い期間、日記（『実隆公記』）を書き綴っている。この日記には実にさまざまな分野の人々が登場する。実隆は「本朝五百年以来、此殿程之才人、不可有御座(43)」といわれた一条兼良の衣鉢をつぐ文化人であったがため、古典の教授を求めて公家や武家が、とりわけ地方武士の訪問が相次いだ。ことに、実隆は、日記を読み始めただけですぐに気づくことではあるが、かなりの能筆家であったようで、禁裏はいうにおよばず、足利義政・義尚父子からの依頼をうけて古典の書写を盛んに行っている。戦国大名もその例に洩れず、若狭・武田氏、越後・上杉氏、越前・朝倉氏、長門・大内氏といった大名およびその女房衆、さらには在京の家臣の古典書写の要望にも応えている。

これらの古典書写や和歌・短冊の染筆、あるいは和歌・連歌の添削や合点が、三条西家の家計をどれほど助けるものであったかは、大永三年（一五二三）・六年の家計における別途収入の割合をみれば明らかである。二八％、二七％といった比率であり、荘園からの収入が著しく減少し、貧困にあえぐ公家社会にあって、実隆の学者・文化人であることによる貴重な収入であった(44)。戦国期にあって、まさに経済力を増してきた武士や町人層と、文化保持によってのみ生きながらえている公家との間に成り立つ経済と文化の交換であったといえるだろう(45)。文化伝播における皮肉な現象というほかはない。

　実隆がもっとも親しかった連歌師に宗祇がいる。彼は、実隆らと連歌会を催すほか、『源氏物語』や『伊勢物語』を講義し、実隆には古今伝授を行っている。

また、宗祇は諸国を頻繁に往還するが、その折には実隆染筆の色紙・短冊・扇面などを携えており、入洛時には礼銭や土産物を三条西家にもたらしている。このことが実隆の文化人としての声望が地方へ拡散してゆくおきな要因にもなった。ある時、宗祇は赤松家ゆかりの『古今集』を持参し、実隆より赤松家臣の浦上則宗に贈呈することを勧め、播磨にある三条西家領の年貢収納の好転のための助言をしている。その結果、浦上則宗より一千疋が送られてきた(46)。

　このような宗祇と実隆の関係に代表されるように、公家と「田舎人」といわれた地方武士を結びつける仲介をしたのが、諸国を遍歴する連歌師たちであった。おなじく『実隆公記』に記されていることであるが、宗祇はまたつぎのような興味深い話題を実隆に教えてもいる(47)。

　　宗祇談、

　京ニ、ツクシヘ、坂東サ、

京ニハイツクニユクナト云、筑紫ニハイツクヘユクト云、坂東ニハイツクサユクト云、又坂東ニハヨト云所ニ、

ロト云詞ヲツカフ、セロセヨ也、コロコヨ也、如此境談アリ、何ノ子ロト嶺ヲ云モ所ノ境談歟、将又等ノ字ノ心歟云々、

地方によって、方角を示す格助詞が、「ニ」「ヘ」「サ」と違うことを言っているわけで、それを実隆が「境談」すなわち地域談義と表現し、地方文化への興味を覗かせている。日本各地を遍歴し、地方の言葉に精通していたであろう宗祇ならではの雑談である。

地方と都を結ぶおおきな役割を演じた宗祇は、文亀二年（一五〇二）七月二十九日箱根の湯本で客死した(48)。宗祇は、実隆の声望を地方へ伝播させるに大きな役割を演じたが、宗祇の死後、玄清のように古今伝授を希望する連歌師たちが実隆邸を訪れる機会も多くなり、彼らが宗祇の役割を引き継いでいくことになった。

(1)『群書類従』第九輯・消息部所収。
(2) 巻第三九「大内介降参事」（岩波・日本古典文学大系本）。
(3)『大内氏館跡Ⅰ』（山口市埋蔵文化財調査報告書第9集、山口市教育委員会、一九八一年）。
(4)『大内氏実録』巻第二（増補復刻版、マツノ書店、一九八四年）。
(5) 山口県文書館蔵。複製は『防長古地図集成　第三輯』として刊行（マツノ書店、一九七五年）。
(6)『群書類従』第二一輯・合戦部所収。
(7)『続群書類従』第三二輯・雑部所収。
(8)『大内義隆記』。
(9)『公卿補任』・『大内義隆記』・『中国治乱記』（『群書類従』第二一輯・合戦部）。
(10)『晴富宿禰記』文明十一年七月三日条裏文書。
(11)『実隆公記』文明十一年二月八日条「高野雲絵事、召土佐将監申付之了」。

(12)　『宣胤卿記』永正元年十二月九日条に「又あさくらゑをよくかき候よしきこしめし候ほどに、この御ゑ四ふく一つゐ、すせう筆が下され候はんずるとおぼしめし候、さりながら、あなたにはよきゑしも候べきに、見どころなきやうに候て、いかゞ候はんずるやらん」とある。
(13)　『朝倉始末記』巻六。
(14)　『満済准后日記』八月二十四日条。
(15)　東沼周巌「流水集」（『五山文学新集』所収）。
(16)　『中世法制史料集』第三巻・武家家法Ⅰ所収。
(17)　『大乗院寺社雑事記』文明三年八月五日条。
(18)　『満済准后日記』同日条。
(19)　注(12)。
(20)　『宣胤卿記』永正元年二月二十日条。
(21)　『宣胤卿記』永正元年閏三月八日・五月六日条。
(22)　越前版については、福井県立朝倉氏遺跡資料館編『朝倉の遺宝』（一九九一年）に拠った。
(23)　『大乗院寺社雑事記』同日条。
(24)　『大乗院寺社雑事記』文明三年一月一日条。
(25)　『大乗院寺社雑事記』文明元年十月二十一日条。『大乗院日記目録』文明元年十月十七日条。
(26)　『大乗院寺社雑事記』文明元年十一月七日条「兵庫事尚々無心元間、今日松菊丸遣和泉堺了」。
(27)　『大乗院寺社雑事記』同日条。
(28)　『大乗院日記目録』応仁二年九月六日・二十五日条。
(29)　『改定史籍集覧』第二七冊・新加雑類所収。
(30)　『一条家旧記』（『大日本史料』八―二）には、教房の歌として以下の六首が載る。
稀に来し甲の浦の忍ねやとひとへにむすふ契りなるらん

四方の浪たつにや匂ふかふの浦たかうつり香のとまり成蘭
さくらつの名にのミ残る花の香に匂ひやかふの浦にと丶まん
名にしあふ桜津なれや春のいそしるもしらぬも花の白波
土佐の海みなミの岸にかけておもえいつこはあれと北の藤浪
土左のうミ南のきしにふねとめて猶やさかへんきたの藤浪

(31)『大乗院寺社雑事記』同日条。
(32)『碧山日録』同日条。
(33)京都府立総合資料館蔵。大平氏の文芸については、下村效著『戦国・織豊期の社会と文化』(吉川弘文館、一九八二年)に詳しい。
(34)住吉神社蔵本。
(35)『新編　国歌大観』第八巻(角川書店、一九九〇年)所収。
(36)『大乗院寺社雑事記』同日条。
(37)『大乗院寺社雑事記』文明元年五月十五日・八月十一日条。
(38)『大乗院寺社雑事記』文明十二年十二月七日条。『長興宿禰記』文明十二年十一月十三日条に「数年有御在国、和漢才有識、禅閤不可有勝劣由、人々存之、可惜御事也」とあり、教房の和漢の才能は父兼良に劣らないものがあったようで、その学識を背景とした在地国人との文芸交流が、彼らに対する救心力が生じた要因の一つと考えることもできる。
(39)中村市教育委員会編『中村市の文化財　一覧集編』(同教育委員会、一九八七年)。
(40)米原正義『戦国武士と文芸の研究』所載の「中央文人越前在国一覧表」による。
(41)『実隆公記』享禄二年二月十二日条。
(42)米原正義『戦国武士と文芸の研究』。近藤喜博「越前一乗谷の清原宣賢——天文十二年記より——」(『MUSEUM』一八〇号)。

(43)『長興宿禰記』文明十三年四月二日条。
(44)芳賀幸四郎『三条西実隆』(吉川弘文館、一九六〇年)。
(45)村井康彦『乱世の創造』(角川書店、一九九一年)。
(46)本書第II部第二章参照(一三六頁)。『実隆公記』明応七年八月十八日条・同八年二月晦日条。
(47)明応五年正月九日条。
(48)『実隆公記』文亀二年九月十六日条。

第二章　地方武士の文芸享受——文化と経済の交換——

はじめに

室町後期の第一級の文化人といえば一条兼良であるが、彼亡き後その衣鉢を継いだのが三条西実隆であることはこれまた周知のことである。実隆（一四五五・四・二十五〜一五三七・十・三）が生きた時代は、応仁の乱を経験しつつ富と実力をつけてきた地方武士台頭の時代、すなわち群雄割拠の動乱期にあたる。実力でのし上がってきた彼らの次なる関心は、一つは位階官職であり、もう一つは自身を「都の文化」で纏うことであった。官位や「都の文化」で身を纏うことが、まさに在地における自身の実力誇示にもなり、権力維持に有効に作用し得たのであった。地方武士が切望する「都の文化」を担っていたのが朝廷・公家であり、文化の享受をめぐる公家と武家の接点がここに存在した。

本章では、公家と地方武士の関わりを、後土御門・後柏原・後奈良と三代の天皇の側近として、また当代最高の文化人として公武から遇された三条西実隆に視点を据え、『実隆公記』を素材に、親密であった連歌師宗祇との交遊、若狭守護武田氏の家臣粟屋親栄との親交のあとを辿り、文芸享受をめぐる彼ら相互にとっての意義をさぐってみたい。このような関心、とりわけ実隆に視点を据えた問題についてはすでに原勝郎・芳賀幸四郎・米原正義らによる精緻な論考が公にされており[1]、いまさらの感は免れないが、屋上屋を架することを恐れず、これらの著作に助けられつつ論を進めていきたい。

一　三条西実隆と宗祇

(一)三条西実隆

三条西家は、三条家の庶流である正親町三条実継の次男公時を始祖とする。家格は大臣家である。長子実清が家督を嗣いだが、嗣子がないまま死去したため、再び正親町三条家の公豊の次男公保が三条西家を嗣ぐことになった（一五〇頁の「図1　三条西家関連系図」参照）。公保は、中原康富から「春日神木入洛年々記」を借用したり[2]、あるいは清和院で行われた撰択本願念仏集談義の聴聞に出向くなど学問や文化に深い関心をよせた人物であったようで[3]、子息への『孝経』の講読も、その道の専門家である中原康富等に依頼することなく、自ら行っている[4]。

実隆は彼の次男として康正元年（一四五五）四月二十五日に今出川武者小路の邸で生まれた（初名公世）。このとき父公保はすでに五十八の齢を重ねていた。母は甘露寺房長の娘で親長の姉にあたる。実隆には十三歳年上の兄実連がいたが、参議に任じられた直後の長禄二年（一四五八）十月二十日に十七歳の若さで死去した。さらに翌々年正月二十八日公保が六十三歳で世を去り、実隆は六歳で三条西家の当主となった[5]。

実隆が一条兼良の衣鉢を継ぐ学者といわれるまでになった遠因は、学者肌の父からの影響もあっただろうが、母よりうけた薫陶に大きいものがあった。文明十六年（一四八六）十月十四日に営まれた母親の十三回忌法要に際し、実隆は「凡十三回如一夜夢、更滴愁涙恋恩顔者也」と述懐するとともに、自ら諷誦文を作っている。そのなかで「幼稚之年口□□(令授)孝経、長成之日親使入大学」と書いている。実隆の学者への道は、教養のあるしっかり者の母がその水先案内人の役をつとめたことをこの一節は物語っている。

実隆の能筆ぶりは早くから知られ、文明六年（一四七四）には足利義政から『林葉集』と『俊恵集』の書写を依頼されており、[6] 以後もたびたび望まれて応じている。『実隆公記』でみるかぎり、三条西実隆が地方武士から

表1　実隆経歴

和暦	西暦.月.日	歳	改名	経　　歴
康正元	1455. 4.25	1	公世	誕生
長禄2	1458.10.20	4		兄実連死去(17)
	12.26			叙爵
	28		公延	侍従
3	1459. 3.28	5		兼備中権介
4	1460. 1.28	6		父公保死去(63)
寛正6	1465. 1. 5	11		従五位上
文明元	1469. 6.23	15		元服／右少将
	9.18		実隆	正五位下
2	1470. 3.18	16		従四位下
4	1472.10.14	18		母死去(50)
5	1473. 1.25	19		従四位上
6	1474. 1. 1	20		日記開始
	4.22			右中将
	29			正四位下
7	1475. 1.28	21		蔵人頭
8	1476. 1. 5	22		正四位上
9	1477.12.30	23		参議
11	1479. 1. 5	25		従三位
12	1480. 3.29	26		権中納言
	4.17			兼侍従
	11. 7			長女保子誕生
16	1484.	30		長男公順誕生
17	1485. 2.28	31		正三位
19	1487. 5.21	33		次男公条誕生
長享3	1489. 2.23	35		権大納言
	6.16			兼侍従
	12.26			内膳別当
延徳3	1491. 3.24	37		次女誕生
明応2	1493. 1. 5	39		従二位
3	1494.			三男鳳林桂陽誕生
文亀2	1502. 1.23	48		正二位／神宮伝奏
永正3	1506. 2. 5	52		内大臣
	4. 5			辞任
13	1516. 4.13	62		落飾／堯空・逍遙院
天文5	1536. 2. 3	82		日記終
6	1537.10. 3	83		没

古典の書写をはじめて依頼されたのは、明応六年（一四九七）四月のことである。[7]

雅俊朝臣送使、田舎人所望拾遺集可染愚筆之由也、称彼主土産杉原十帖・絹一疋恵之、不慮之芳恵也、拾遺集料帋等先預置之了、

飛鳥井雅俊を通じて地方の武士某が『拾遺集』の書写を依頼し、杉原紙・絹布といった土産物とともに書写用の料紙までもすでに届けてきている。

また同年の九月五日、実隆は赤松被官人である葦田木工助友興の所望で『新撰菟玖波集』の書写を始めている。[8]これは宗祇を介しての依頼であり、実隆は十一月六日に書写を終えて翌七日に、

右集全部木工助源友興久携菟玖波之道、就一集已載数句之佳名、感其芳声以励書写之微力、遙寄金華之書窓、若不嫌筆跡之醜、尤可為幸而已、

明応丁巳小春下旬

亞槐下散木判

という丁寧な奥書を付して宗祇のもとに届けている。[9]実隆が宗祇の仲介とはいえ赤松被官人のために唯々諾々として『新撰菟玖波集』の書写を引き受けた理由は、播磨国内の家領（大田庄・穴無郷・大山庄等）からの年貢収納を確保したいという実隆の意志が絡んでおり、宗祇がその間にたって尽力していたからである。[10]在地武士層の台頭による公家領荘園への浸食によって年貢収納が激減した状況下において、実隆も家計維持に相当の腐心をしていたことは日記に散見している。「田舎人」からの所望、ことに家領に係わる国の武士からの依頼については実隆も積極的に応じており、年貢収納額の減少をくい止める努力を怠ることはなかった。しかし、実隆の心の内はつぎのようであった。

①人々所望短冊等之類多染筆了、是雖不相応之事無力事也、(11)

②今日又料帋共少々染筆、所預置之料帋悉書之、向後不可染筆之由心中所誓也、是頗無益之事也、(12)

色紙や古典書写の依頼が多くなるにつけ、実隆はこのように自嘲的に自らの日々を嘆いているが、家計を潤していることは否定できず、悩める実隆の姿を垣間みせている。

ともかく、このように地方の武士たちから古典書写の依頼があるということは、実隆の学者・文化人としての名声が地方にまで拡散していっている証左である。

実隆の名声を地方へ拡散させた最大の功労者は宗祇に代表される連歌師たちであった。都と地方の往還、すなわち旅わたらいをする連歌師たちが、都の文化を地方へ伝播させたのである。応仁の乱以後、古典復興の気運が高まりをみせ、在地武士層においても京都文化への関心が高まり、その象徴として連歌が大流行した。そのため連歌師たちが在地武士の招きを請けて地方へ下向する頻度が増してゆき、加えて乱を避けて公家の在国者数も多くなるにつれ、都の文化の地方への拡散スピードがますます速まることになった。

他の公家とちがって実隆は戦国大名を頼って地方へ下ることは生涯にわたってなかった。せいぜい高野山や石山寺、奈良の春日社参詣ぐらいである。それ故実隆の学者としての名声が地方へ広がっていくについては、連歌師たちの果たした役割はきわめて大きかった。

（2）宗　祇

実隆がもっとも親しかった連歌師に宗祇（一四二一～一五〇二・七・三十）がいる。『実隆公記』における宗祇に関する初見は、内大臣三条公敦から宗祇編集『竹林抄』冬部の書写を依頼されたことを記す文明九年二月二十日の条である。(13) 宗祇が公敦を通じて実隆に書写を依頼しているということは、この時期は、宗祇と実隆はさほど親しい間柄にいまだ至っていなかったことを示している。二人が直接出会ったのは、文明九年（一四七七）七月十一日に宗祇の庵である種玉庵で開かれた『源氏物語』講釈に実隆が聴聞に出向いたときであろう。実隆は翌十二日の朝にも源氏講釈の聴聞に出向いている。

両者の交遊がこの頃から始まったと思われるが、二人の出会いを仲介した人物は、宗祇の弟子である牡丹花肖柏であった可能性がきわめて高い。というのは、肖柏が大永七年（一五二七）四月四日に死去したことを十二日に知った実隆は、幼き頃からの交遊を懐古し、沈痛の思いで日記にそのことを記している。(14)

夢庵去四日巳刻入滅之由、自堺申之云々、八十五才、三四日小悩唱滅云々、嗚呼、自少年其交久矣、光源氏物語宗祇他行之時多以此人令読之、其恩重者也、可惜可憐々々々々。

肖柏は、早くから三条西邸に出入りしており、師宗祇のことは当然話題にしているだろう。そういうこともあって実隆は種玉

表2　宗祇と実隆の相互訪問（『実隆公記』より）

	宗祇の実隆邸訪問回数	実隆の種玉庵訪問回数	他邸同席回数
文明9		4	
10		1	
11	1	1	
15	1	1	
16		1	
17	31		1
18	21		
長享元	15	2	1
2	18	4	1
延徳元	15	3	
2	21	2	
3	12		
明応元	7		
2	1		
3	1		
4	50	2	1
5	33		
6	6		
7	27		
8	20		

表3　『実隆公記』にみる宗祇の実隆への所望品　（＊は閏月）

文明17．4．3	扇面和歌二首
5.28	扇両ケ
7.23	『老葉』(宗祇連歌集)清書
8.13	扇
18．6.19	扇(薄以量筆)・扇面歌
8．4	新写源氏物語外題五十四帖
10.23	銘(新古今集上下・後拾遺集)
12.26	外題(後拾遺集・新勅撰集・続後撰集・続古今上下)
長享元．1.19	扇歌二本・銘(後撰集・拾遺集)
2．5	扇歌五本
2．5．8	扇歌三本
3．2.10	扇歌四本
3.24	扇歌(伏見殿筆)
延徳 2．*8.27	新古今集本奥書
12.30	扇歌三本
3．10.11	銘？(新古今集上下・伊勢物語)
明応 4．4.15	菟玖波部立・新撰部立・日本帝皇系図銘
12．8	扇歌二本
5．*2.27	長門国住吉法楽百首奥書
4.10	法華経外題二部
5．5	色紙卅六首(詩歌・詩三体詩・歌新古今集)
12.21	発句卅六句(下絵短冊)・扇歌二本
6．1．8	扇歌十一本
9.17	短冊箱銘
9.20	扇歌三本
11．7	新撰菟玖波集奥書(葦田友興所望)
7．3.29	色紙卅六枚(定家・家隆・後京極　各十二首)
4．2	古今集銘・色紙六枚
*10.28	瀟湘八景詩
8．1．6	外題(古今集・新勅撰集)
3.20	古今集奥書(斉藤弾正所望)
4.12	銘(六韜・三体詩)
25	詠歌大概銘并奥書(衣斐出雲守所望)
5．4	古今集箱銘
6．8	新撰菟玖波集書写
文亀元．3.18	瀟湘八景色紙
9.18	八代集外題

表4　三条西家収入内訳(大永3年＝1523)

	米（石）	麦(石)	銭（文）	合計(文)	%
荘園年貢収入	23.3875	0.61	8211	47190	15.6
座・渡し場等収益 ( )内は予測収益			145800 (45600)	191400	63.3
別途収入			62450	62450	20.7
雑収入			1200	1200	0.4
合計	23.3875	0.61			
換算合計　　(文)	38979		263261	302240	100

換算根拠　6斗＝100疋(大永3.閏3.5条)
1疋＝10文(大永8.6.15条)
黄金1両＝3貫150文(大永8.6.14条)
1緡＝100疋(大永3.8.9および14条推定)

庵へ出向いたのであろう。

実隆は文明十七年（一四八五）閏三月二十八日から宗祇や肖柏を自邸に招いて『源氏物語』の講読会をはじめるが、下向・上洛を繰り返す宗祇に代わって、大半を肖柏が講師を勤めたことを記している。実隆は宗祇の代理を勤めた肖柏に対してかなり感謝の気持ちを抱いており、肖柏は実隆の『源氏物語』研究にとっては大恩人ともいうべき人物であった。

肖柏の仲立ちによって交遊を始めたと思われる宗祇と実隆は、連歌会のほか『源氏物語』や『伊勢物語』の講義を通じてその親密度は日々に増してゆき（表2）、ついには宗祇による実隆への古今伝授にいたる。(15)

また、宗祇は連歌師の常として諸国を頻繁に往還するが、その折には実隆染筆の色紙・短冊・扇面などを携えており、このことが実隆の文化人としての声望が地方へ拡散してゆくおおきな要因にもなった。表3は、『実隆公記』に記載されている宗祇からの所望品を一覧にしたものである。(16)

宗祇が携えていったこれらの品々は、入洛時には礼銭や土産物を実隆にもたらし、三条西家の家計を大いに助けることになった。時期的には少しあとの大永三年（一五二三）のことであるが、三条西家の収入状況がおおよそ判明するので、それをまとめてみたのが表4である。「別途収入」という項目が実隆が書写等で得た収入である。家計収入の二〇％以上を占めており、この収入が、実隆をして地方へ下ることなく都で何とか生活を維持しえた源であった。

明応七年（一四九八）八月のことである。宗祇が冷泉為忠の奥書のある『古今集』を持参し、この本を播磨・美作・備前三国の守護赤松氏の有力被官で備前和気郡三石城主である浦上則宗に贈呈してはどうかと勧めた。

古今愚本加奥書、宗祇法師持来之、又、古今集一本為忠卿奥書以家説授則祐律師之由載之本恵之、是於赤松家可為重宝者也、遣浦上許可然歟、於家領事等、尤可然之由称之、懇切之儀也、近来珍重之本也。

為忠の奥書には「以家説授則（赤松）祐律師」と記されており、これは赤松家にとっては重宝であるから、これを実隆から贈呈すれば播磨の家領からの年貢については好転が期待できるのではないか、という意見である。[17]この宗祇の懇切な助言を実隆は早速実行にうつした。その効果はてきめんであった。翌年二月晦日、浦上則宗より一千疋が送られてきた。[18]

地方と都を結び、都文化の地方伝播に大きな足跡を残した宗祇は、文亀二年（一五〇二）七月二十九日箱根の湯本で客死した。その知らせをうけた実隆は、「驚歎、無物于取喩、周章無比類者也」と記している。[19]諸国下向に際し柿本人麿像や「古今集聞書以下和歌相伝抄物等」を預けてゆく[20]ほど信頼を寄せられていた実隆にとって、宗祇の死去はおおきな悲しみであった。三条西家の家計を支える術をもたらしてくれていた宗祇を失うことは、実隆にとっては先行き不安なことであったろう。しかし、宗祇の死後、宗祇より古今伝授を受けた実隆のもとには、玄清のように古今伝授を希望する連歌師たちが訪れる機会も多くなり、彼らを通じて実隆の声望はますます地方へと拡散してゆくこととなった。

二　実隆と粟屋親栄

若狭の武田氏は、安芸国守護武田信繁の子信栄が若狭守護一色義貫討伐の恩賞として永享十二年（一四四〇）に若狭守護に任じられたことに始まる。しかし信栄は若狭へ入部することなく嘉吉元年（一四四一）に死去したため弟の信賢が守護として若狭に入った。信賢は若狭支配を確立した人物であるが、和歌・連歌に親しみ、一条兼良や飛鳥井雅世といった公家とともに「歌連歌の名匠先達」の一人に挙げられるほどの歌人として知られ、たびたび歌会を催していた。(21)

この信賢も文明三年（一四七一）六月二日五十二歳で没し、弟国信が養子となって跡を継いだ。国信は『武田系図』(22)に「文武達者、歌人、新撰菟玖波作者、寛正応仁年中武略忠義越諸人、仍為御相伴衆」とあり、兄に劣らず文武に優れた人物で、飛鳥井雅親（栄雅）に入門して和歌を学んでいる。栄雅と国信の親密な交遊については、栄雅の歌集『亜槐集』に詳しい。国信は延徳二年（一四九〇）六月二十一日五十四歳で没するが、長子信親はすでに文明十七年八月二十二日二十四歳で死んでいるので、(23)次男元信が跡を継いだ。元信は『武田系図』に「文筆歌道弓馬堪能人」と記され、父国信以上の文化人であった。実隆をして「殊勝物也」と言わしめた定家自筆の『伊勢物語』を所持し、(24)また実隆より自筆の『古今集』を贈られてもいる。(25)元信は連歌はいうに及ばず蹴鞠にも参会し、飛鳥井雅親の子雅俊から蹴鞠伝書の相伝をうけ、武家故実書の書写にも執心であった。

信賢・国信・元信といった若狭武田氏歴代の活発な文化活動は、被官人たちの文芸活動を誘発せずにはおかなかった。(26)このような状況下に登場してきたのが粟屋親栄である。粟屋氏は安芸武田氏の重臣で、信賢の若狭入部に従ってきたようである。親栄をめぐる系譜的なことは不詳であるが、延徳三年八月の近江六角氏討伐に出陣した将軍義材に従った武田元信軍の主力を担ったのが親栄の父賢家率いる粟屋衆であった。[27]『実隆公記』永正元年四月晦日条の一節は親栄の武田氏での立場を如実に物語っているだろう。

晩頭左衛門尉来談、武田大膳大夫自去廿五日入葛川、可令隠居、子息事同可輔佐之由一昨日申出了、仰天之由語之、近日風儀諸人之体匪啻也事、可驚々々、

すなわち、元信が元光に家督を譲るにあたって、親栄に補佐役を勤めるよう命じており、賢家没後（文亀三年[28]）も父同様元信側近としての地位にいた。

親栄が「漢布一緡」を携えて三条西実隆邸を初めて訪れたのは、文亀元年（一五〇一）五月二十五日のことであった。実隆は武田氏の被官人ということで面談した。[29]親栄は翌二十六日には竪海苔を送り、二十七日に再び実隆邸を訪れ、翌二十八日にははやくも歌題を所望している。そして六月十九日には『源氏物語』の冊子と唐帷子を持って実隆邸を訪れ『源氏物語』の講釈を頻りに望んだため、実隆も「彼是難黙止之間、自明日如形雖一両冊可読」と返事をした。[30]翌日、親栄は銭を携えて早速実隆邸を訪れ、桐壺巻半分の講読を拝聴している。この日から実隆が持て余すほどの親栄の熱心な『源氏物語』学習が始まった。

親栄が文亀四年九月二十九日に若狭へ下向するまでの間、『源氏物語』講釈聴聞を含めて実隆邸を訪れた日を『実隆公記』より抽出したのが表5である。「粟屋左衛門尉来」などと記されて実隆邸を訪れたことが確実な日が六十九日、日記には記載されないが「聴徒如例」などと記されるごとく訪れた可能性が高い日を加えると百六日に及んでいる。親栄は実に熱心な源氏学の生徒であり、休講日と約束した日にまでおしかけ、実隆をして「粟屋左衛門尉今日講尺可閣之由兼約之処、已来之間十丁計読之[31]」と嘆息させている。しかし、親栄は、実隆が「煩費無所謝而已」と日記に記すごとくたびたび金品を持参して来訪しており、三条西家の家計に潤いをもたらしても

表５　粟屋親栄と実隆の親交記録(『実隆公記』より)　　　　(＊は閏月)

年月日	訪問	源氏講釈
文亀元(1501)		
5.25	初訪問	
27	訪問	
28		
30	訪問	
6. 8	訪問	
9	訪問	
11	訪問	
14	訪問	
19	訪問	源氏本持参
20	訪問	桐壺
21	訪問	桐壺
＊6. 7		若菜
9	訪問	源氏講釈
14	訪問	末摘花
21	訪問	
22	訪問	
29	訪問	
7. 1	訪問	
3	訪問	
4	訪問	
6	訪問	
8	訪問	
18	訪問	末摘花
21	訪問	紅葉賀
25	訪問	
28	訪問	
8.11	訪問	
20	訪問	
27	訪問	
9. 1	訪問	
6	訪問	
10. 6	訪問	紅葉賀
16	訪問	
文亀 2(1502)1-3月日記欠		
4. 2	訪問	
3		薄雲
7		槿
18	訪問	
26	訪問	
5. 4	訪問	
文亀 3(1503)		
10. 1	訪問	
2	訪問	
3	訪問	
4	訪問	
5	訪問	
7	訪問	
16		乙女
18		乙女
21		乙女
24		乙女
25	訪問	
27	訪問	玉鬘
11. 4	訪問	
6		玉鬘
7	訪問	初音
9	訪問	胡蝶
11	訪問	
12		蛍
15		瞿麥
17		篝火・野分
19		御幸
22		蘭(藤袴)
24		真木柱
29		真木柱
12. 6		藤裏葉
12		若菜
文亀 4(1504)		
2. 6	訪問	
7	訪問	
11	訪問	
13	訪問	
17	訪問	
23	訪問	
3. 4	訪問	
6	訪問	
22	訪問	
28	訪問	
29	訪問	
＊3. 2	訪問	
3		若菜
8		若菜
13		若菜
17		若菜
19		若菜
21	訪問	
23		若菜
26		若菜
4. 3		柏木
7		横笛
11		鈴虫
13	訪問	夕霧
18		夕霧
23		御法・幻
26	訪問	匂宮・紅梅
28		竹河
30	訪問	
5.13		橋姫
16		橋姫・椎本
18		椎本
23		総角
26		総角
28		総角
7.12	訪問	
24		夢浮橋
8.18	訪問	
20	訪問	
9.28	訪問	

いた。

実隆が、親栄と親密な交遊を結んだことについては、二つの理由が考えられる。一つは親栄の『源氏物語』に対する熱心な勉学意欲が、学者実隆の講義意欲を増進させたであろうこと。他の一つは越後の青苧に係わることである。三条西家は地方の青苧座の本所権を所有しており、ことに越後産青苧の販売ルートに対する課役は相当の額にのぼった。(32)越後の青苧は海路若狭小浜港に着き、陸路を琵琶湖北岸の海津に向かい、そこから船で坂本に着く。そして再び陸路を京阪神方面に運ばれる。実隆にとっては、青苧の輸送ルートの安全確保のためには越後の上杉氏、越前の朝倉氏、若狭武田氏及びその被官人たちと昵懇になっておく必要があった。(33)たとえば、大永三年(一五二三)に天王寺の青苧座衆が座役料の納入を渋るということが起こったが、武田氏が越後から若狭に着いた船を抑留して実隆を側面より支援したため、天王寺の青苧座衆も青苧の入手が滞り、ついに細川高国の仲介で一万疋の本所料を納めることで決着した。(34)この収入は三条西家の大永三年家計にとっては相当のウエイトを占めたことは表4の通りである。

親栄は実隆の『源氏物語』講義の聴聞にとどまらず、源氏本も所持していたし、実隆に所望して『源氏物語』の新写や『源氏物語』系図の書写も依頼している。(35)また『愚問賢注』『八雲抄』なども所持していた。(36)

永正元年(一五〇四)九月二十八日、若狭下向のための暇乞いのため夜更けに訪れた親栄に、実隆は「ゆくすゑの世を長月とたのめてもわかるゝそては先しくれけり」との歌を贈った。(37)一色義有討伐のため丹後へ出兵した武田元信に従った親栄は、永正三年閏十一月六日に陣中から実隆に鮭を贈ったが、その折り『源氏物語』帚木巻の注釈書写を所望して料紙も同送してきた。実隆は「陣中不相応之儀歟、一笑之由報之」と日記に記している。陣中からでも注釈を求めるという親栄の『源氏物語』に対する呆れるほどの執心に実隆は一笑に付した。注釈書は送られた形跡はなく、この閏十一月六日に届けられた便りが最後で親栄は翌年六月二十七日円後で討ち死にした。実隆は親栄の百ヶ日に六字名号の和歌を詠んでその菩提を弔った。[38] 源氏学徒のあまりに早き駆け抜けであった。

おわりに

陣中からでも『源氏物語』の注釈書の書写を求めてくるという、これほどまでの古典に対する親栄の熱意のほとばしりはどこに求めることができるだろうか。須田悦生は武田氏と被官人粟屋氏の文芸活動への姿勢の違いを「武田氏は己が軍事的政治的に脆弱なことを認識して、それ故文化的優位を保とうとした、いわば消極的文芸接近であったのに対し、粟屋氏は軍事的政治的権力の増大に加うるに文化的上昇をも企図した、いわば積極的文芸接近だった」とされた。[39]

しかし親栄の『源氏物語』に対する執心ぶりの底流に流れる意識構造は、次のようにも考えることができるだろう。

時代は少しさかのぼるが、『保元物語』に次のような一節がある。[40]

又そのかみ説法をきゝしに、欲知過去因、見其現在果、欲知未来果、見其現在因といへり。されば罪をつくらば、必要道におつべし。しかれども、武士たる者殺業なくては叶はず。それに取ては、武の道、非分の物をころさず。仍為朝合戦する事廿余度、人の命をたつ事数をしらず。されども分の敵を討て非分の物をうたず。かせぎをころさず、鱗をすなどらず、一心に地蔵菩薩を念じ奉る事廿余年也。過去の業因によて今かやうの悪身をうけ、今生の悪行によて来世の苦果おもひしられたり。されば今、此罪こと〳〵くさんげしつ。

ひとへに仏道をねがひて念仏を申なり。

武士の本分は殺業であり、殺人という罪意識からの脱却をはかるため「分の敵を討て非分の物をうたず」という論理に行き着く。しかしこの武者の精神構造すなわち殺人の合理化ははたして完結しえたのだろうか。武士が古典に興味を抱き、熱心に学ぶという姿勢については、なんら疑問を挟むものではないが、殺戮の現場である陣中においてもなお『源氏物語』に執心を示すといった親栄の姿勢は注目に値する。芳賀幸四郎は「彼のうちにたぎつてゐた文化意欲の熾烈を示して余すところない」と評されたが[41]、殺業を生業とする武士というわが身、そこから逃れたいという意識があるものの、現実的には逃れることができないという親栄の内なるジレンマが「文化意欲への熾烈さ」となってあらわれたといえる。若狭武田氏歴代がもっていた文芸への強い関心という周縁環境もまた無視することはできない。

『源氏物語』を通じての実隆との親密な交遊は、親栄にとっては罪業意識からの脱却という切ない願いがこめられていたのであって、実隆には親栄の意識は理解の外にあったろう。文芸享受をめぐる武家と公家の交遊を、一方で文化と経済の交換とよぶならば、武士にとっての交換の中身は劣等意識の克服であり、罪業意識の止揚であったということができる。

(1) 原勝郎『東山時代に於ける一縉紳の生活』(創元社、一九四一年)、芳賀幸四郎『東山文化の研究』(河出書房、一九四五年)、芳賀幸四郎『三条西実隆』(吉川弘文館、一九六〇年)、米原正義『戦国武士と文芸の研究』(桜楓社、一九七六年)、須田悦生「室町後期における地方文化形成の断面」(『芸能史研究』四六号、後に『若狭猿楽の研究』所収、三弥井書店、一九九二年)、脇田晴子「戦国期における天皇権威の浮上」(『日本史研究』三四〇・三四一号)。

（2）『康富記』宝徳三年九月四・五日条。

（3）『康富記』享徳二年五月二十六日条。

（4）『康富記』文安五年七月十四日・八月十五日条。ただ読書始めの儀式には康富の来邸を請うて、形式的に行っている。

（5）実隆は幼名を公世といったが、兄の死去後公延と改名して家督を継ぐ。三条西家は、始祖以来次男が跡を継いできたため次男後継が嘉例となっていたようで、実隆も「次男相続又嘉模也」と記しているし（『実隆公記』長享二年三月五日条）、彼自身も長男（公順）・三男（鳳岡桂陽）を仏門に入れ、次男を家督継承者と定めている。

（6）『実隆公記』文明六年八月一日条。

（7）明応六年四月二日条。

（8）『実隆公記』明応六年九月五日条「今日新撰菟玖波立筆、是葦田木工助友興所望也」。葦田友興は『新撰菟玖波集』に十二句入集している。これは大内政弘の七十五句についで武士としては第二番目の入集である。

（9）『実隆公記』明応六年十一月六・七・十四日条。

（10）『実隆公記』明応六年一月十一日条「播州知行分事、葦田談合之子細申遣宗祇了」。

（11）『実隆公記』文亀元年四月三日条。

（12）『実隆公記』永正元年閏三月二十一日条。

（13）及晩自内府有書状、宗祇法師所編集之竹林抄（連歌抄物序一条禅閤）冬部可書写之由也、領状申了、

（14）『実隆公記』大永七年四月十二日条。

（15）『実隆公記』文明十九年四月九日・長享三年三月三日・明応五年二月十五日・明応五年四月十七日・文亀元年九月十五日条。

（16）『実隆公記』延徳二年十一月二十九日条に「宗祇法師来話、京極黄門真筆色紙形（陽成院水無能河歌也）正真之由、予為証明可筆之由所望、更雖不可信用可染筆之由領状了」とあり、実隆は宗祇に対する感謝の念もあって、偽物色紙の真跡鑑定書を書いている。

(17)『実隆公記』明応七年八月十八日条。

(18)『実隆公記』明応八年二月晦日条「抑浦上美作守千疋送給之、不慮之芳［　　］、是先度古今本宗祇所恵之遺之、宗祇□□所致也」。

(19)『実隆公記』文亀二年九月十六日条「玄清来、宗祇法師去七月廿九日於相模国入滅□□相語、驚歎、無物于取喩、周章無比類者也」。

『再昌草』（『桂宮本叢書』所収）

十六日　すきにし七月廿九日（晦日云々）宗祇法師相模国湯もと（箱根山の麓也）、いふ所にて、身まかり侍りぬる、日比させるいたはりもなく、此国の守護代うへ田とかやか館にて、廿四日より千句の連歌ありて、廿六日にはて侍しかは、廿七日に彼所をたちて、湯もとの湯に入てあかり侍る所にて、いさゝかむしをわつらはしくて、なく成ぬるを、（会下にて彼住持の禅師、天以と道号をつけられ侍るとなん）桃園といふ所にて、はうふりぬるよし、玄清かたり侍し、とし月の名残今一たひ対面もなくて世をさりぬる、いふはかりなくあはれにて、よろつかきくれ侍しに、行二法師もとよりこの事申をくりて

きくことのたかふも世にはならひあれは　老の別よいつはりもかな

返　事

ことはりのたかはぬ老の別とも　おもひなされすきく事そうき

おり〳〵ゐ中くたりのいとまこひ侍し時の事なと思つゝけて

いくたひかこれそかきりといひおきし　わかれなからもめくりあひしを

(20)『実隆公記』延徳三年四月二十三・二十九日条。

(21)正徹の弟子心敬の『ひとり言』（応仁二年四月、『続群書類従』第一七輯下・連歌部所収）。

まことに永享年中の比までは、歌連歌の名匠先達世に残りて、きら〳〵しき会席所々に侍りしなり、公家には一条禅閣・飛鳥井家・冷泉両家、武家には京兆亭・同典厩亭・同阿波守・畠山匠作・同阿波守・一色左京大夫・武田大膳大夫・伊勢守・小笠原備前・此外正徹和尚・堯孝法印の会、在々所々月次の会当座褒貶なとゝて、さ

まく〳〵の会席数しらす、

(22)『続群書類従』第五輯下所収。
(23)『親元日記』同日条。
(24)『実隆公記』明応七年六月二日条。
(25)『再昌草』永正十一年十二月十四日条に次のようにある。

十四日、武田大膳大夫元信朝臣、古今集書てつかはしたりしを、さいつ比よろこひをこせたる、返事つかはす文のはしに

をろかなる跡も後せの山におふる　しゐて千とせのかたみとをみよ

(26)注(1)米原著作に詳しい。
(27)『蔭凉軒日録』延徳三年八月二十七日条「御出陳《(陣)》卯刻、（中略）後陣武田伊豆守殿、先陣粟屋越中守・同一家衆、三十五騎有之」。
(28)『再昌草』文亀三年六月条。

粟屋の越中といふもの、五月九日に身まかりぬとて、左衛門尉親栄《越中かこ也》名号歌六首よみて、若狭の小浜よりたよりにつけて、みせしかは、これよりかきてつかはし侍し

なつ衣花をわすれぬわきもこか　藤のやつれはさそな露けき
むつましときくらん物か郭公　なき人しのふ五月雨の空
あけやすき空は空にてくれまとふ　心ひとつの月やかなしき
見よかしなおもひのなくは夏虫も　なにゝもゆへき身とかしるらん
たまかつらなかきためしのあやめ草　あらぬうきねのおもひかけきや
ふねいたすこの浜風の追手にも　まつ彼岸のよるへをそ思

(29)『実隆公記』文亀元年五月二十五日条「武田被官粟屋左衛門尉初来、相謁羞一盞、漢布一緡持来之也」。
(30)文亀元年六月十九日条。

(31)『実隆公記』文亀元年閏六月九日条。

(32)三条西家が保持していた青苧に関する課役は『実隆公記』にみるかぎり以下の通りである。坂本関苧関役(二百疋)・東口苧関役(三百四十疋)・千本北口苧関役(六百疋)・天王寺苧座役(一万疋)・美濃苧関役(三百疋)・越後苧本座役(五千疋)。

(33)実隆は越後上杉氏の京都雑掌である神余昌綱ともかなり親密な交遊関係をもっていたし、朝倉氏とも「京中図」の斡旋などにみられるごとく交友を保っている。

(34)『実隆公記』大永三年九月三日・十一月五日条。小野晃嗣「三条西家と越後青苧座の活動」(『歴史地理』六十三巻二号、のち『日本中世商業史の研究』、法政大学出版局、一九八九年)。

(35)『実隆公記』文亀元年六月十九日・七月二十六・二十八日・文亀四年二月二十日条。永正八年六月二十八日条に故親栄の後室が「源氏新写本廿九帖」を実隆のもとに送りつけてきて筆者の判別を依頼しているが、この本が実隆の仲介でできた文亀元年の新写本であるか否かについては不明。

(36)『実隆公記』文亀三年十月三日条・文亀四年二月十七日条。

(37)『再昌草』永正元年九月二十八日条。この日、親栄は伏見宮家領若狭国松永庄の代官職に補任されている。実隆の斡旋によるものであるが、翌月十一日には親栄から「伏見殿御公用千疋」が送られてきた。

(38)『再昌草』永正四年十月八日条。

(39)注(1)掲載論文。

(40)『古活字本保元物語』巻下「為朝鬼が島に渡る事并びに最後の事」(岩波『日本古典文学大系』所収)。

(41)芳賀幸四郎「中世末期における地方文化の胎動」(『東山文化の研究』所収)。

第三章　三条西家における家業の成立

はじめに

三条西実隆は、一条兼良の衣鉢をつぎ、室町・戦国期の第一級の学者・文化人として当代より公家・武家から認識・評価されていた人物である。本稿は、この実隆に代表される三条西家が歌および和学の家として公武から認知されていく過程、すなわち三条西家の家業がいかにして成立したかについて述べようとするものである。

そもそも公家の家業・家職を論じる場合、「家業」という言葉の概念が、「家格」や「家職」などを含む曖昧さをもって史料上にあらわれるため、厳密に定義することは困難である。たとえば、熊倉功夫氏は「公家の家業とは、幕府によって制度化された公家の行動範囲であり、公家によってになわれる文化の枠組であった」[1]とし、高埜利彦氏は「家職はその家に世襲された権利（職）として公認されたもの」[2]とした。橋本政宣氏は「公家衆の家業は、（イ）家伝の学芸としての家業、（ロ）公家衆の「役」としての家業、この二つの面から考えるべきで、後者は近世統一権力とのかかわりの中で形作られたものといえる」とし、史料上の不統一性はこの二面性を投影しているとした。[3]

慶長八年（一六〇三）に刊行された『日葡辞書』によれば、「家業」は「ある家に特有なある技芸の仕事や実務」、「家職」は「家の職、家に伝わる職、相伝によって或る家、或る一族に伝わっている職務、あるいは、技能」とあり、[4]家業と家職の明快な区分がなされているとはいえない。

古くは、『続日本紀』の「庶使貧乏百姓、各存家業、（中略）渉歴他郷、積歳忘帰、其中縦有悔過還本貫者、縁其家業散失、無由存済」[5]という記載にみるように、家業は家の財産を示す言葉としての用例をもつ。財産を広義に解釈すれば、『日葡辞書』の理解につながる。

本稿では、「家職」と「家業」の解釈を『日葡辞書』の理解にほぼ従いたい。すなわち、「家職」は他から与えられた所職のようなもので、「家業」は他から与えられたものではなく、その家自ら培ってきた業（技芸）であり、なおかつその技芸が当該家の技芸であると社会から認知されているもの、という定義をしておきたい。

公家の家業についてまとまって書かれたものは、すでに室町期に登場する。「長禄二年三月四日　空蔵主　年齢六十四」という奥書をもつ『公武大体略記』[6]がそれであるが、この記録には三条西家の家業については言及していない。橋本政宣氏が前掲論文で紹介された「文禄二年　諸家々業以下御沙汰事」という文書に、[7]三条西家は「有職」と「歌道」の項に記載される。寛文八年版『諸家家業』には、三条西家は大臣家としての家業として「四箇ノ大事・有職故実」があげられ、和歌の項に、二条・冷泉・飛鳥井に並んで記載されている。[8]以後出版される家業関連本はおおむねこれを踏襲している。

一　三条西家の創立と家格

(一)創　立

三条西家の家業について述べるまえに、三条西家の創立及び家系・家格についてまとめておきたい。

藤原北家閑院流藤原公季を祖とする三条家は、公実（一〇五三～一一〇七）の子の代で三条・西園寺・徳大寺の三家に分かれ、公実の孫公教（一一〇三～六〇）の子の代で滋野井家が、公教の孫の代で正親町三条家が分流した。この正親町三条家からさらに分かれたのが三条西家で、正親町三条家の庶流という家柄である。三条西家は西三条とも称された。後八条内大臣と号した正親町三条実継（一三二三～八八）の次男公時（一三三九～八三）が三条西家の祖であるが、公時の子実清（一三七三～一四〇六）が継嗣なきまま夭逝したため、公時の兄公豊の次男公保（一三九八～一四六〇）が家を継ぎ、その次男として生まれたのが実隆（一四五五～一五三七）である（図1参照）。

系図上では以上のような経緯となるが、三条西家が家として独立し、また外部からも三条西家としてはっきり認知・認識されるようになったのは、実隆からその子公條にかけての時期である。

公保の代では、三条殿に対する西殿としての居所、あるいは西殿の別名である「武者小路殿」と公家の日記などに記されており(9)、三条西家という家名の認識が対外的にいまだ定着していない。応仁二年（一四六八）に後花園院が実隆に京・坂本の苧課役を安堵した文書の宛名は「武者小路侍従」となっている(10)。明応期においても三条西・正親町三条の両家を指して「三条西東」と表記される場合があるが(11)、これは家名というよりは邸宅の位置関係をからめた表現といえる。

明応九年（一五〇〇）七月二十八日の京都市街の大火で実隆邸も罹災したが(12)、これを契機に実隆は、三条邸・正親町三条邸の隣接地である武者小路の邸宅を離れ、生涯を終えるまで過ごした日野資教旧邸跡に屋敷を構えた(13)。邸第が三条殿や正親町三条殿から離れたことによって、かつて三条殿の西に位置していたことによる三条西家と

図１　三条西家関連系図

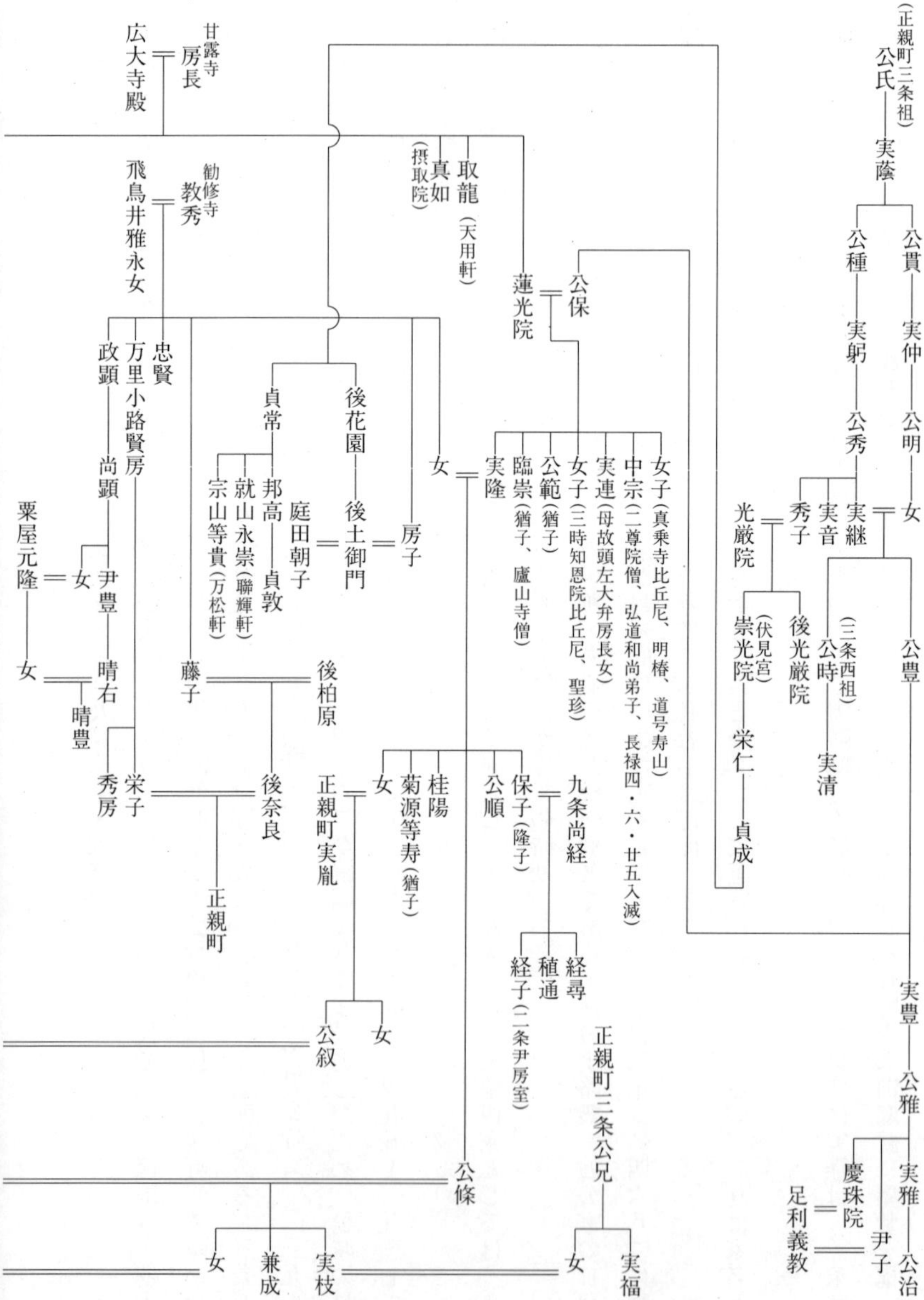

（正親町三条祖）公氏
実藤
公貫
実仲
公明
女
公種
実躬
公秀
実継
実音
秀子
光厳院
（三条西祖）公時
実清
公豊
後光厳院
（伏見宮）崇光院
栄仁
貞成
実豊
公雅
実雅
公治
慶珠院
尹子
足利義教
公保
蓮光院
女子（真乗寺比丘尼、明椿、道号寿山）
中宗（二尊院僧、弘道和尚弟子、長禄四・六・廿五入滅）
実連（母故頭左大弁房長女）
女子（三時知恩院比丘尼、聖珍）
公範（猶子）
臨崇（猶子、廬山寺僧）
実隆
九条尚経
保子（隆子）
経尋
稙通
経子（二条尹房室）
正親町三条公兄
実福
女
取龍（天用軒）
真如（摂取院）
公順
桂陽
菊源等寿（猶子）
女
正親町実胤
女
公叙
公條
実枝
兼成
女
後花園
後土御門
房子
貞常
庭田朝子
邦高
貞敦
就山永崇（聯輝軒）
宗山等貴（万松軒）
後柏原
藤子
後奈良
栄子
正親町
甘露寺房長
広大寺殿
勧修寺教秀
飛鳥井雅永女
忠賢
万里小路賢房
政顕
尚顕
尹豊
晴右
晴豊
粟屋元隆
女
女
秀房

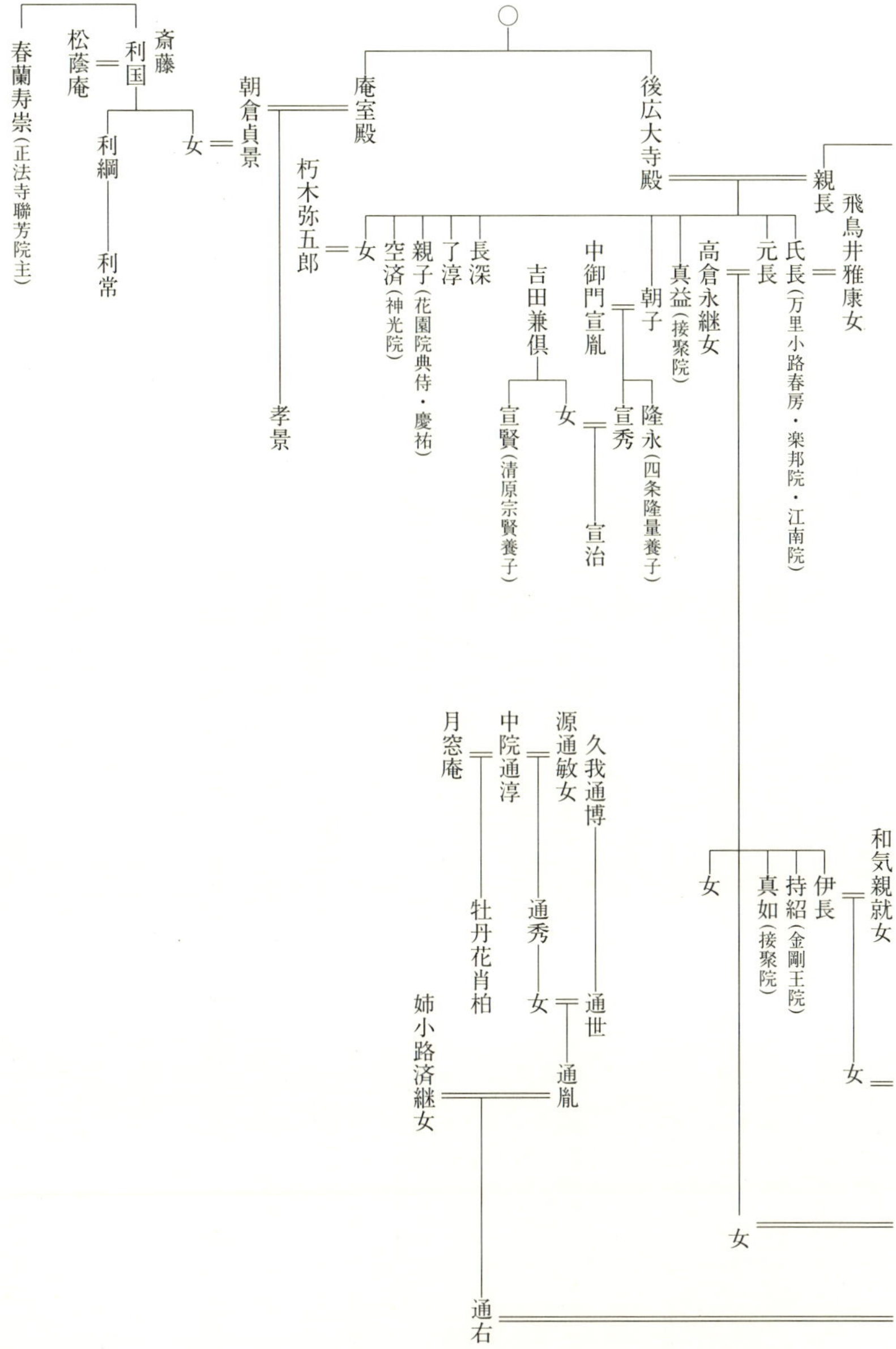
○
後広大寺殿
親長
飛鳥井雅康女
氏長（万里小路春房・楽邦院・江南院）
元長
高倉永継女
真益（接聚院）
朝子
中御門宣胤
隆永（四条隆量養子）
宣秀
宣治
吉田兼倶
女
宣賢（清原宗賢養子）
長深
了淳
親子（花園院典侍・慶祐）
空済（神光院）
女
朽木弥五郎
庵室殿
朝倉貞景
孝景
女
斎藤
利国
松蔭庵
利綱
利常
春蘭寿崇（正法寺聯芳院主）
和気親就女
伊長
持紹（金剛王院）
真如（接聚院）
女
女
女
久我通博
通世
源通敏女
中院通淳
通秀
女
月窓庵
牡丹花肖柏
通胤
姉小路済継女
通右

いう家名がかえって強く認識されるようになり、実隆からその子公條へと代が引き継がれていく過程で三条西家としての家名が定着していったとみるのが妥当なところである。

(2) 家　格

家祖公時は、内大臣実継の次男ながら権大納言で死去、継嗣の実清も権中納言で没している。三条西家は、この時点で権大納言を極官とする家柄で固定するはずであった。実清の跡を継いだ公保も、正二位権大納言を辞して散位となっている。しかし、内大臣まで昇った公豊の子ということで宝徳二年(一四五〇)五月十四日に公保は内大臣に任ぜられた。

公保の内大臣昇進について、大外記中原師郷は日記に次のように書き残している。

禁裏・仙洞御陪膳等被懃之云々、今任槐高運之至也[14]

後花園天皇や後小松院の陪膳をよく勤めていたからこのような高運を得たのだと、異例ともいえる内大臣昇任の理由を述べている。公保の昇進には、公豊の子という理由の他に、天皇や院の特別の計らいがあったことがわかる。

実清の猶子となった公保が、養父の例に倣うならば権大納言でその生涯を終えることになるが、公保の昇進は実父公豊の先例に倣うものであった。しかし、この公保の内大臣昇進は、実父の例に倣うという公家社会の例によるというよりは、天皇や将軍の強い意向が反映されたものであり、結果として実父の先例に倣う形となったと理解したほうが実相に近い。それゆえこの昇進には名誉的な意味合いが強く、公保は翌月二十二日に辞任している。

しかし、この「高運」によって三条西家の家格は大臣家に上昇した。公家社会において実質的な意味合いは希薄ながら、権大納言で終わるか、大臣まで昇進できる家かの差は大きく、以後三条西家は、内大臣まで昇ることのできる家として家格がほぼ固定するが、師郷が記すように「高運」ならば、再び大納言を極官とする家に家格が降下してしまう可能性が大きい。それゆえ実隆は、大臣家としての家格を維持するための努力を怠ることはなかった。

実隆は、長享二年（一四八八）に権大納言となるが、永正三年（一五〇六）にいたるまでの十八年間、位は上昇しても官はそのままであった。一月十九日、実隆は新大納言典侍局に内々に書状を送り、後柏原天皇の内大臣昇進の勅許を得んとした。[15]この新大納言典侍局は、勧修寺教秀の娘藤子で後柏原天皇の後宮に入り、後奈良天皇を産んでいる。実隆にとっては妻の妹ということになる。翌日、宸筆をもって内諾を得た。二月五日、実隆は内大臣に昇進した。

凡達先途之太望、雖知累家之余慶、吾君之深恩誠不知報酬之量、先公五十三歳昇進給、予一年早速、殊恐思給者也、[16]

昇進当日の日記であるが、実隆の喜びがあふれている。しかし、この内大臣昇進も父同様特別の計らいの側面が強く、四月五日実隆は辞職を申し出ている。これは昇進経緯からして当初よりの予定の行動であった。頭弁を通じて天皇より「先暫可在当職哉之由勅答」もあったが、そのまま職にとどまれば、鷹司兼輔の内大臣昇進を遅らせてそこに割り込んだ経緯もあり、公家社会からの誹りは免れず、息公條への影響を恐れたのであろう。しかし、実隆にとっては「但、無念々々」という心境であった。[17]その日、実隆は内々に兼輔室（正親町三条公治娘）に書状を送り、内大臣辞退のことを知らせている。

公條の場合は、天文十一年（一五四二）一月十二日に内大臣に昇進し、翌年閏三月三日には右大臣に昇進した。加えて、天皇から拝賀料一千疋まで下賜されての優遇であった。内大臣まで昇進することができる家格であった三条西家であっても右大臣昇進は異例であり、やはり家格を越える異常事態であり公家衆の非難・抵抗が強かった。万里小路惟房はその日記で、この昇進を痛烈に批判している。

伝聞、除目執筆無御人、各故障、仍前内府公條公被転右府参勤之事被仰出云々、内々申領状云々、三公以下無人之體也、彼流右府之事初例也、尤過分之御沙汰歟、且相似傍若無人者也、剰為拝賀之料千疋被付下云々、驚耳目事也、除目執筆令練磨之者、向後諸人可汚槐門事、可及連綿哉、為家之初例之上者、可謂冥加歟、又可蒙天罰之基歟不知事也、毎事莫言々々、(18)

しかし、公條は右大臣を翌年七月まで勤めた。ちなみに、その子実枝は病いを得て死期つのる天正七年（一五七九）正月二十日に内大臣に昇進し、翌々日に辞任し、さらに二日後死去している。(19) まさにかけこみ昇進であり、家格維持にかける公家の執念ともいうべき典型例ともいえるだろう。

三条西家の系図についても若干触れておきたい。『実隆公記』文明十三年（一四八一）正月八日条の裏書に次のような記載がある。

入道左府言説等頗得才学尤有興、当流系図事故大臣殿為実清卿子釣之、無其謂歟、仮令有猶子之号而如家領雖相伝之以昇進可為本、後小松院御用之趣併為称名院内府御息之分者如本儀御実父之下可釣之、此儀入道左府非一身之所存、故師郷入道深存此旨之由不断申之キ、早可釣替云々、予申云、公字両代可相連之条如何、其儀更不可有巨難、仮令八条相国以来雖如此又相続而為名之条更不苦云々、後昆存之、又如御陪膳於後称名院殿者不断如規式懃仕之於[　　]蓮華院内府者父祖昇進之儀中絶之故歟、如御兆子適雖別勅堅令斟酌給キ云々、又後称名〔　　〕納言参議之時分広橋一品資宣卿為老者、雖為一品不断盃等先被勧之於後称名〔　　〕愚老悪不可深固辞之処愚老更悪不可計之由被称キ、当時更不賞人之程之由言談、有興之間聊記之、

この日、実隆は転法輪三条実量邸に出向き盃を傾けながら、自家の系図の記載方法について実量の意見を聞いた。実量は次のように答えている。系図では、公保は実清の子として釣っている。しかし、公保は実清の猶子として家領を相伝してはいるが、内大臣まで昇進しているので実父公豊の子として釣るべきであり、早く書き直すべきであると。

これに対し実隆は、「公」と「実」を一世代おきに使用する通字制をとっている三条西家では、父公保を公豊の子として釣れば公字が二代続き通字が不都合となると疑問を呈したが、実量は問題はないと答えている。実隆が「故師郷入道深存此旨之由不断申之キ、早可釣替云々、」と書いていることに関して、大外記中原師郷は、公保が内大臣に昇進した日の日記につぎのように記している。[20]

彼卿実故内大臣公豊公息也、而故中納言実清卿為子、仍名字公字也、然而猶為故内府息分、

つまり、公保は公豊の子ではあるが、実清の子となっているので公の字を用いているが、公豊の子として系図上は扱うべきであると師郷は判断している。

この件に関しては、こののち『実隆公記』には関連記事がないので、実隆がどのように判断したかについては不明である。

二　家業確立への道

(一)公保をめぐる環境

三条西家の和学・歌道の家としての確立は、実隆・公條・実枝の三代にわたる精進・努力の結果によるが、とりわけ実隆の天分によるところが大である。実隆がその天分を大いに発揮することができた背景には、父公保をめぐる環境があった。

三条西家の本家である正親町三条家は、譜代の臣と評されるほど伏見宮家との関係が強く[21]、公保もまた寵臣としてよく仕えた。伏見宮貞成親王の子が後花園天皇となり、持明院統が以後皇統を継承していくが、このことは伏見宮家との強い主従関係からして、三条西家にとっては家盛上有利な状況となった。

また、公保の甥正親町三条公雅の子である実雅の妹二人は、将軍義教の妻妾となっており[22]、公雅亡きあと実雅の後見の立場にあった公保は、実雅ともども将軍の信頼が厚く、二人は公家ながら将軍の寵臣ともいうべき位置にいた。和歌好きであった義教の歌会には常に公保は参席していたし[23]、義教の発意による『新続古今和歌集』の撰集にも和歌所寄人の一人として参画している[24]。撰者は飛鳥井雅世（義教の積極的な支持）・雅永（将軍家家司――『蔭戒記』）・雅親（雅世息）と歌僧堯孝であるが、歌道家でもない公保が参画しているのは義教の優遇に他ならない[25]。

公保は、公家歌人として自邸でしばしば和歌会も催しており[26]、朝廷の歌会にも外様衆として参席している[27]。公保の歌人としての活躍は、妻が甘露寺房長の娘であり、親長の姉であったことが大きく影響していたかもしれない。

公保は学問好きであったことでも知られる。清原業忠を自邸に招いて『大学』や『尚書』の講釈を受けているし、遣迎院中龍を招いて『往生要集』『観経四帖疏』『心経疏』『三部経』『安楽集』などの講釈を拝聴し、清和院長老坊に出かけて『選択集』談義を聴聞している[28]。

表1　実連の学習の軌跡(『康富記』より)　(＊は閏月)

年月日	年齢	学習内容等
嘉吉2(1442)	1	誕生
文安3(1446)　1. 5	5	叙爵
5　7.14	7	公保、『孝経』(甘露寺本新写)の加点を中原康富に依頼
8.15		読書始
29		康富、読書講義
享徳2(1453)　5.25	12	月次会を催す
27		康富の前で『尚書』を読む、また月次詠進歌を見せる
7. 3		康富、『尚書』を講義する
11		『毛詩』を読む
8.21		康富より『和漢朗詠』を学ぶ
27		『孝経』序を読む
10.12		康富、『大学』を講義する
3(1454)　2.17	13	康富、『尚書』第十を講義する
12.25		元服
4(1455)　2.22	14	康富、『拾遺』を講義する
4.13		康富、『尚書』等を講義する
＊4. 5		康富より講義をうける
18		『左伝』を誦読する
長禄元(1457)　10.	16	親王家職事となる
2(1458)　10. 7	17	参議となる
20		逝去

また公保夫妻は子供の教育にも熱心であった。後述するが、公保亡きあと幼い実隆に『孝経』や『大学』を教えたのは母であった。

十八歳で夭逝した嫡子実連に対する教育の様を、学問の師として三条西家に出入りしていた中原康富の日記から窺ってみると表1のごとくである。

教育熱心な両親の薫陶を受けた長男実連は、それをよく吸収し、「歌道器量抜群」の人となった。そのことによって実連は、後花園天皇より藤原定家筆の『伊勢物語』を下賜されてもいる(29)。後花園天皇からその才能を認められ、文芸面における今後の活躍が大いに期待された実連であった。三条西家の将来に不安のなくなった公保は、実連の参議昇進を目前にして康正元年(一四五五)に出家した。しかしその三年後にわずか十七歳での実連急死という事態に遭遇した公保の落胆は大きく、二年後に六十三歳で世を去った。そのとき実隆はわずか六歳であり、家督の継承者としてはあまりにも幼かった。

(2)実隆をめぐる環境

父公保を囲む人的環境に加えて、実隆をめぐる人間関係がさらに家業成立に向けて有利な展開をみせた。実隆の母は甘露寺親長の姉であり、妻は勧修寺教秀の娘である。妻の姉である房子は、後土御門天皇の後宮に入り、妹藤子(豊楽門院)は後柏原天皇の後宮に入って知仁親王(後奈良天皇)を産む。さらに、教秀の子で万里小路家を継いだ賢房の娘栄子は後奈良天皇の後宮に入り、方仁親王(正親町天皇)を産む。

このような姻戚関係から、実隆・公條・実枝の三代は、四代にわたる天皇から寵遇をうけた。また、長女保子が九条尚経に嫁ぎ稙通を産んでいる。[30]

父同様実隆も伏見宮家に重用され、頻繁に宮家に祗候している。ことに邦高親王とその兄弟である就山永崇や宗山等貴との親交が密であった。[31] 実隆は邦高親王の従兄弟である後土御門天皇の信任も厚く二十歳ですでに勝仁親王(後柏原天皇)の学問・手習いの相手を命じられていた。[32] このことが、のちに天皇の学問の師という立場を獲得することになる。

また、公保が足利義教から重用されたように、実隆も義政や将軍義尚から信頼され、[33] 義尚の歌集編纂の企画すなわち「打聞集(私撰集)」編纂のために、実隆の幕府出仕が度重なって、禁裏番に支障をきたし、天皇側からクレームがつくほどであった。[34] 実隆は父以上に、天皇のみならず義政や将軍といった武家からも重用された。

しかし、実隆は武家との関係を文化面にのみ限定し、幕政に関与しない姿勢を生涯にわたって貫いた。実隆がこの姿勢を堅持しようという決意の大きなきっかけが、文明十八年(一四八六)四月三日の細川政元軍による正親町三条公治邸の襲撃であった。[35] 実隆も本家である正親町三条邸襲撃の噂に、細川被官の斉藤藤兵衛・一条冬良・中原師富らと談合するなど事態の打開にむけて若干動いたのであるが、[36] 結果は政治的に無力な公家が幕政に関与した結末を目の当たりにすることになった。この事件を大きな経験として実隆は自らの意見を「巻而懐之而已」として、政治的中立の立場を堅持してゆくが、これがかえって武家の信頼を増していくという結果をもたらした。

(3) 実隆の天分

実隆が学者としてその才能を華開かせた大きな要因として、学問の師に恵まれたことを第一に挙げることができる。

父である公保は実隆が六歳の時に死んでいるので、実隆は父からの本格的な教育はうけていない。実隆は、母の十三回忌にあたって諷誦文を作っているが、そのなかで「幼稚之年□□（令授）孝経、長成之日親使入大学」と記している。[37] 応仁文明の大乱を避けて、母とともに鞍馬に疎開した実隆は、その時期に母から『孝経』や『大学』の教育をうけていた。

実隆が母以外にどのような人たちから教育を受けてきたかについては、つまびらかではないが、たとえば、紹印蔵主からは『唐三体詩』[38]を、某禅僧からは『孟子』を、[39] 正親町三条実雅から『万葉集』を、[40] 徳昌院長老青松軒からは学問の内容は定かではないものの教えをうけていることなどは、[41]『実隆公記』から拾い出すことができる。また母の弟である甘露寺親長も、実隆の学問の基礎づくりに貢献したことは容易に想像できる。

しかしながら、実隆が和学の大家として大成するに大きく影響をおよぼしたのは、宗祇と牡丹花肖柏である。

肖柏は、実隆の少年期から三条西邸に出入りしており、[42]父公保と親交があったようである。実隆と宗祇の交友が始まるについては肖柏の仲立ちが濃厚である。

実隆と宗祇の関係は、『実隆公記』にみるかぎり、文明九年（一四七七）七月十一日に実隆が宗祇の『源氏物語』講釈を聴聞するために種玉庵を訪れたのが最初であり、翌日も実隆は聴聞に訪れている。[43]『実隆公記』における『源氏物語』と実隆の関わりは、文明八年八月十九日に肖柏から夢浮橋巻の書写を懇望され、二日間で書写を終えて肖柏に届けたという記事が最初である。[44]実隆が『源氏物語』の書写をしていることは他の公家の日記にも散見する。[45]実隆は『源氏物語』五十四帖の書写を文明十三年三月八日から始め、四年後の文明十七年閏三月二十一日に終えている。この日、宗祇と肖柏が来訪しているが、実隆の『源氏物語』全巻書写終了をうけて、いよいよ本格的な『源氏物語』研究の下相談が行われたにちがいない。

このように、『源氏物語』研究の準備期間ともいうべき時期を過ごした実隆は、同年同月二十八日から宗祇・肖柏を自邸に招いて本格的に『源氏物語』研究に入った。翌文明十八年六月十八日に終了するまで実に五十七回の講釈が実隆邸で行われ、そのうち二十九回を肖柏が宗祇に替わって講釈をしている。[46]宗祇と肖柏による『源氏物語』講釈が行われているのに併行して宗祇の『伊勢物語』講釈も実隆邸で行わた。[47]

実隆は、和歌に対する造詣も深く、二十一歳（文明七年）のときすでに天皇より『古今和歌集』への朱点の勅定があったことなどは証左の一つである。[48]しかし、実隆は同年二月に飛鳥井家に入門している。これは和歌をより深く学ぶという姿勢のあらわれとみることもできるが、むしろ歌の家飛鳥井家に入門を許されたという社会的実績を重視した行為と思われる。実隆は、幼年期より和歌に対する基礎教育を叔父である甘露寺親長から受けていたことは充分考えられることであり、実隆は甘露寺家で行われる月次会にも頻繁に参加している。[49]

宗祇による実隆への古今伝授に向けての準備が行われるのもこの時期である。[50]

文明十九年（長享元年＝一四八七）三月三十日と四月六日・九日に宗祇と実隆の最終的な打合せがあり、宗祇より「精進者魚味無憚、房事可隔廿四時」という指示を受け、四月十二日から始められる「古今和歌集講談」の「密々」受講を待った。[51]

十二日から二十五日まで十四日間の受講は、実隆にとってかなりハードなものであったようで「所労以外之間、令看脈於竹田周防之処、大腸腑有風□、仍下血甚云々」という様であった。[52]宗祇の在国による中断を挟みながら講義は続けられたが、八月二日、「古今序時十代事口決」の伝授を受け、[53]そして翌年正月二十日、「古今切紙、源氏三ケ事等」の面授をうけるに至った。[54]事前受講を含めると実に二年に近い歳月を費やしての古今伝授であった。この宗祇より古今伝授を受けたことが、実隆の名声をさらに高めていくことになった。ともあれ、このころが実隆の学習意欲がもっとも顕著な時期であった。

古典の学習に熱心に取り組んだ実隆は、五山禅僧をはじめとする学僧たちの講釈にも若い頃から熱心に聴講している。実隆が『源氏物語』についで熱心に聴講したのは、文明十六年八月以前より徳大寺実淳邸で行われた桃源瑞仙による『蘇東坡詩』の講釈であった。[55]そのほか、一尊院善空の『梵網経』講釈（禁裏）、[56]仏陀寺邦諫の『阿弥陀経』談義（禁裏）、[57]正宗龍統の『三体詩絶句』講釈（種玉庵）、[58]天隠龍沢の『長恨歌』講釈（実隆邸）、[59]一勤の『毛詩』『蒙求』講釈（禁裏）や『孟子』講釈（姉小路邸）、[60]彦竜周興の『蘇東坡詩』講釈（徳大寺邸）[61]と蘭坡の『三体詩』『山谷詩』講釈（禁裏）、[62]黒谷青竜寺の真盛の『往生要集』講釈（禁裏）[63]などを聴聞している。実隆が交友を深めた僧侶には、伏見宮貞常親王の子息である就山永崇（聯輝軒）と宗山等貴（万松軒）、[64]相国寺の横川景三、[65]東大寺の公恵僧正、[66]東福寺の了庵桂悟、[67]月舟寿桂らがいる。実隆は晩年浄土宗に帰依するが、五山僧との学問的交流には積極的であった。

実隆は能筆でも知られており、天皇や公家、将軍父子をはじめとする武家たちから歌集や物語等の書写の依頼をたびたびうけている。[68] 実隆が生涯にわたって公武のために書写した古典は『実隆公記』に記載されるだけでも相当数にのぼっており、いかに人気が高かったかがわかる。地方武士への実隆の名声浸透には宗祇をはじめとする連歌師たちが大きな役割を演じたことはすでによく知られているし、[69] 三条西家の家業の社会的認知にも大きく貢献したといえる。

以上述べてきたように、実隆の学問の蓄積は三十歳代を通じて意欲的に進められ、四十歳を迎える前後からその学識が外に向かって放たれることになる。

延徳二年（一四九〇）十一月七日、実隆は禁裏の学問所において勝仁親王同席のもと、後土御門天皇に『源氏物語』宇治橋姫巻を進講した。[70] 天皇への宇治十帖講釈は断続的に続けられ翌年九月二十三日に終功している。この日、天皇は桐壺巻からの講釈を要望したが、実隆は「此儀難治之由申入」れている。[71] しかし、勅定には逆らいがたく十月二十四日に桐壺巻を進講している。実隆としてはなんとか宇治十帖は講釈し終えたけれども、『源氏物語』全巻を講釈しきるという自信がいまだなかったのではないか。実隆が全巻の講釈をやりきるのは文亀元年（一五〇一）六月から同四年七月二十四日にかけて、若狭武田氏の家臣粟屋親栄の熱心な要望によるものが最初である。多くの公家や武家が聴講しており、実隆の名声を大いに高める結果となった。[72] 実隆は永正四年（一五〇七）十二月五日から二十日にかけて五回にわたって『伊勢物語』講釈を正親町三条実望邸で行っている。これは実望が妻の実家である駿河の今川氏を頼って在国する餞別の講釈であった。永正期になると実隆の名声を慕って地方武士の来訪が多くなってくる。公條の要請で永正六年三月から四月にかけて再び『伊勢物語』講釈を行っているが、義政の近臣杉原賢盛が公家衆にまじって聴講している。(73) 実隆は永正十年（一五一三）六月から翌年十一月にかけて八十三回に及ぶ『源氏物語』講釈を行っているが、そのときは畠山次郎（義総）・大内五郎（義興）・細川伊賢といった武士たちが聴講に訪れている。(74)

実隆の学識は朝廷・将軍家を含む公武からの圧倒的支持を得、天皇の学問の師としての立場の獲得もあいまって和学の権威としての評価の定着をみた。加えて宗祇からの古今伝授は、公武が三条西家を歌の家として認知する大きな要因となった。

三　家督継承者への教育——むすびにかえて——

実隆は八十三歳まで生きた長命の人であったため、家業確立に向けて子供・孫の代まで目配りをすることができた。公武から信頼された実隆の後見による嫡子公條（一四八七～一五六三）・嫡孫実枝（一五一一～七九）に対する十分な教育及びバックアップは、三条西家の家業を確固たるものにするに大きなものがあった。

家督継承者である公條に対する教育は、丁寧かつ厳しいものがあった。実隆は、明応二年（一四九三）七月二十日、『古文孝経』をもって公條（七歳）に対する教育を開始し、(75) 年末には『論語』の学習にはいっている。(76)

公條の古典学習は、父実隆から『三体詩』『孟子』『蘇東坡詩』等を、(77) 菅原章長から『貞観政要』『蒙求』『文選』(78)を、清原宣賢からは、『毛詩』『尚書』『春秋左氏伝』等を学んでいる。(79) また公條は父同様学僧からも多くを学んでいる。聯輝軒での鸞岡省佐の『蘇東坡詩』講釈や、同じく万松軒での『古文真宝』講釈を熱心に聴聞しているし、(80) 相国寺での景甫寿陵の『山谷詩』や茂叔集樹の『三体詩』講釈にも出向いている。(81)

父実隆が築きあげてきた和学・歌の家としての三条西家を、より確固たるものにすべく公條も努力を積み重ねていたことは『実隆公記』の端々から窺うことができる。その成果が大永三年(一五二三)にはじまり五年に終功する貞敦親王への『源氏物語』進講に結実している。[82] 公條の『源氏物語』講釈は、知仁親王(後奈良天皇)へも併行して行われ、同年に終功している。[83] この講釈によって公條は、天皇の学問の師という地位獲得に一歩近づいた。

実隆は、古今伝授に向けての『古今和歌集』読進を後奈良天皇より要望されが、実隆は当初伝授を渋っている。[84] 実隆は天皇への古今伝授を公條(四十一歳)に委ねたかったにちがいない。天皇の父である後柏原天皇の学問の師という地位を獲得した実隆もすでに七十四歳であり、早く子の公條にも父同様の地位を獲得させたいという思いは強かったはずである。そのことが、自らが怠りなく営々と培ってきた三条西家の家業が、次世代に無事に受け継がれてゆくことになるからであった。しかし、実隆は「重々勅定難黙止之間」享禄元年(一五二八)十一月二日『伊勢物語』の読進から古今伝授にむけての講義を開始した。[85]『伊勢物語』を六回で終えた実隆は、十六日から『古今和歌集』の講義に進んだ。この講義はほぼ半年間続けられ、翌年四月二十八日に実隆が天皇に「切帋少々叡覧」に供して終功したが、講義の大半は実隆の推挙で公條が代講した。実隆に病い等の故障があったわけではなく、先述した実隆の思惑の結果であろう。しかし、代講であったとしても公條が古今伝授にむけて天皇に『古今和歌集』を進講したということは、公條が天皇の師となる立場をより確固たるものにしたということである。公條は、父実隆に続いて「宮廷歌壇の最高指導者としての権威」[86]を獲得したといってよい。実隆は終功の日の日記に「無為終功之条自愛、天気殊快然、道之眉目也」と記している。[87] 公條が、まさに次代の文化界の指導者への道を歩んでいることに対する大きな喜びと安堵の表現であろう。公條は、父実隆の期待にみごとに応え、実隆が創成した三条西家の家業をより確固たるものにするための大役を果たしたと評価されてよい。

(1) 熊倉功夫「江戸幕府の朝廷支配と公家衆」(『詩林泝洄』一〇号、一九七一年、のちに『寛永文化の研究』所収、吉川弘文館、一九八八年)。
(2) 高埜利彦「幕藩体制における家職と権威」(『日本の社会史』第3巻、岩波書店、一九八七年)。
(3) 橋本政宣「豊臣政権と公家衆の家業」(『書状研究』一一号、一九九三年)。
(4) 土井忠生・森田武・長南実編訳『邦訳日葡辞書』(岩波書店、一九八〇年)。
(5) 養老四年三月十七日条。
(6) 『群書類従』第二八輯・雑部所収。
(7) 東京大学史料編纂所蔵「正親町家本」。注(3)論文に文書写真が掲載されている。
(8) 注(3)論文所載の「表」参照。
(9) 『康富記』宝徳二年五月十五日条「参三条殿西殿、昨日丞相御昇進珍重之由申之」、十八日条「晩自三条西殿新内府直垂浅黄布一具送給、芳志也」。『師郷記』享徳二年七月六日条「清和院選択集談義也、武者小路前内府令聴聞給」。
(10) 応仁二年十月二十八日付後花園院々宣(国立歴史民俗博物館蔵田中本『案文書類巻』所載・『大日本史料』八―二)。末柄豊「『実隆公記』と文書」(五味文彦編『日記に中世を読む』所収、吉川弘文館、一九九八年)参照。
(11) 『後法興院記』明応八年十一月九日条。
(12) 『続史愚抄』明応九年七月二十八日条。
(13) 『実隆公記』文亀元年三月十七日条「西築垣之際構堀申付河原者六人了」・十九日条「召大工小室禮事有之」・二十日条「召大工二人西方釘貫新造之」・二十一日条「釘貫今日立之」・二十二日条「造作今日大概終功了」・二十三日条「罷向旧跡小草等堀之携来」・二十四日条「召大工小室禮事等申付之」、文亀二年五月二十六日条「今日西面築地新造之、二間余出之、此地元来如此、快楽院儀同為宿所之時、西面莫太広云々、然而後崇光院御出京之後為築裏辻被広小路云々、当時強無所用之地也、仍内々以伯二位伺時宜、如此沙汰之、不遠院宮御座之方同此巡被出之」。
(14) 『師郷記』宝徳二年五月十四日条。公保は昇進の祝いに訪れた中原康富に「不思寄御沙汰祝著」(『康富記』宝徳二年五月十五日条）と述べており、過分の昇進という自覚はあった。

(15)『実隆公記』永正三年正月二十八日条。

(16)『実隆公記』永正三年二月五日条。

(17)『実隆公記』永正三年四月五日条。『実隆公記』文明十一年二月二十五日条によれば、天皇よりの信頼厚く、実隆は権中納言への昇進の勅定を得たが、「殊恩之叡慮、喜悦余身者也」と感謝しながらも正親町公兼を超越しての昇進に対する公家社会からの非難を避けるため辞退している。翌年権中納言に昇進するが、「実隆卿事、当時最末之参議也、超越五人之上首如何、丞相子之故歟」（『宣胤卿記』文明十二年三月二十九日条）との非難を浴びている。

(18)『惟房公記』（『続々群書類従』所収）天文十一年三月三日条。

(19)『お湯殿上日記』天正七年正月十八日～二十四日条。

(20)『師郷記』宝徳二年五月十四日条。

(21)『椿葉記』（村田正志『証註椿葉記』、宝文館、一九五四年）。

又外様には三条前内府実継公崇光院外戚なれば申に及はす、ちかく故大納言公雅卿の母は我母儀西御方と申姪にて侍れは、実雅卿もよそならぬ人也、殊更当時の権勢なれは、君もおほしめし入へき人也、

(22)尹子（瑞春院）、慶珠院（一四五四・七・二十二没、三十九歳）。

(23)『満済准后日記』永享四年一月十三日条、『薩戒記』永享五年三月二十七日条、『師郷記』永享六年十二月二十一日条。

(24)『看聞日記』永享六年九月十九日条「抑和歌所寄人按察大納言・三条大納言・中御門中納言・中山宰相中将被召加云々」。

(25)『師郷記』永享十一年十一月十五日条に「今日室町殿渡御御都護卿亭、女中同渡御云々」とあり、義教は女中衆をともなって公保邸に渡御している。

(26)『師郷記』永享五年一月二十七日・二月三十日・六月十六日条・永享六年二月二日・三月十九日条・永享七年二月十八日条・享徳二年十一月七日条・享徳三年三月九日・五月九日条。

(27)『師郷記』永享五年九月九日条・永享十年二月二十八日条。

(28)『師郷記』永享七年一月十八日条・永享九年一月十八日条・永享十年一月二十四日・二月二十四日・三月二十日条・永享十二年八月十九日・九月二十四日条・文安三年二月二十二日・二十三日条・享徳二年五月二十六日・七月六日条。『康富記』享徳二年五月二十六日条。

(29)『実隆公記』長享三年六月八日条「故蜷川新右衛門親元後室以僧塩酒庄屋入道也伊勢物語本京極黄門自筆本、旧院下賜故実連朝臣、彼朝臣逝去後為遺物遺親元、親元逝去之後必可贈給予之由遺言也贈之、秘蔵自愛不能言語、勧一盞於塩酒了」、同月九日条「遣使者於新右衛門後室許謝彼物語事、同所望外題新古今集上中下、古今哥小双紙一帖書遣之」。『再昌草』(『桂宮本叢書』所収)永正四年五月二十五日条「此伊勢物語者、京極黄門真跡、無双之鴻宝也、忝為後花園院御秘本之処、故相公羽林実連朝臣歌道器量抜群、依叡感賜之、然而不幸短命、長禄三年十月廿日薨逝矣于時十七歳、爰宮道親元年来昵近結膠漆之交、存其旧好付属此本畢、彼親元死去後、依違(遺歟)命所返送予也」。実隆は、この伊勢物語本を連歌師玄清に託して駿河守護今川氏親に譲与している(『実隆公記』永正四年五月二十四日・二十六日条、『再昌草』永正四年五月二十五日条)。

(30)『実隆公記』明応四年七月二十五日条・永正四年一月十二日条。

(31)延徳三年十二月四日、邦高親王・就山・宗山の母である「南御方」の死去の報に、実隆は「近年雖御疎遠之様、乱中等無内外昵近、自少年又見及申之間悲歎此事也」(『実隆公記』同日条)と悲しんでおり、宮家から大事にされていた様子がわかる。また就山の入滅についても「抑聯輝軒就山昨日未刻入滅、四十七歳、自少年知己、哀慟無極者也」(『実隆公記』永正五年十二月六日条)とあり、実隆と伏見宮家との交友の深さを物語る。

(32)『実隆公記』文明六年正月一日条(孝経復読)・九月五日条(論語第二巻復読)・文明七年正月十四日条(論語第一復読)・二月二十八日条(手本拝見)・八月十五日条「今日天神名号若宮御方被染御筆被下之、筆勢誠走龍虵、当年纔御十二歳、天機之妙、可尊々々」。

(33)文明六年十一月十九日の武家参内時に必ず祗候するようにとの勅定を伝える書状が勾当内侍より実隆に届けられた。これは義政の参内時に過去二度ほど実隆が欠席していたことに気づいた義政の要請によるものであった(『実隆公記』文明六年十一月十九日条)。

(34)『実隆公記』文明十五年八月二十一日条「抑就打聞事、当番相博之儀、於実隆者惣別御要繁多之間、不可混自余之由、別而以叡慮昨日以政顕朝臣被仰武家□、可存其旨之由勅語尤畏存、最前愚意之趣等子細申入了、不能委記、自愛々々」。

(35)『実隆公記』文明十八年四月三日条「抑今夜丑下刻東隣放火、猛勢襲来揚時声、言語道断、此間之次第不堪勒筆端矣、亜相天明之後向北畠伊勢許云々、自彼下向坂本云々、少将・女中等来予方、此亭遁火難之条希有之冥加也、殊無凶賊之難、毎事無為神妙々々、諸篇難尽筆端、巻而懐之而已」。

(36)『実隆公記』文明十八年三月二十七日条。

(37)『実隆公記』文明十六年十月十四日条。伊藤敬「三条西実隆」(『国語国文研究』一八・一九合併号、一九六一年、のちに『室町時代和歌史論』所収、新典社、二〇〇五年)・「三条西実隆伝の序――登場期の背景について――」(『藤女子大学国文学雑誌』九号、一九七一年、のちに同前書所収)参照。

(38)『実隆公記』文明十年四月十六日条。

(39)『実隆公記』文亀三年五月十六日条。

(40)『実隆公記』延徳三年十一月十四日条。

(41)『実隆公記』明応七年十二月二十一日条。

(42)『実隆公記』大永七年四月十二日条。

(43)『実隆公記』文明九年七月十一・十二日条。文明九年二月二十日に三条公敦から「宗祇法師所編集之竹林抄冬部」の書写依頼があったことの記事が『実隆公記』に宗祇の名が載る最初である。

(44)『実隆公記』文明八年八月十九日条。

(45)『言国卿記』文明十年八月九日条によれば、実隆は勅命で若菜巻下を書写している。これより以前の文明九年四月十九日に、実隆は勅命で「源氏物語系図」の校合も行っている(『実隆公記』同日条)。

(46)『源氏物語』講釈は五十九回にわたって行われており、一回だけ徳大寺邸で行われ(文明十七年六月二十三日)、実隆も出向いている。時期が少し下るが、明応元年十一月十五日に宗祇の要請で、各人が四問ずつ問題を持ち寄って議論するという『源氏物語』研究会が実隆邸で行われた。参会者は、甘露寺親長・宗祇・牡丹花肖柏・猪苗代兼載・玄清・宗長・実隆で、当日は欠席したが、姉小路基綱と宗高も研究会のメンバーであった。

(47)『実隆公記』によれば、文明十七年六月一日から二十一日までに七回行われており、中御門宣胤・滋野井教国・甘露寺元長・綾小路俊量・藤中納言・上乗院・伊勢貞頼・肖柏・二階堂政行（行二）・宏行らが参会している。

(48)『実隆公記』文明七年七月三十日条。

(49)鈴木芳道「甘露寺家月次会・『親長卿記』鞠人グループ蹴鞠会と室町幕府」（『鷹陵史学』一七号、佛教大学歴史研究所、一九九一年）。

(50)『実隆公記』文明十八年七月一日・九月十六日・十月二十三日条に、実隆邸を訪れた宗祇の『古今集』や『源氏物語』に関する談話が詳細に記録されているが、古今伝授にむけての宗祇の事前教育が前年より始められていたことを示す。

(51)『実隆公記』文明十九年三月三十日・四月六日・九日・十二日条。

(52)『実隆公記』文明十九年四月二十八日条。

(53)『実隆公記』長享元年八月二日条。

(54)『実隆公記』長享二年正月二十日条。

(55)『実隆公記』文明十六年八月二十七日条「向徳大寺亭、東坡詩講尺第二巻初也、帰路向桃源和尚室」によって、この日以前に講釈がすでに始められていたことがわかる。この講釈は『実隆公記』によれば文明十八年十一月一日まで断続的に四十数回行われていおり、実隆はほとんど聴聞に出向いている。

(56)『実隆公記』文明七年五月十三日～十五日・二十二日～二十四日・六月三日・八日・十五日・七月十三日条。

(57)『実隆公記』文明九年三月十四日・十五日・十八日・二十三日・二十四日・二十七日・二十九日条。

(58)『実隆公記』文明九年十月二十六日・十二月十六日条。

(59)『実隆公記』文明九年十一月四日条。

(60)一勤は『実隆公記』長享三年二月十四日条に「一勤厚首座、板東学問老僧也」とある。『実隆公記』延徳二年四月三日・八

日・十三日・五月三日・八日・八月十四日・三十日条。

(61)『実隆公記』延徳二年八月二日・九日条。

(62)『実隆公記』文明十一年二月七日・三月十四日～十六日・五月二十日・二十六日・二十八日・六月二日・五日・閏九月二日・四日・十四日・二十日・延徳二年閏八月十一日・九月十八日条。

(63)『実隆公記』文明十七年十二月八日条。

(64)注(31)参照。

(65)文明七年八月に滋野井教国の息（東雲景岱）が伊勢貞宗の猶子として横川のもとに入室して（『実隆公記』文明七年八月十四日条）以後、とりわけ文明十六年に横川の小補軒（相国寺常徳院内）の喝食であった菊源等寿を実隆が養子として（『実隆公記』文明十六年二月八日条）以後、実隆と横川の交友が親密さを増していく。聯輝軒・万松軒の両軒も常徳院にあった。なお、横川景三・菊源統寿と実隆の交流については、朝倉尚「菊源統寿」（『中世文学研究』一五号、一九八九年、のちに『就山永崇・宗山等貴』所収、清文堂、一九九〇年）に詳説されている。

(66)実隆は、十二歳の長男公順を公恵のもとに入室させている（『実隆公記』明応四年六月十四日条）。

(67)実隆の三男鳳岡桂陽は、八歳で文亀元年六月二十二日に了庵桂悟のもとに入室した。実隆と了庵の交友は文明十年三月二十七日に、後土御門天皇の姉である安禅寺宮から了庵の院銘「唐紙一枚横字了庵」を揮毫して以降である。両者の交流の深まりが桂陽の入室として結実した。

(68)『実隆公記』文明六年八月一日条によれば、義政より『林葉集』と『俊恵集』の書写を命じられているのが、早い例である。

(69)このことについてはすでに多くの論考で論じられ周知のことであるが、筆者も本書第II部第二章「地方武士の文芸享受――文化と経済の交換――」で若干言及した。

(70)『実隆公記』延徳二年十一月四日条によれば、実隆は宗祇を自邸に招いて七日の進講のための練習をしている。

(71)『実隆公記』延徳三年九月二十三日条。

(72)実隆と粟屋親栄については、注(69)の拙稿で詳しく述べた。

(73) 実隆の『伊勢物語』講釈は、この年、伏見宮貞敦親王のためにも行っており、以後大永二年、大永三年は草賀宗誠のために、大永七年は長女保子の次男九条稙通のために、大永八年は足利義晴被官飯川国広と武野紹鷗のために二度、享禄元年は後奈良天皇への古今伝授のために行っている。
(74) 『実隆公記』永正十年六月十七日条・永正十一年二月十二日・十七日・二十二日・二十七日・三月二日・七日・十二日・十七日条、『再昌草』永正十一年十一月十九日条。
(75) 実隆は、公條の学習教材の準備として、この年の五月六日に『孝経』疏本の書写を終え、中原師富に加点を依頼している（『実隆公記』同日条）。『実隆公記』明応二年九月一日条によれば、八月十三日に序を終え、三十日には「如法早速神妙」な早さで終功したが、九月一日が吉曜であるので最後の一行をこの日教授したとある。
(76) 『実隆公記』明応三年正月二十六日条。
(77) 『実隆公記』明応六年十月二十五日・二十六日・文亀三年五月十六日・十月二十五日・永正二年七月十九日条。
(78) 『実隆公記』文亀三年二月十五日・永正元年閏三月二十日・永正二年七月二日条。
(79) 『実隆公記』永正元年四月五日条、永正二年七月九日条、永正三年十月二十四日条。
(80) 『実隆公記』永正三年五月三日・八月六日・十二月二十二日条。鸞岡省佐の両軒での講釈活動については、注(65)の朝倉尚『就山永崇・宗山等貴』に詳しい。
(81) 『実隆公記』永正八年四月二十三日条。
(82) 『実隆公記』大永三年閏三月七日・大永五年六月十二日条。
(83) 『二水記』大永三年四月九日条、『実隆公記』大永五年六月六日条。
(84) 『実隆公記』享禄元年十月二十三日条。
(85) 『実隆公記』享禄元年十一月二日・三日・八日・九日・十一日・十三日条。
(86) 井上宗雄『改訂新版　中世歌壇史の研究　室町後期』（明治書院、一九八七年）。
(87) 『実隆公記』享禄二年四月二十八日条。この時期、飛鳥井・冷泉両家が歌の家としての力量が相対的に低下していたといわれており、三条西家がその間隙を縫って登場したことになる。

付論　実隆と「平等院修造勧進帳」

平等院の一角、鳳凰堂の名で親しまれている阿弥陀堂の西南に隣接する浄土院には、明応九年（一五〇〇）四月の年紀をもつ「平等院修造勧進帳」がのこされている。この勧進状には署名がないものの、その筆跡から三条西実隆の筆になるといわれている。室町時代を代表する能筆家の貴重な作例であり、史料の少ない平等院に伝来した縁起としても貴重であるとして京都府指定の有形文化財となっている。

建武三年（一三三六）正月七日、楠木正成と畠山高国の合戦によって宇治・槙島の民家が焼け、平等院も炎上した。『太平記』には「橘小島、槙島、平等院ノアタリヲ、一宇モ残サス焼払ケル程ニ、魔風大厦ニ吹懸テ、宇治ノ平等院ノ仏閣・宝蔵、忽ニ焼ケル事コソ浅マシケレ」と記され、阿弥陀堂・鐘楼・北大門などが焼失を免れたものの、復興も進まなかった。さらに貞治四年（一三六五）十一月八日には回廊二十余間が焼けた。(1) 藤原頼通の末裔である近衛政家は、縁の深い平等院の修造に着手せんとして奔走し、文明十二年（一四八〇）八月二十四日には後土御門天皇より奉加をうけている。(2) また、明応三年四月一日と二日には、平等院勧進のため楼門（北大門）の内方に桟敷を設けて、金春大夫が猿楽を興行している。(3)

「平等院修造勧進帳」は、平等院のこのような状況下においてつくられたが、実隆がこの勧進帳を書いたことについては、つぎのような伝承がある。浄土院の開山である登蓮社城誉栄久が、室町時代に衰退しつつあった平等院を修理・復興させたが、寺伝によれば、この城誉が実隆の子であるとしている。この縁によって実隆が勧進

別表　実隆への勧進帖書写依頼一覧（『実隆公記』より）　　（＊は閏月）

文明11．3．23	白山勧進帳　姉小路基綱依頼　固辞
15．3．29	立山勧進帳　蜷川親元所望　清書
16．10．27	河内国茨田郡石塔寺修造勧進状草稿
11．6	松尾社正殿寺勧進帳　久米三左衛門所望　染筆
文明18．8．8	吉野大塔勧進帳
延徳3．2．21	丹後国与佐郡世野山成相寺鳥居修造勧進帳　清書
明応4．2．21	石山勧進帳草并清書　真光院所望
4．5．27	鷲林寺勧進帳奉加帳銘　神祇伯忠富依頼
8．2	鷲林寺勧進帳　清書　神祇伯所望　草詞師富朝臣
12．2	某勧進帳草案見る　草詞和長朝臣
5．4．29	河内国茨田郡高瀬寺勧進帳　清書　（悪筆有恥而已）
9．7	石山経蔵一切経補闕分書写勧進帳　草詞師富朝臣（真光院所望）
10．11	播州餝東郡餝萬津光明寺勧進帳　清書　廬山寺僧宗光所望 勧進僧照倫所望
10．13	深草藤森神福寺勧進帳　清書　勧進聖楽翁所望
7．＊10．21	深草藤森神福寺勧進帳　清書　勧進聖楽翁再所望
8．3．23	八幡鐘勧進帳　宮伺候茶々智所望　清書
文亀元．4．18	高野山称名院勧進帳　清書
＊6．8	勧進帳草詞　清和院所望
7．	大福田寺勧進帳　清書　（実隆公記に記載なし）
8．19	丹後国熊野郡佐野郷大治山圓頓寺惣門修造勧進帳 真光院（石山座主）所望　清書
3．7．28	播磨国神東郡神積山妙徳寺勧進帳　書写
8．8	伊勢国神戸郷大福田寺勧進帳　書写　雲龍院所望
永正元．3．18	摂州崑陽寺勧進帳　清書　3／22礼物到来
享禄元．11．18	石山寺勧進帳　書写
2．7．22	摂津国宝積山大蔵寺勧進帳　清書

帳の筆を執ったとするのである。しかし実隆に城誉という子がいたという記載は、彼の日記『実隆公記』には見いだせない。また、明応八年（一四九八）七月から文亀元年（一五〇一）二月までの期間、日記が欠けているため、実隆が平等院修造のための勧進帳の筆を執ったということも確認することができない。

ただ、『実隆公記』文亀元年八月十九日条に「丹後国熊野郡佐野郷大治山圓頓寺惣門修造勧進帳、依真光院所望染筆了」との記載があり、久美浜町の円頓寺には今もこの勧進帳が伝えられている。また、実隆の自署のある大福田寺（桑名市）の勧進帳（文亀元年七月、重要文化財）も伝存している。これらの勧進帳との筆跡の比較から、平等院の勧進帳も実隆筆とする寺伝を信じてよいとされているのである。ちなみに、実隆が明応九年までに書写した勧進帳は、彼の日記から拾い出してみると十四寺社ある（別表参照）。

実隆は、努力家で、ついに「本朝五百年以来、此殿程之才人、不可有御座」[4]といわれた一条兼良の衣鉢をつぐ文化人といわれ、中世和学の大成など文化史上に大きな足跡を残した。実隆のもとには古典の教授を求めて公家や武家が、とりわけ地方武士の訪問が相次いだ。また、彼は「悪筆有恥而已」[5]と謙遜しているものの、かなりの能筆家であり、禁裏はいうにおよばず、足利義政・義尚父子からの依頼をうけて古典の書写を盛んに行っている。戦国大名もその例に洩れず、若狭・武田氏、越後・上杉氏、越前・朝倉氏、長門・大内氏といった大名およびその女房衆、さらには彼らの在京家臣にまでその求めに応じて古典の書写をしている。

これらの古典書写や短冊の染筆、和歌・連歌の添削や合点による礼金は、庄園よりの年貢が著しく減少している三条西家の家計に大いに潤いをもたらす貴重な収入源であった。困窮する公家社会にあって、当代一流の学者・文化人であった実隆ゆえに得ることができたといえる。[6]

（1）『大乗院日記目録』貞治四年十一月八日条。
（2）『後法興院記』文明十二年八月二十四日条「平等院造営勧進禁裏御奉加事、去中旬比付伝奏為家門執申処、今日被載御奉加被返下」。
（3）『後法興院記』明応三年四月二日条「為平等院勧進自昨日有猿楽金春大夫云々、楼門内方有桟敷云々」。
（4）『長興宿禰記』文明十三年四月二日条。
（5）『実隆公記』明応五年四月二十九日条。
（6）このことについては、本書第II部第二章「地方武士の文芸享受――文化と経済の交換――」で詳述した。

第四章　商圏都市堺と南蛮文化

一　日明貿易

潮湯浴の地、熊野詣の一宿駅として、また奈良へ魚介類を供給する一漁村として在った堺は、南北朝時代を境に変容をとげてゆく。海運の発達してきた南北朝期、堺は瀬戸内海に顔を向けた良港、すなわち京や奈良の海への玄関口として、諸国からの年貢や商品――主に四国産の材木・塩――の集積・中継地として、また軍港としての重要性を増してきた。漁村から商業都市（商港）への脱皮が始まったといえるだろう。

応永八年（一四〇一）にはじまる遣明船貿易（日明貿易）は、兵庫港を発着港として行われていた。しかし応仁の乱によって西国の大名大内氏が兵庫港を占領してしまい、そのため幕府及び細川氏は堺港を遣明船の発着港とした。この兵庫から堺へという遣明船の発着港の変更によって、堺商人の活躍の場が飛躍的に増大し、商港堺は経済的に大きく繁栄の道を辿り始めた。

渡唐船三艘、去十一日自和泉堺進発了、柚皮申沙汰云々、

奈良興福寺大乗院門跡の日記『大乗院寺社雑事記』文明八年（一四七六）四月二十八日の記事である。四月十

一日第十三回遣明船三艘（幕府船二艘、相国寺勝鬘院船一艘）が堺港を出発したが、これは柚皮の「申沙汰」によるものであったという。柚皮とは堺の豪商湯川宣阿のことで、彼はこの時、幕府船一艘を請負っている。日明貿易がいかに莫大な利益を生みだしたかについては、同じ『大乗院寺社雑事記』の次の記事によってよくわかる。

楠葉入道当年八十六歳也、両度乗唐船者也、今日相語之、唐船之理ハ不可過生糸也、唐糸一斤二百五十目也、日本代五貫文也、於西国備前・備中銅一駄代十貫文也、於唐土明州・雲州糸ニ替之者、四十貫五十貫ニ成者也云々、又金一棹十両ハ三十貫文也、成糸者百二十貫或百五十貫ニ成也、(1)

楠葉入道は西念といい、天竺人と日本人の間に生まれた混血の貿易商人で、大乗院から派遣されて二度明国へ渡っている。(2) 彼が語るには、日明貿易は生糸商売がいちばん儲り、四～五倍になるという。渡航のための種々諸経費を差し引いても三倍ぐらいの利益はあがったであろう。利に敏い商人たちが血道をあげて貿易に参画しようとするのは当然であった。しかし、危険も背中合わせであり、無事に堺に着いた日は「南北歓声喧甚云」(3) という有り様で、町中が喜びであふれかえった。無事に帰国できた喜びも大きいが、莫大な利益を生む商品を持ち帰ることができた喜びの方が何倍も大きかったことだろう。

応仁の乱当時の堺の海会寺の住職季弘大叔は日記に、入明の僧の中には文字を知らず、明人の誚《しょう》を受ける者が少なからずいるにもかかわらず、九州平戸辺りまで出かけて行く堺商人の中には明国の言葉を理解する者までいたと記している。(4) 日明貿易に手慣れた商人像を浮かびあがらせてくれる記録ではないか。

ところで、応仁の乱によって兵庫港が大内氏に占領されたことはすでに述べたが、寛正六年（一四六五）に出発したものの、暴風雨に会い、船が破損し、再度応仁二年（一四六六）の春に出発した遣明船が翌文明元年に帰国した。しかし、瀬戸内海で大内氏が、幕府船・細川船を襲うという噂がたち、難を避けて二艘は九州南から土佐沖を経て堺に着いた。これによって南海路が開かれ、堺の商人たちは、土佐の浦戸、薩摩の坊津、種子島などを中継地として琉球にまで商圏を拡げていった。一方では朝鮮へ渡る商人もいた。

日明貿易の大物商人湯川宣阿は、文明十五年（一四八三）四月に世を去るが、葬儀の日の様子を伝え聞いた甘露寺親長が日記『親長卿記』に

南庄柚川千阿《（湯川宣阿）》死去、七十七云々、希代之徳人也、（四月十一日条）

千阿今日荼毘、貴賤見物成市、（四月十二日条）

と書き記している。葬儀には市を成すほどの見物人が集まった。湯川宣阿は日明貿易時代を代表する豪商であったことを物語っている。

堺の日向屋は卌万貫持たれども、死にたるが、仏にはなり候まじ(5)

これは蓮如の言葉として伝えられているが、三十万貫とは驚くべき財力である。米に換算してほぼ六十万石はあろうか。湯川宣阿の財力はこれをはるかにしのいでいたかも知れない。

二　自治都市堺

永禄十一年（一五六八）十月、足利義昭を奉じて入京した織田信長は、石山本願寺に五千貫、堺に二万貫の矢銭（軍用金）の供出を命じた。石山本願寺は応じたが堺は拒否した。

泉州ノ堺津ハ大富有ノ商家共集居タル所ナレハ、三万貫（ママ）ヲ可差上事子細有ラシト申付ラル、然処堺ノ津ハ皆三好家ノ味方ニテ庄官三十六人ノ長者共中々御請申事無ク不同心ノ由ヲ申ス、然ラハ早速ニ堺ノ津ヲ攻破ラント有ケレハ、三十六人ノ者共弥以怒ヲ含ミ、能登屋・臙脂屋両庄官ヲ大将トシ、堺津一庄ノ諸人多勢一味

シ、溢レ者諸浪人等相集テ、北口ニ菱ヲ蒔キ、堀ヲ深シ、櫓ヲ揚ケ、専ラ合戦ノ用意〆信長勢ヲ防カントス

『続応仁後記』が伝える堺の合戦準備の様子である。二万貫といえば、おおよそ四万石ぐらいであろう。相当な額であるが、堺にとって供出できない額では決してなかった。有体《ありてい》にいえば有力商人一人でも負担できた額であったろう。

堺は、日明貿易で栄えて以来、四国の細川氏や三好氏との関係が深く、能登屋・臙脂屋といった会合衆の中でも指導的立場にいた門閥商人らは、彼らとの結びつきによって富を蓄えてきたのである。しかし、会合衆内部の様子は『続応仁後記』が語るほど一枚岩ではなかった。能登屋に代表される主戦派と新興商人層の和平派に分かれていた。今井宗久、門閥出身ながら和平派の天王寺屋津田宗及らは自らの将来を織田信長に賭けていた。今井宗久はすでに「松島の葉茶壺」「紹鷗茄子茶入」を信長に献上し、誼を通じるとともに、宗及ともども主戦派の説得にあたっていた。翌年一月、堺はついに矢銭の供出に応じた。

永禄十二年

巳二月十一日　終日

上使衆

佐久間衛門　柴田　和田　坂井右進　森三左衛門　蜂屋　結城進斉　竹内下総　野間左吉

其外方々之衆

百人斗　　折・盃之台、色々

『天王寺屋会記』(宗及自会記)の記事である。信長の上使衆を迎えての大茶会であるが、双方合わせて百人ばかりの参会者を数えた。盛大な手打ち式であった。ここに堺は屈服し信長の直轄地となった。しかし信長は、都

市の経済力の吸収という方針を持っており、自治都市を容認したため、堺は以前と変わりなく商人の特権は維持された。

当河内の司祭館には堺の市《まち》のキリシタンたちが属している。同市は八尾から四里離れた和泉国にあり、日本全国でもっとも富み栄えた高名な市の一つである。非常に裕福な商人たちが住む広大な地であるため、また自由で共和国のように統治されているので同市は多くの特権と自由を有している。他の市や城が激しい戦火を被っている時に堺の市はきわめて平穏に過ごしていた。(6)

ポルトガル人宣教師ガスパル・クエリヨが天正十年（一五八二）一月に、イエズス会総会長に送った報告書の一節である。堺が信長の直轄地となってから十五年後の姿であるが、繁栄する堺の様相が活写されている。ちなみに、この年の六月、信長は本能寺で倒れた。

三　南蛮文化の流入

天文十二年（一五四三）、三人のポルトガル人を乗せた中国のジャンク船が種子島に漂着した。日本とヨーロッパが直接交流を始める大きな契機となったということで、この漂着のもつ意義は大きい。もっとも応永十五年・同十九年に南蛮船が、同二十年に鉄船が若狭の小浜辺りの津に着岸したという記録はあるが(7)、局地的な問題以上ではなかった。

「三国一の花嫁」という言葉があるが、唐（中国）・天竺（インド）・日本の三国が世界のすべてであると信じていた日本人にとって、西洋人との遭遇はこの世界観を打ち崩すものであり、衝撃的であった。

このとき、彼らポルトガル人は鉄砲（火縄銃）というすばらしい武器を日本にもたらした。種子島・琉球にまで商圏を拡げていた堺商人によって、この鉄砲は堺や根来にもたらされ、刀鍛冶の技術と結びついて大量に製造されるようになった。このことによって戦国の合戦の様相が一変し、加えて築城法にまで大きく影響を及ぼした。鉄砲は日本に流入した南蛮文化の最たるものである。この鉄砲を独占的に販売したのが堺商人であり、とりわけ今井宗久がその代表的商人である。矢銭賦課以来信長の信頼を得ていた宗久は、堺及び周辺農村の代官となり、吹屋（鉄砲製造工場）を管理し、軍需品（鉛・火薬の原材料である硝石や硫黄など）の輸入などで巨大な利益を得た。

近年、茶室や大量の茶器の出土といった堺環濠都市遺跡の発掘の成果がめざましいが、豪商の屋敷跡と考えられる所から、硫黄の入ったタイ製の壺が出土している。この屋敷の主も火薬の製造販売で巨利を得ていた一人であろう。

西洋人の種子島漂着後六年を経て、イエズス会の宣教師フランシスコ・ザビエルが鹿児島に来てキリスト教を伝えた。ザビエルは、平戸・博多・山口・京都・島原・大村などで布教活動を行ったが、日本人が西洋人を間近かに見た最初であったろう。そして元亀元年（一五七〇）、ポルトガル船が長崎に入り、はじめて貿易活動を開始した。漂着後すでに十七年を経ている。南蛮貿易のはじまりである。ラシャ（羅紗）・カナキン（金巾）・更紗といったヨーロッパやインド地方の織物をはじめ、日明貿易の中断によって、南蛮船による中国物（生糸や絹織物）も輸入されるようになった。また、南蛮吹といわれる銀銅分析法すなわち銅から銀を抜く方法も、ヨーロッパ商人によって伝えられた。また宣教師たちも日本にやって来るなど、異国の風俗や文物が日本に数多く流入し、異国趣味が流行した。宣教師のフロイスが語っているように「日本人は本来、新奇なことを好む（国民）であり[(8)]」、たちまち日常生活に異国趣味をとり入れている。南蛮人模様やキセル・ウンスンカルタなどがデザインされたさまざまな器物が今日伝えられており、南蛮趣味の盛行のほどが知られる。

今日スペインやポルトガルを歴史用語上南蛮と呼んでいるが、彼らと接触する以前は、中国の用例すなわち東夷・西戎・南蛮・北狄に従って、南の方、呂宋・安南といった東南アジア方面を南蛮と呼んでいた。そしてその地からもたらされたものを南蛮物と称していた。だから史料上南蛮と冠せられたものはすべてヨーロッパからのものとはいえず、むしろ茶器などは東南アジア方面からの渡来物を南蛮物と呼んでいる。この南蛮物の茶器で富を得たのが堺商人納屋助左衛門であった。彼は文禄二年（一五九三）ルソンへ渡り、翌年帰国し真壺五十個を持ち帰り秀吉に献上した。秀吉は千利休と相談し値段を付したところ、たちまち大名たちが買い取ったという。助左衛門は「五六日之内に徳人と成(9)」る巨利を得た。彼は呂宋助左衛門と別称されたほどの貿易商となった。

四　南蛮漆器

異国文化を積極的に取り入れ、新しい意匠や技法が創出された桃山時代は、工芸とりわけ漆芸においても大きな画期であった。漂着後まもなく入ってきたキリスト教の祭具、ヨーロッパからの注文による貿易品、異国趣味を満喫するために作られた国内品など、数多く作られた漆芸品を今日私たちは南蛮漆器と総称している。盛行期は桃山後期～江戸初期の短期間ではあったが、南蛮漆器は、桃山漆工芸の一つの華であった。

南蛮漆器と、桃山漆工芸を二分したのが高台寺蒔絵様式であった。高台寺蒔絵様式の技法・製作工房を基盤とすることによって南蛮漆器生産は成りたっており、両者は密接な関係にあった。京都高台寺の霊屋内に施された蒔絵装飾に因んで名づけられた高台寺蒔絵様式は、それ以前の漆工芸すなわち室町漆工芸がもっていた造形思考や意匠感覚とは際立った違いをみせた。

一つは、唐物の影響下にあって造形・意匠とも複雑化・高度化の道を辿って一応の完成をみていた室町漆工芸に対して、高台寺蒔絵は、簡略で、華やかで、明るい意匠性、すっきりとした造形思考をそなえていたことである。戦国の終焉を迎え、開放感に満ちた時代相を反映したといえるだろう。いま一つは、高蒔絵といった高度な技法にかわって、平蒔絵が主として用いられ、絵梨地が加味され、それが明解な意匠性と相まって、装飾効果が高められていったということである。さらに、秋草文様に代表されるように、意匠が和風で、草花の美しさ、躍動性を写実的に表現していることである。和歌と結びついた歌絵の意匠といった凝った抒情主義の室町漆工芸とは違い、むしろ平安時代の和風に通じる復古性をそなえていたことである。

このように簡単な技法で効果的な装飾表現をみせる高台寺蒔絵様式がなぜ一時代を画するほどの人気を得ることができたかということであるが、一つはいままで述べてきたごとく時代相を反映した簡略で明るい意匠性に求められるが、いま一つは、大量生産が可能な技法であったということである。入念な仕上げを必要とする伝統的技法と違い、平蒔絵の蒔放しを主とするように、技法的には簡単で、短期間で仕上げることができるということである。続々と築造される武将の居城・館の室内装飾、調度品の製作、あるいは経済力を高めてきた商人層への需要の拡大をこなすためには、高台寺蒔絵技法は最適であったといえるだろう。

高台寺蒔絵技法に李朝漆器にみられる螺鈿技法を加味して製作されたのが、いわゆる南蛮漆器といわれるものである。南蛮漆器は製作意図にもとづいて、カソリック祭具・輸出漆器・国内漆器に分類することができる。

(一)カソリック祭具

ポルトガル人の種子島漂着後わずか六年を経たばかりの天文十八年（一五四九）、イエズス会創立者の一人フランシスコ・ザビエルが鹿児島に着いた。キリスト教の日本における布教の開始であった。イエズス会は、スペイン・ポルトガルの海外植民地政策と深く結びつきながら、キリスト教の東洋伝導を展開してきており、ザビエルもゴア・マラッカ・モルッカ諸島を経て日本に到着した。ザビエルの二年間の日本滞在によって布教の道は開かれ、後続の宣教師たちによってそれは受け継がれ、キリスト教は急テンポで日本国内に普及していった。

本年（天正九年―筆者注）、日本におけるキリシタンの数は巡察師が得た報告によれば、十五万人前後（中略）、キリシタン宗団があるこれらすべての諸国には、大小合わせて二百の教会がある。[10]

多少の誇張があるにしてもかなりの信者・聖堂数であり、宣教師たちの精力的な布教活動を垣間見ることができる。信者や聖堂が増加するにつれて、当然のことながら祭具の需要も増えてくるが、宣教師たちは本国に向けて祭具の送付を求めたが、日本に届けられたのはわずかであった。本国から日本に向けて派遣される宣教師に託されてくるはずの祭具は、彼らの立ち寄る国々で先取りされるためであった。

日本国内での製作を余儀なくされた宣教師たちは、聖物器などを当初銅・錫・黄銅・銀などの金属で作らせていたが、やがて蒔絵師たちによって作られることとなった。短期間で、数多く作ることのできる工房で、蒔絵によって美しく装飾された祭具は、国内信者や聖堂で使われたり、また海外にも輸出されていった。

元来、数多く国内に伝存しているはずのこれら祭具は今日きわめて少ない。江戸幕府による厳しく苛酷なキリスト教弾圧下、多くは破壊されたのである。国内に伝存したものでも、イエズス会の標章が削り取られていたものもある。カソリック祭具は幕府によって禁教令が出され、宣教師や信者が追放された慶長十九年（一六一四）頃まで製作されたとみることができる。なお祭具としては聖龕・聖餅箱・書見台などがある。

(2)輸出漆器

日本と新イスパニア(メキシコ—筆者注)の間に貿易を開く時は、神及び我等の君なる国王の御為め如何なる好結果を齎すべきか、我等は此航路に依り、如何なる利益を収むべきかに付きては種々論議ありたり。日本が新イスパニアに有用なる産物を有せざるは明なる事実にして、絵画・屛風 biobos・書箪笥 escritorios 其他予が曩に持ち帰りし品は、通常の商品にあらざるが、此事実は予が此貿易を開くべしと主張する理由を一層強くするものなり。(11)

日本の金・銀、中国の生糸・絹織物を求めて東洋貿易に進出してきた彼らヨーロッパ人にとって、日本の屛風・刀剣・漆器などは、東洋の珍らしいおみやげ品であった。このドン・ロドリゴの記事は慶長十四年(一六〇九)のもので、この頃はまだ日本の漆器はみやげ物の域を出ていなかったことを示している。しかし貿易品として脚光を浴びるにはさほどの年数を必要としなかった。

元和四年(一六一八)のリチャード・コックスの日記には多量の漆器の発注記事がみられるようになり、以降日本漆器はその輸出量を飛躍的に増大させていった。十七世紀中頃から有田や柿右衛門といった磁器が大量に輸出されるようになり、漆器は輸出品の王座を下りるが、それまでの十七世紀初頭〜中期はまさに輸出品は漆器の独壇場であった。簞笥・洋櫃・箱・台・机・角徳利など多種多様の品物が輸出されている。輸出漆器は、寛永十六年(一六三九)の鎖国以後も輸出が継続されるが、この時期には、桃山時代の輸出漆器とは次第に意匠も変化し、いわゆる南蛮漆器と称されるものとは趣きも異ってきたといえるだろう。

つぎに、カソリック祭具を含む輸出漆器に共通してみられる意匠および技法上の特徴について簡単に触れておきたい。

まず意匠であるが、日本美の典型ともいえる空間をうまく利用した余白の美といったものは全くなく、画面びっしりと文様が描かれる。さらに幾何学文様によって四角や窓形に画面がいくつもに区切られているということである。このような画面構成は従来の日本の漆芸品には全くといっていいほどない。おそらく注文主であるヨーロッパ人の好みであったろう。また花鳥に加えて多くの動物が文様中に加えられ、架空の動物さえ描かれていることである。船載品やヨーロッパ人が示す意匠を参考にして描かれたと思われる。李朝螺鈿によくみられる三角形を一列に並べる鋸歯文によって縁枠が飾られる他、いわゆる南蛮唐草もこの縁枠に多用されているということである。もっとも南蛮唐草については輸出漆器特有のものとはいえず、室町時代の漆芸品にもみられる。

つぎに技法であるが、黒漆塗に、金または金銀の平蒔絵に螺鈿を併用し、絵梨地や針描の利用もみられるということである。概して技法としては簡単である。それは短期間に大量の品物を生産しなければならなかった状況による。低質な輸入漆の使用と粗雑な仕上げにより、器物そのものは従来の漆器に比べて堅牢さにおいて劣るといわねばならない。

(3)国内漆器

ヨーロッパから入ってくる風俗や意匠に刺激をうけて、今までにない斬新な意匠を施した漆芸品が作られた。ヨーロッパから入ってくる器物を南蛮物として珍重した当時の日本にあって、漆器においても、南蛮人を描いたもの、縞文様、カルタ、鉄砲、きせるといった船載品を意匠化したものが作られ、日本人の異国趣味を満喫させた。あらゆる器物にそれらの意匠傾向が及んだ。硯箱などの文房具、棚などの調度品、化粧具、遊戯具、茶や香道具、重箱・盆などの飲食具、装身具、椅子はいうに及ばず、火薬入・鞍などの武具にまで及んでいる。国内漆器には輸出漆器のように、技法上の特徴といったものは見い出せない。漆芸の諸技法を応用しつつ、異国趣味にあふれた意匠を描き出しているといえるだろう。さらに、国内漆器は輸出漆器に比較して仕上げが入念であるということである。漆芸品に長い間馴れ親しんできた国内にあっては当然のことであった。

南蛮漆器は、日本・ヨーロッパ相互の人々にとって異国趣味を楽しませるものであり、桃山―江戸初期という短期間ではあったが、東西文化交流の中心に位置していたといえるだろう。

戦国動乱を経てようやく秀吉による全国統一が成るや、満を持していたかのごとく文化の華が一挙に開花してきた。動乱の過程で、古代・中世的なものは、あるものは消滅し、あるものは大きく変容・後退していき、新しいものを創り出そうとする創造精神に満ち溢れた時代が桃山時代相であったといえる。異国文化の積極的な摂取も、創造精神の高揚の現われであった。

(1) 『大乗院寺社雑事記』文明十二年十二月二十一日条。

(2) 『大乗院寺社雑事記』文明十八年二月十五日条。

一西忍入道一昨日十三(四)日於古市令入滅云々九十三、不便々々、嘉吉元年辛酉歳十月より見初、至(衍カ)至去月廿五日四十六年也、此内在唐一年在之、天竺人ヒシリ号唐人、倉在二条殿之御地之内三条坊門辰巳角(ヲ脱カ)カス丸也、彼ヒシリ之子也、勝定院殿背上意、被召籠被預一色了、父子ヒシリ入滅之後御免、父之跡ハ西忍之舎弟民部卿入道相続之了、文安比入滅了、無子孫云々、西忍ハ勝定院御代和州ニ下向、自奈良至曲川、令住立野了、仍田地共典(曲)川与立野ニ在之、私相伝之、其後奈良之押上ニ居、又帰立野、其後古市之北口ニ居住、今度入滅了、九十三歳也、後五大院殿立野ニ御座之時、於御前令入道、依為天竺之子、被付西忍了、御同年也、御弟子分也、少人之時名ムスル、俗名天次、子息長子ハ新衛門尉元次、次男四郎渡唐之時召具、三男陽禅房大定舜東金堂衆、息女二人在之、立野之戌亥ハマヽ子也、其子孫于今号戌亥也、西忍之妻女元次等之母ハ、本之戌亥之女子也、東転経院之坊主宗信実禅房僧都之妹也、宗信ハ予同学也、名字号楠葉事ハ、西忍之母儀楠葉之者也、八幡領云々、仍母方之名字也、元次以下成平姓ハ、立野衆ハ悉以平氏故也、母平家也、立野ハ此門跡坊人也、依之各奉公分也、無殊儀者也、鹿薗(苑)院御代自天竺来、仍毎月御恩被下之、相国寺之絶海国師之申沙汰也、凡希有子孫相残了、

(3)『庶軒日録』文明十八年七月四日条。
(4)『庶軒日録』文明十八年二月七日条。
(5)『実悟旧記』（稲葉昌丸編『蓮如上人行実』所収、法蔵館、一九四八年）。
(6)「一五八二年二月十五日付、長崎発信、ガスパル・コエリュ師のイエズス会総長宛、一五八一年度　日本年報」（松田毅一監訳『十六・七世紀　イエズス会日本報告集』第Ⅲ期第6巻所収、同朋舎出版、一九九一年）。
(7)「若狭国今富名領主次第」（『群書類従』第四輯・補任部所収）。
(8)松田毅一・川崎桃太訳『フロイス日本史5』（中央公論社、一九七八年）。
(9)『太閤記』巻一六（岩波文庫、桑田忠親校訂）。
(10)注(6)。
(11)村上直次郎訳『ドン・ロドリゴ日本見聞録』（『異国叢書』第七巻所収）。

第五章　本阿弥光悦と鷹ケ峰村

一　光悦の鷹ケ峰拝領

(一)史料にみる拝領のいきさつ

鷹ケ峰は、大文字送り火で知られる左大文字山の東北に位置し、古くは栗栖野と呼ばれた遊猟地に含まれる一帯であった。鷹ケ峰から杉坂に至る街道は、山国道とも長坂越ともいわれ、丹波と京都を結ぶ経済的にも軍事的にも重要な街道として古くから知られていた。京都の出入り口の一つである長坂口というのは鷹ケ峰から北北西に向かった付近を指し、南北朝期にはすでに内蔵寮の率分所（関所）が設置されていた。(1)『太平記』をはじめとして日記などの記録類には、重要軍事拠点として長坂の名はしばしば登場する。

文安六年（一四四九）四月十三日、地震で街道の崖が崩れ、多数の人馬が犠牲となっているが、(2)この災害は、室町期になってもこの街道が多くの人馬の往来で賑わっていたことを物語っている。また鷹ケ峰の地は、かつて堺の豪商三宅亡羊が慶長年間に後陽成天皇より四十町四方を拝領したという伝承が残っている。光悦寺の北の岩戸妙見と俗称される円成寺（伝寛永七年開創）の裏山に亡羊以下三宅一族の墓所があり、亡羊と鷹ケ峰の関係をまったく否定することはできないが、史料的根拠に恵まれていないので、一応このことは措いておく。

本阿弥光悦（一五五八～一六三七）は、徳川家康より「用心あしき、辻切追はぎをもする所もあるべし[3]」といわれた鷹ケ峰の地を拝領した。元和元年（一六一五）大坂夏の陣後まもなくのことといわれている。現在、鷹峯という冠の付いた北鷹峯町・南鷹峯町・光悦町・土天井町・黒門町という町名が付された地域は、やがて「光悦町」と呼ばれるようになったところである。

光悦が知行地を拝領した経緯について、『本阿弥行状記[4]』（以下『行状記』という）や『本阿弥次郎左衛門家伝[5]』（以下『家伝』という）は次のように記している。

光悦に御屋敷を被下候事は其故なきにしもあらず、光悦が父光二と申すもの、刀脇指の目利細工並もなき名人ゆゑ、諸大名国々へ御召寄候て国中の刀脇指を御見せなされし也、駿河国今川殿へ参り、久しく滞留いたし候事あり、其ころ権現様御幼少にて竹千代様と申奉りし御時、するがに御座被成けるが、光二が細工仕候をいつも御覧なされ、御小刀などとぎ候てさし上、御膳を被召上候御相伴をも被仰付、また義元公竹千代様へ御脇ざしを可被進とて脇指の木形を光二に御けづらせ、島田国彦に二腰申付、其中にて能出来候を則光二仕立、拵を仕、竹千代様へ被進ける、二腰の内一腰光二に賜はり、光甫せがれ光伝まで五代守脇ざしに仕候、古きむかしの事を思召出され候故にや、毎度光悦が儀を御尋被成候よし、松平右衛門太夫殿御申候、角倉に被仰付、高麗筆、唐墨など度々拝領仕、又中風気にて手ふるひ候と御聞に達し候へば、茶屋四郎二郎承りにて烏犀圓を度々拝領、難有仕合どもにて御座候、また慶長年中に本阿弥一類ども駿河へ御召寄なされ、細工被仰付、不残御目見仕候。其刻光二が筋の者を御尋被成しゆゑ、此光瑳と申もの、則光二が孫にて御座候と申、右衛門太夫どの御披露なされ候へば、かほを上げ候へ〳〵と御意なされ、御覧じて、よく光二に似たり

と御意被成、忝くも御目見仕候(6)、
権現様大坂御帰陣の御時板倉伊賀守殿に御尋ね被成候事は、本阿弥光悦は何としたるぞと仰せ有ける、存命に罷在候、異風者にて、京都に居あき申候間、辺土に住居仕度よしを申と被申上ければ、近江丹波などより京都への道に、用心あしき、辻切追はぎをもする所あるべし、左様の所ひろ〳〵と取らせ候へ、在所をも取立べきもの也との上意なり、此旨還御の後伊賀守殿より被仰渡、忝仕合に存じ奉る也、其拝領の地は鷹が峰の麓なり、東西二百間余り、南北七町の原なり、清水の流れ出る所を、光悦が住居と定む、道春記をかけり、其外を数々にわけて、一類、朋友、ひさしくめしつかひし者どもまでに銘々分ちとらせける、(中略)鷹ケみねは王城の乾なり、光悦は乾の卦なるに、かく乾に当る御屋敷を拝領仕る事、さるべき宿世の故あるべしと悦び申ける、東は加茂山、比叡山、如意が嶽、北は鞍馬、貴布禰、鷹が峰西に当て纔に二丁計隔りぬ、麓に紙屋川水草清く、都の内にも住まされりと思ふばかりなり(7)、
光二惣領光悦儀、元和元年御帰之時、二条於御城板倉伊賀守殿を以、光悦御知行可被下旨被仰渡候所、光悦其刻六十に及年、罷寄江戸駿府へ罷越、相勤申候儀難叶候旨、御断申上候、野屋敷拝領仕度候旨奉願候得ハ、則山城国愛宕郡(此間欠)東西弐百間余、南北十町余、百七拾六石八斗壱升拝領仕申所を取立、今以鷹峰光悦村と申候。夫より四代光伝代迄持来、支配仕所に、延宝七年未年京都一統新地被仰付候而被召上候(8)、
この二つの史料をまとめて、拝領経緯を箇条書きしてみると次のようになろう。
①今川義元の招きで光悦の父光二が駿河に赴いたとき、今川館では家康が人質生活をおくっていた(家康が今川館で暮らしたのは天文十八年~永禄三年)。光二は、家康の小刀を研いたり、ときには食事の相伴も務めていた。父と家康のそのような縁で、光悦は家康より高麗筆や唐墨などをたびたび拝領し、烏犀円(解熱剤)を茶

屋四郎次郎（清次）を通じて届けられてもいる。
②大坂夏の陣を制した家康が京都所司代板倉勝重に光悦の消息を尋ねたところ、勝重は、「光悦は存命ながら京都に居飽き、辺土に住みたいと申している」と言上した。
③光悦は、知行地を拝領すれば江戸や駿府に赴き勤をしなければならないが、高齢でもあるという理由で断わり、野屋敷の拝領を請うた。
④そこで鷹ケ峰の麓、東西二百間余、南北七町（『家伝』では十町余）の野原を拝領し、併せて百七十六石余の在所の支配権も付与された。光悦は、一類・朋友はいうに及ばず使用人にいたるまで屋敷地を分け与えて移り住んだ。
以上が本阿弥家側史料からみた鷹ケ峰拝領の経緯である。

（2）家康の真意

光悦に対する家康のこのような優遇の意図については、すでに次のような考えが提示されている。(9)
①家康自身が出版事業に深い関心をもっており、嵯峨本の意匠や能筆で知られた光悦に敬意をはらっていた。
②光悦の師である古田織部が大坂方への内通の嫌疑によって自刃に追い込まれたが、家康は茶匠や芸術家に警戒の目を向けていたようで、織部を師と仰ぐ光悦もその例外ではなかった。
③京都所司代板倉勝重の巧妙な仲立ちによって、一種の洛中所払の意味と、芸術家に対する優遇措置という一石二鳥の方図が見いだされた。
光悦の鷹ケ峰拝領を江戸幕府の文化政策の面からとらえた考え方であるが、一方都市の治安政策の視点からこ

の鷹ケ峰拝領をながめてみれば、次のように考えることもできる。

家康と板倉勝重は光悦の処遇について、次のような結論を導きだしたのではないだろうか。長坂越とも称された山国道は、丹波と京都を結ぶ重要な街道である。にもかかわらず京都の出入り口である長坂口は人家に乏しく辻斬りや追い剝ぎが出没する物騒なところであった。軍事街道でもある山国道の出入り口をこのような状況下に置いておくことは京都の都市政策上きわめて危険である。そこでその付近を光悦に分け与え、彼をして町造りをさせることによって、洛中の治安維持の一助とすることを意図した。大田南畝の著した『仮名世説』[10]という随筆に次のような一節がある。

本阿弥光悦が行状記といへる書を、人にかりてよみしが、光悦の芸、一として其妙手にいたらざるはなし、その手習ふ反故をみしが、一字を数かぎりもなくうつし置たり、かやうに小致といへども、意を深く用ひしゆゑ、筆道も高く、凡境をもぬけ、其外刀剣の鑑定、茶事は遠州をまなび、文あり、武あり、人となり一時の傑といふべし、其むかし、京城の北鷹か峰は、丹波につゞく山めぐり、人家稀にして樹木ふかく生ひしげりければ、盗賊つねに此辺にかくれて、旅人をなやまし、京城などへも入りしかば、関東より厳命ありて、光悦にかの地をたまはり、此所に光悦家居しければ、夫より盗賊みな〳〵のがれさりし事なり、その武勇はかりしるべし、光悦がかゝる人となりしは、其母妙秀と云へる尼の教育によれりとぞ、

天文法華の乱（一五三六）において発揮された本阿弥家を含む上層町衆の保有する武力を思いおこさせる一節であり、芸術家光悦の異なる側面を語っていて貴重である。天文期以来の武力を本阿弥家が保持していたとは考えがたいが、鷹ケ峰の地を光悦に与えた家康と板倉勝重の意図を考える上でも興味深い[11]。光悦の鷹ケ峰拝領というのは、つまるところ「一種の所払の意味と、芸術家に対する優遇という一石二鳥の方図」に、洛中に近接した

洛外地域での町造りによる洛中の治安体制の構築という意図が加味された結果ではなかったか。

二　光悦町古図の検討

(一)二枚の光悦町古図

光悦が造った町の様子を具体的に知ることができるとされるものに「光悦町古図」というものがある（以下「古図」という）。現在光悦寺の所蔵となっているが、もともとは光悦の父光二の実家である片岡家に伝えられ、大正二年に京都で行われた光悦遺品展覧会ではじめて紹介されたものである。片岡家には、もう一枚「承応三年六月　光悦拝領略図地面写　片岡忠英」（以下「古図写」という）と書かれた古地図が伝えられている。「古図」の写しではあるが、「古図」を忠実に写しとったものではない。しかし筆写当時の知見が加味されていて興味深いものがある。

ところで、「古図」には光悦屋敷の箇所に「光悦」と並んでその左横に「六左衛門」という記載がある。このことについて正木篤三氏は『本阿弥行状記と光悦』[12]に「但し図の現状に於て光悦の屋敷の所へ、光悦の文字と肩を並べて『六左衛門』の記入があるが、之は後人為にする所の書入であって、その筆者、年時共に明瞭であって、この図の発見された当時には勿論なかったものである。かくの如きは徒らに貴重なる資料を汚し後世を誤らしめるものであるから今特にこの点を明かにしておく次第である」と書いている。「古図」がはじめて紹介されたのは大正二年であるから、おそらくそのころ書き入れが行われたのであろう。この正木氏の指摘については、従来あまり考慮がなされていないように思われるので、注意を喚起しておきたい。

また「古図写」にも光悦屋敷に「当時六左衛門」という記載がある。この記載については、つぎのように理解することができる。『片岡家過去帳』[13]によれば、「古図写」の筆者忠英は、光悦の娘くす（法名妙潤）を妻とし、元禄十年（一六九七）八月に没している。「片岡氏家系図」[14]（古家図改写　于時宝暦九巳卯二月　宗久六十一歳書）によれば、忠英については以下のように書かれている。

乗瑳嫡男

六左衛門　忠英　後乗春入道卜号、行年七十八歳

室本阿弥光悦息名くす卜云、法名妙潤三十二歳

忠英事、京堀川村雲町屋敷譲弟左兵衛而洛北鷹ケ峰光悦屋敷之内江移ル

この記事によるならば、忠英は元和六年（一六二〇）生まれということになり、三十五歳の時に「古図」を写したことになる。「古図写」に「当時六左衛門」と書かれているのは忠英が六左衛門と呼ばれていたときからすでに光悦屋敷内に住んでいたことを記録するためであったと思われる。「古図」への加筆もこのような根拠に基づいてなされたと考えられる。

「古図」の制作年代については、従来元和四年から寛永四年（一六二七）の間に作図されたものといわれている[15]。しかし、このことについては記載地名などいくつかの疑問点があり、以下そのことについて述べていくことにしたい。

「古図」を眺めてみると、御土居が北に向けて口を開ける京口からまっすぐに北へのびる「通り町すじ」が、「西への道すし」「東へノミち」とT字型に交差している。そしてそれぞれの通りの両側にはびっしりと合計五十六軒の屋敷が建ち並んでおり、そこには光悦を含めてそれぞれの屋敷主が記載されている（別図参照）。

ところで、「通り町すじ」の東西の町屋の間数を合計してみると、東側が二五三間、西側が二五四間[16]となる。

この間数をメートルに換算してみると、東側四五五・四メートル、西側四五七・二メートルとなる。この南北長は、現在の地図に重ね合わせてみても不自然であるという印象はない。このことから「古図」に記載された間数はかなり正確なものであることがわかる。

しかし光悦町東の「玄沢町」という記載が気にかかる。「古図写」には「玄沢道すし」「玄沢町分」とある。玄沢の地は、野間玄琢が家康より元和元年（一六一五）に拝領して薬草園を造り、自らも居宅を構えた。「町」をたんなる住居街区をあらわす語と解釈しても、「玄沢町」と記載されるほどの町＝街区が、元和四年から寛永四年（一六二七）ごろに成立していたとはとうてい考えがたい。

正保二年（一六四五）八月二十九日付「大宮郷家数并人数指出帳」[17]には「光悦屋敷町之分」「玄沢法印野屋敷之覚」とあっても玄沢町という記載はない。また署名欄にも「光悦町衆」とはあるが、「玄沢法印手代」という肩書をもつ人物が署名しているにすぎない。このように寛永四年以降に作成された文書には「玄沢町」とは記載されていない。このようなことから、「古図」の作成時期は、寛永四年よりさらに下るのではないかと考える。では「古図」はいつ作られたのか。この時期については下限だけははっきりしている。片岡忠英が「古図」を筆写したとき、すなわち「古図写」が作られた承応三年（一六五四）より以前である。

江戸幕府の国絵図作成命令によって、鹿苑寺も寺領調査および図面作成の準備を正保二年九月に開始した。この寺域確定のための鹿苑寺側の行動が、光悦町と鹿苑寺の境界をめぐる紛糾に発展したようである。この紛糾の詳細については三節で述べるが、光悦町としても鹿苑寺に対抗すべく絵図の作成を余儀なくされたにちがいない。「古図」作成時期を解く鍵はこのあたりにありそうである。

別図　「光悦町古図」(光悦寺蔵)より作成した鷹ケ峰の地図

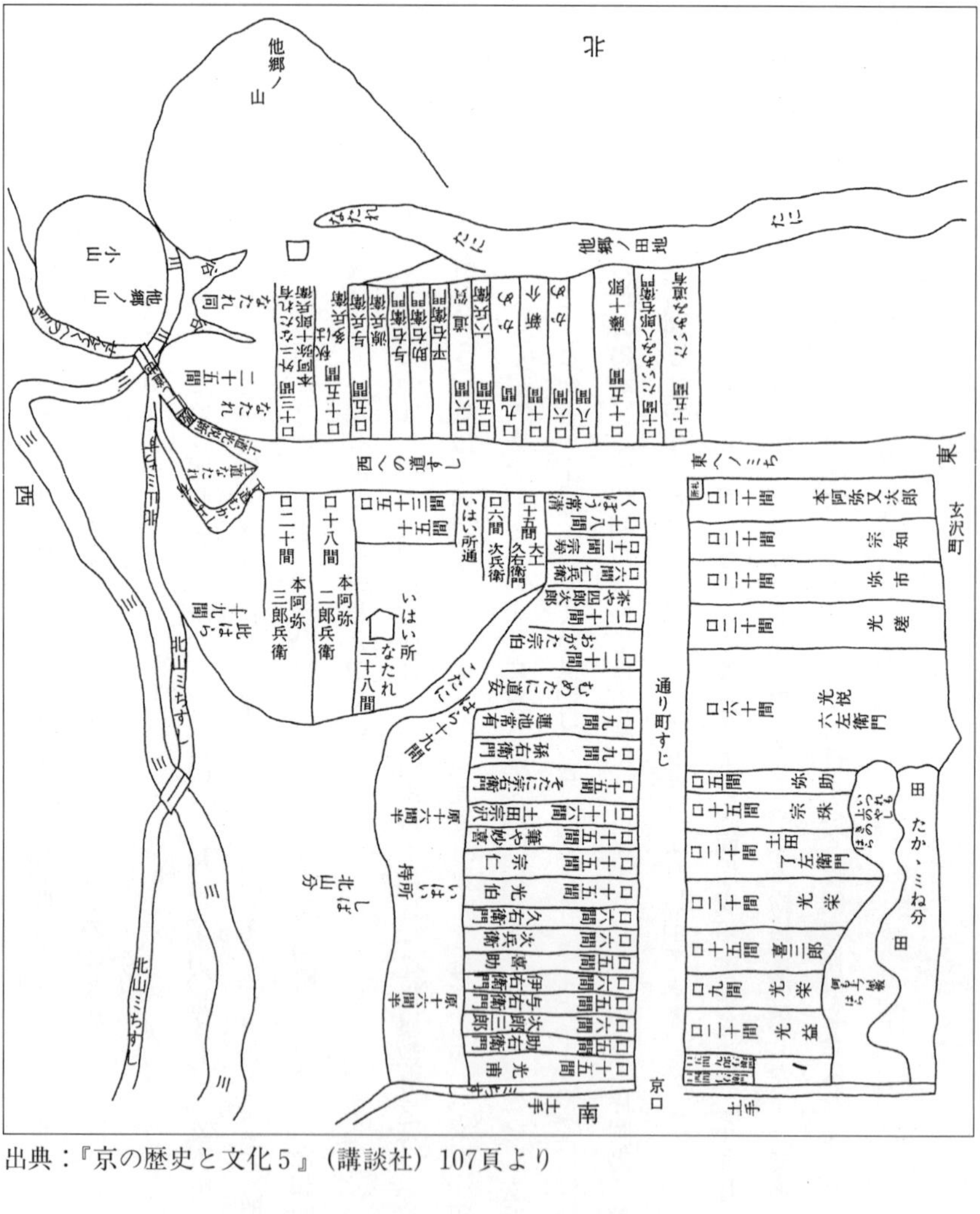

出典：『京の歴史と文化５』（講談社）107頁より

（2）「古図」と町の実相

ともかく、屋敷地を眺めてみることにしたい。まず間口であるが、光悦町に建ち並ぶ屋敷地の間口は全体的に広い。というよりは広すぎるという印象をうける。もっとも小さい間口でも四間（約七・二メートル）もある。さすがに光悦屋敷の間口がいちばん大きく、六十間（約一〇八メートル）にも及ぶ。光悦町の各屋敷は、「古図」を眺めるかぎりいわゆる「うなぎの寝床」といわれる様相を呈している。しかし間口は洛中の町屋に比較してかなり広い。ことに下職人や使用人と思われる人たちの住居地としては考えがたいほどの広さである。しかしこの疑問は、この地域一帯の地形を考慮すればある程度解消する。光悦町は、「通り町すじ」を堺にして東も西もかなりの標高差があり、「通り町すじ」が一番高く、尾根すじと考えればよい。「通り町すじ」とフラットになる屋敷地は、おおむね「古図」に描かれている屋敷地の奥行きのほぼ四分の一以下である。ゆえに屋敷地として使用可能な面積はかなり少なくなるということである。

次に街路であるが、「古図」では町の西出入り口にあたるところで道筋が枝分かれしているが、北の道には「上道光悦新敷□《（造カ）》し道也」、南の道には「下道むかしゟ《（より）》有」との記載があって、町造りの過程で新たに街道筋を変更したようである。丹波から京都に向かって長坂越を経て紙屋川を渡った所で街道が三本に枝分かれする。南に向かう「北山ミちすし」が描かれているが、この道が洛中へ向かう古くよりの街道筋ではないかと思う。「下道むかしより有」道は、洛中をめざさずそのまま西行すれば上賀茂を経て、やがて近江へ通じることになる。このように考えると「通り町すじ」は、古くよりの街道を利用して拡幅して街路として利用したと考えるよりは、町造りの過程で新たに造成し、北で旧街道に交差させ、南は御土居を切り開いて洛中へ通じさせたのではないか。御土居が北に向かって口を開ける「京口」は、御土居築造当初から設けられていたかどうかは確証がない。やがてこの街道すなわち「通り町すじ」が「北山ミちすし」にかわる丹波への街道となり、この「京口」が京都七口の一つ長坂口あるいは蓮台野口と呼ばれるようになったのではないだろうか。鎌倉期からあった長坂口（関）という呼称は光悦町の出現でかなり南に下ってきて定着したということができる。

本阿弥本家の屋敷は、現在の京都市上京区小川今出川上ル西側実相院町の本阿弥辻子にあった。光悦も分家の身ではあるが、本家とはさほど離れぬ所に屋敷を構えていたはずである。以後二十二年間の生涯を過ごすことになる鷹ケ峰を拝領した光悦は、その地を「其外を数々にわけて、一類・朋友、ひさしくめしつかひし者どもまで銘々に分ちとらせ」、一族・朋友が帰依する法華題目の町造りを始めた。

光悦屋敷町之分

一東西弐百参拾弐間　但中にて八百五拾六間
下にて八百八拾間

一南北参百四拾間

但右之内三ケ一ハ畠、残而三ケ一ハ山林竹木

一寺　三箇寺

家数七拾壱間

男女数弐百拾九人

右は、正保二年（一六四五）八月の「大宮郷家数并人数指出帳」の光悦屋敷町分のみの抜き書きである。三分の一が住宅地で、他は畠と山林竹林である。光悦が没して八年後の光悦町の家数は「古図」に比較して増加している。

寛永七年（一六三〇）、林羅山は京都所司代板倉重宗に誘われて鷹ケ峰を訪れ、そのときの印象を著したものが『鷹峯記』[18]として遺されている。羅山は、のどかで美しい景色の鷹ケ峰を印象深く書いているが、町の雰囲気が伝わってこない。正保二年当時の家数や人口から考えて、光悦町には相当の家が軒をつらね、多くの人々が暮らしていたはずであるにもかかわらず、これはどうしたことだろうか。

これと同じことが、灰屋紹益の随筆『にぎわい草』にもいえる。紹益は、光悦の甥・公益の子で、藍染の触媒用として用いる灰である紺灰を扱う富商灰屋（佐野氏）の養子となった。晩年の光悦と交流があった紹益は七十歳代にこの随筆を書いている。

都のいぬるにあたりて、たからみねと云山あり、其ふもとを光悦に給はりてけり、我住所として一宇を立、茶立所などしつらい、都にはまだしらざる初雪のあしたは、心おもしろければ寒さをわすれ、みづから水くみ、かましかけ、程なくにえ音づるゝもいとゞさびしく、みやこのかた打ながめ、問くる人もがなと、松のこずへの雪は、あしたの風に吹はらひて、木の下がけにしばしのこるをおしむ、

光悦はまさに世捨て人の風情である。

「古図」に描かれた町並は、光悦が意図したありうべき町の様もしくは屋敷割り計画図であって、実際には、おそらく町並は完成を見ないまま、寛永末年あたりから付近農民の流入が始まり、光悦屋敷町は、近郊農村へとその姿を急速に変えていったのではないか。このようにでも考えないかぎり、林羅山や灰屋紹益の印象と光悦屋敷町の様子とは符合しがたい。

（3）「古図」に登場する屋敷主

ここで「古図」に記載された屋敷主について若干注記的にふれておきたい。

①「通り町すじ」の東側（現在の鷹峯南鷹峯町と鷹峯黒門町に当たる）。

本阿弥又次郎屋敷地の西北角、街路がT字型に交差する適地に札所（高札場）が設けられている。宗知は、光悦の弟である。『行状記』に「光悦が弟宗智といふものあり、京中に隠れなき大正直者なりしが、彼妻を離別せしものと時々出会けるを妙秀聞きて、世に隠れなきちく生と伴ふ者則ちく生也、我子にあらずとて勘当しけり、是はあまりの事也と人々申ければ、我の左様には思へ共、我一類の多ければ、かゝる義理の違ふものも有べきかと思ふ故に見せしめ也と申ける」[19]と記される人物であるが、これ以上のことはわからない。光瑳は治郎左衛門といい、『片岡氏系図』によれば、光悦の父の兄六郎左衛門の孫にあたり、光悦の養嗣子となったが、光悦と同じ寛永十四年の十月五日に没している。[20]なお『行状記』には「鷹が峰を早天に出で、嫡子光瑳が方へ立寄て、孫共を集て語り申せし也」[21]との一節があり、光瑳は鷹ケ峰に住まず、洛中に居住していたことになる。土田了左衛門は蒔絵師。光栄は本阿弥宗家光徳の子で、光悦の甥にあたる。喜三郎は不明ながら十五間という間口の広さから本阿弥一族であろう。光益は本阿弥本家光徳の子で光栄の兄にあたる。『にぎはひ草』を著した佐野（灰屋）紹益は光益の子で、佐野家の養子となった。「通り町すじ」東側屋敷の東に「玄沢町」と「古図」では記されているが、「古図写」では「玄沢道すし」という道が描かれ、その東側に「玄沢町分」という記載がある。

②「通り町すじ」の西側（現在の鷹峯光悦町と鷹峯土天井町に当たる）。

京都の豪商茶屋家の三代目四郎次郎清次は、光悦とは親しく交遊を重ねており、娘は本阿弥本家光室の男光的に嫁いでいる。茶屋家は天文法華の乱の折りに法華方の大将の一人として本阿弥家や後藤家とともに活躍している。[22]尾形宗柏（伯）の父は道柏といい、母は光悦の姉である。ちなみに宗柏は、尾形光琳・乾山兄弟の祖父にあたる。この屋敷は、実際に尾形家に引き継がれ、貞享四年（一六八七）に乾山が相続している。[23] むめたに道安の屋敷には間口が記載されていないが、尾形宗柏屋敷と比較して二十間はあったろう。蓮池氏は、『古画備考』（狩野元信の項）に天文八年（一五三九）に蓮池秀明が元信と連名で扇座を代表して扇座の保護を求めて請文を幕府に出していることと、『雍州府志』（土産門下・服器部）に「唐織は俵屋を以て本と為す」とあることが、唐織屋蓮池氏と扇屋俵屋とが結びつき、俵屋宗達は蓮池氏であるとの仮説を生んだ。光悦の叔父光刹の娘が「タワラヤ宗達」に嫁いでいること、[24] 嵯峨本や光悦和歌巻の下絵にみられるごとき光悦と宗達の密接な関係、また「古図」に蓮池常有の屋敷の記載があることなどから、宗達は蓮池氏の出自との可能性は捨て難い。また常有は立本寺に鉄灯籠を寄進しており、本阿弥一族同様法華信徒であった。[25] 土田宗沢は蒔絵師、筋向かいの土田了左衛門は同族であろう。宗沢は慶安五年（承応元＝一六五二）に、鹿苑寺の吉田権右衛門を千束の屋敷に招いているし、のちに光悦町の代表の一人として鹿苑寺に借地料を納める役目を勤めている。筆屋妙喜、光悦が使う筆は妙喜が製作したといわれる。「古図写」には「かミや宗仁」と書かれているが、光悦が使う料紙はこの紙屋宗仁が納めていたといわれる。光伯は本阿弥本家光刹孫、光悦の甥にあたる。光甫は光悦の嫡孫で『本阿弥行状記』を編纂した。

③「西への道すし」の南側（現在の鷹峯光悦町に当たる）。

光悦が茶室大虚庵を構えた場所は定かではないが、「いはい所」（後の光悦寺）北側の当該地の可能性が高い。寛永六年（一六二九）、板倉重宗に誘われて林羅山が鷹ケ峰を訪問したが、翌年、羅山がそのときの印象を記した『鷹峯記』の文中に「叟嘗占数百弓之地、以構小宇於此、自号大虚庵」という一節があることから、光悦がすでにこの頃に「大虚庵」と名付けた茶室を構えていたことを知る。

④「西への道すし」の北側（現在の鷹峯北鷹峯町に当たる）

「たいあみ道有屋敷」の東側は「古図」では空地となっているが、「古図写」では「常照寺」と書かれている。常照寺は光悦から寺地の寄進をうけて元和年間（一六一五～二四）に開かれたといわれている。

以上、「古写図」を参照しながら「古図」に書かれた屋敷主について可能なかぎり注記した。「通り町すじ」をメインストリートとする住宅街の形成はまさに「古図」を見る限りにおいては「光悦町」と呼ぶにふさわしい。

三　光悦町と鹿苑寺の領界紛争

光悦が世を去ったのは、寛永十四年（一六三七）二月三日である。その六年後の寛永二十年四月には田中宗因と本阿弥光甫との間で本阿弥光悦屋敷をめぐる相論が起こっている。鹿苑寺住持鳳林承章の日記『隔蓂記』によると、四月二十五日に鹿苑寺の家来である吉田権右衛門が、本阿弥光悦屋敷をめぐる出入りの子細を尋ねるため田中宗因宅を訪れている。[26]「本阿弥光悦屋敷之出入」「千束之本阿弥屋敷之境目出入」「千束之屋敷之出入」と『隔蓂記』に記されており、[27]光悦町はこのようにも呼ばれていたことがわかる。

田中宗因は茶の湯を通じて鳳林承章と親しく交遊を重ねた人物である。利休の孫にあたる千宗旦の書状には「朱屋宗因（印）」と現れ、[28]また「本法寺過去帳」[29]に「宗因霊　慶安三寅年三月八日　金座田中氏」と記載されている。このことから、宗因も法華信徒であり、貨幣鋳造所である金座を経営する上層町衆の一人であったことがわかる。本法寺は京都法華宗二十一か本山の一つで、本阿弥家が檀越として歴代の墓も境内にあるが、おなじ法華信徒として宗因も鷹ケ峰に屋敷を構えたのであろう。光悦町の屋敷地は、光悦在世時から売買されていたので、宗因も光悦から入手したのかもしれない。紛争の詳細は何も明らかではないが、この出入りも六月には光悦町を預かる光悦の孫光甫との話し合いによって和解が成立している。[30] また、正保二年（一六四五）十一月には本阿弥光益が関わる屋敷のことで鹿苑寺との間でなにか紛糾しているふしがある。[31] 光悦が没してさほど年数を隔てていないにもかかわらず屋敷の境をめぐる争いが起こっているということは、光悦在世中にはすでに火種があったということになろう。

(一)鹿苑寺の主張

光悦町にとって領界をめぐる紛糾の最大のものは鹿苑寺を相手とするものであった。『隔蓂記』には、この領界争いの経過が詳細に綴られている。ことの発端は、正保三年四月二十三日に星野市郎右衛門という者が鹿苑寺領の芝原を押領し、しかのみならず宇治井の百姓がその芝原に侵入して杭を打ったことに始まる。「古図」によれば「通り町すじ」西側の屋敷の裏（西側）が「原十六間半」とあり、その原と境を接して「しば北山分」があるが、この芝原の帰属をめぐっての争いであった。

鹿苑寺の主張は、鳳林承章が正保四年三月二十七日に半井驢庵（成忠）に宛てた手紙[32]に詳しく、それによれば、

①当該地には鹿苑寺領の田地と芝原があったが、秀吉による御土居築造によって田地が接収されてしまい、替え地は西院村に与えられた。

②去年四月二十三日に本阿弥光悦町の者が大勢芝原に押し入り、その芝原の真ん中に杭を十本ばかり打って光悦町の土地であると主張した。

③芝原は鹿苑寺の領地であって光悦町のものではない。前々よりこの芝原の芝をはぎ取って井手の普請に使ってきた。光悦町の押領は迷惑である。

④光悦町は内より二十間ほど侵入して垣を作っており、このことについては本阿弥光甫に内々に申し入れているが、いまだに解決をみていない。にもかかわらず、あまつさえ他の芝原をも押領しようとしている。

⑤納得がいかないので、板倉周防守殿（京都所司代）に境内絵図を見せて非法を訴えたが取り上げてもらえなかった。この様子を少しお話しいただきたくよろしくお願いします。

という内容である。

光悦町の非法をこまごまと訴えた手紙であるが、京都所司代板倉重宗に一蹴された鹿苑寺側は、半井驢庵を頼って事態の打開を計ろうとした。半井家は、幕府に仕える御用医師で、驢庵は『寛政重修諸家譜』に「（寛永）十六年十月十二日遺跡を継、十七年五月二十八日暇たまわりて京師にいたり、天脈を診す。これよりのち代々この事をつとむ」とある。驢庵は勝千代と呼ばれた幼年から承章の俗弟子で、その縁で両者は結びついており[33]、また驢庵の妻は小出吉親の娘で、吉親は当時上方の郡奉行の要職にあった。承章はこの縁に頼ったといえるだろう。

『鹿苑寺文書』のなかにこのときに作成されたとおぼしき「絵図」があり、光悦町と紙屋川の間の芝地に杭を示す●点が描き込まれている。たしかに鹿苑寺は天正十九年（一五九一）九月十三日、豊臣秀吉によって「土居内減分田畠替」として西院村に九石五斗八升が安堵されているし、徳川家康もそれを追認している[34]。ただ当該地の田地がすべて御土居のために接収されたわけではないので、芝原も田地も鹿苑寺領として残っている。

また鹿苑寺は、国絵図作成のための準備作業の一つと思われるが、正保二年十月に他領の調査と比較してかなり領界を詳しく記した覚書を作成している[35]。このことは、この頃北山郷における鹿苑寺領をめぐる領界争いの種が随所にみられたと推測させる。それゆえに国絵図作成という機会に領界を確定しておく必要が鹿苑寺側にあったと考えられる。

(2)光悦町側の対応

江戸幕府の国絵図作成命令にもとづく鹿苑寺の寺領調査は、正保二年(一六四五)九月に開始された。鹿苑寺は、同月十六日に絵師伊藤長兵衛を呼び、吉田権右衛門が同道して近隣の山に案内し「当寺領内之山之画図」の制作を依頼した。(36)その一方で杭を打つなどして領界の線引きを実施した。(37)この行動が、近隣農民や光悦町の住人を刺激しないはずはない。

星野市郎右衛門等による正保三年四月二十三日の突然の芝原押領に驚いた承章は、同月二十八日、早速自ら伏見の小堀権左衛門を訪ねて相談をし、(38)五月十日の早朝には板倉周防守を訪ね実状を訴えている。(39)その日は板倉屋敷から再び伏見へ向かい小堀遠江守にも会おうとしたが、彼は水口へ行って留守であったため権左衛門に会い絵図を渡している。その後年内は、解決に向けての動きは『隔蓂記』からはうかがい知ることはできないが、翌年三月七日には承章は日ごろ昵懇にしている田中宗因に仲介を依頼し、(40)光悦町の主本阿弥光甫と紛争解決に向けての具体策を模索している。その一方で、二月十九日には承章が人足十人らをして紛糾している一井の芝原を開墾させている。(41)鹿苑寺も領地を保持せんがためには実力行使やむなしという決意をもったのであろう。そして、ついに承章自らが四月四日、初めて本阿弥光甫の屋敷に赴き、紛争解決の話し合いを行った。(42)八月十日には光甫が初めて鹿苑寺を訪れ、光悦町側が地子料を払うことで決着がついた。(43)ここで初めて紛糾している光悦町での主たる相手が浮かび上がってきた。尾形屋敷である。南北二十間東西七間の芝原を押領していたことが明らかになり、八月二十一日には尾形宗謙の名代として母尾形一樹尼の内者幸谷理右衛門が鹿苑寺を訪れ、借地の件に関する契約も調った。(44)

翌慶安元年(一六四八)八月二十九日、本阿弥十郎兵衛が医師の玄切を同道して鹿苑寺を訪れ、芝原の借地契

約を最終的に行っている。(45)

北之芝原屋敷五年以来請人、本阿弥光与・土田宗琢・医玄切当年五年目納所之年也。地料四石九斗三升也。五石之内七升者尾形一樹相納也。地料之義、当年者三石可相納、可為宥免之断、申来故、三石同心申也。本光与者他国留主(守)之由残之両人断也。銀子参枚納也。石ニ付四拾三匁之算用也。

『隔蓂記』明暦元年（一六五五）十二月晦日の記事である。慶安元年（一六四八）に借地契約を結んで以降初めて書かれた借地料支払い（銀納）の記事である。明暦三年十二月にも同じ三人が借地料を届けているが、両年共、光悦町側が五石の地料を三石に値切っている。(46)毎年十二月が支払い月であったようで、光与が以後届けている。経過から考えて、光与とは「古図」に見える十郎兵衛のことであろう。

四　光悦町の終焉

(一)本阿弥家の苦境

光悦町と鹿苑寺をめぐる領界争いにおける在地百姓の活躍を垣間みたが、彼らの動きには、本阿弥家の支配から脱却しようとする意志が働いていた。このことは、本阿弥光甫の子である光伝が京都西町奉行井上丹波守正貞及び水野彦左衛門に宛てた書状(47)によって具体的に明らかになる。

一、光悦町鷹峯去々年御新検之高百七十六石八斗一升に御定被成候、六十年に余り町中作取に仕候処に、改り大分之御年貢差上申候義、所之者迷惑に奉存候得共、御為と承候上は、冥加之為御年貢指上可然義奉存、私義終に御断之御訴訟不申上候御事、（中略）

一、寺社奉行所に而被仰渡候は、光悦町支配之義光伝相止候事、従公儀は被仰付無之候処、いわれざる遠慮に

而候、唯今迄之通光伝支配致候様にと、日允へ被仰渡候御事、
一、日允江戸ゟ罷登承候へば、在所之内庄兵衛と申者、五味藤九郎殿江出入申子細有之由に而、新庄屋罷成候由申、町中へ度々掛り銀其外種々之難儀を懸、殊藤九郎殿御死去以後は、弥庄屋心儘に仕候故、日允御前へ任《(伺候)》公、江戸に而之様子申上、此段おぼつかなく被思召候はゝ、江戸へ御尋被成、其上に而光伝支配に被仰付被下候様にと申上候者、尤寺社奉行衆、日允へ被申候段相違可有之とは不被思召候へとも、御前へ何方ゟ何共不申参候、日允迄に而百姓に急度被仰渡候義難被成候、併未新検には不被為仰付候、其上弥委細には重而被仰渡候由寺社奉行衆被仰候はゝ、先其内今迄之通にも可仕旨、日允被仰渡候御事、（中略）
一、光悦町御新検之高百七十六石八斗一升之内、新庄屋庄兵衛一味之者共高拾九石余に而、人数二十三人は御新検を望、私支配請不申候、相残百五十六石之人数は古検を願申候御事、
一、新庄屋庄兵衛等才覚に而町中へも知せ不申、度々屋敷之売買仕候、又は借屋をも置申候、其内牢人と相見へ申者なども有之、何共見定めかたき様子御座候、常に鷹峰の辺土に而悪敷者共もかく見安き所に而、日比堅く吟味仕来候、今程は新庄屋等別にかまへ罷有候に付、且而命《(僉)》儀も罷成不申、若悪事など出来仕候はゝ、惣中のあやまりに茂罷成可申かと、右廿三人之外之者共迷惑仕、御所江度々御訴訟に罷出候由申候、勿論私方江も度々参、右之趣申届け候得共、私義は右の仕合故支配不仕候御事、
一、弥庄兵衛申通無相違、仁右衛門殿御下に付申義、筑前殿被仰付候義慥に候而、廿三人は願之通新検に被仰付候共、相残候在家出来弐百余人の分は古検之御訴訟相叶申候様に奉願候御事、
一、庄兵衛等私を悪敷申上候義、私自分としては御断申上がたき義に御座候、願くは惣中被召出候刻、私三十一年支配仕候内之義具に御尋被成下候者忝可奉存候、

一、私義病者に而御座候故、支配之望少も無御座候、乍去光悦ゟ数代相続候義に御座候間、光悦筋目之者に相伝り候様奉願候御事、以上、

十月廿二日　　光伝

「是迄は丹波殿への口上書」(貼紙)

一、板倉周防守殿御折紙も空く不成申、光悦拝領之記も御座候様に、一類之者共願申候、又は家来筋之百姓相手に而所を空く仕候事、外聞を失申義候故、難捨置候而申上候御事、

私儀乍惶御奉公と奉存、三十一年支配仕、御触申付候、町中之者共へ唯一色に而も非道申懸候か、又は一色に而もおこり候事有之候歟、但数年在所之者に不便を加申候歟、在所中之者共口ふりを御聞届被成下候様に支度奉存候へ共御用多く御座候に付、申上兼罷在候事、

光伝

水野彦左衛門様

延宝七年（一六七九）に終了した畿内幕府領の検地によって、光悦町の村高は百七十六石余とされたが、検地高に承服できない本阿弥家は古検（太閤検地高）を希望し、抗議の意志を表すため光悦町の支配を止める意志を表明した。しかし、庄兵衛を新庄屋とする村高十九石余の二十三人の百姓は新検を希望した。庄屋本阿弥家に対する新庄屋であるが、彼らは延宝検地を好機として本阿弥家の支配から離脱を画策した。ただ、村高百五十六石余の百姓二百余人は本阿弥家の主張に同調し古検を希望しているので、本阿弥家としては強気の姿勢を崩さず訴訟に持ち込んだ。しかし水野彦左衛門宛の書状によれば、「家来筋の百姓」の台頭によって本阿弥家の主張は認められず、加えて光悦以来の拝領経緯による光悦町支配の継続をも否定されてしまった。光伝としては、「去り

ながら光悦ゟ数代相続候義に御座候間、光悦筋目之者に相伝り候様奉願候」と言うのが精いっぱいの言葉であった。

(2)尾形家の台頭と光悦町の幕府召し上げ

光甫の弟で本法寺住持にもなった日允もこの紛争については尽力し、寺社奉行から光伝支配の意向を引き出しもしたが、事態を好転させることはできなかった。日允は、父光瑳の実家である片岡六左衛門に、光悦町が本阿弥家の支配から離れてしまったことを告げる書状を書いている。光伝の水野彦左衛門宛の書状との比較において、日允のこの書状は天和二年（一六八二）のものと判断しうるが、それには、光悦町支配の正当性を示す口上書二通・折紙一通・光甫の状一通が添えられていた。(48)

口上書二、折紙一、光甫ノ状一、以上四通進之候、

一、折紙ニ拝領之文言無之候へ共、此時大勢御よひよせて拝領之事被仰、公事もさはき候へと被仰付候、此仰付ゟ立還折紙を見候へハ、拝領之証文ニ可成事ニ候、

一、六石ノ事、元和元年ゟとらせ不申候へとも別事も無之候。元和七年ニ女院様ノ百姓ニ成候而からおごり出、大キニあれ候故、公儀へ被致訴訟候様ニと、在所中光悦へ申候へ共、かはりたる慈悲心なる者ニて候故、
妙秀盗人あらハれぬやうニと祈念いたされ、人の迷惑を悲ミ被申候事　拝領ノ代
光一事ヲ存出、間口一間ゟ一升ツヽ集、六石遣申候、
此事京中ニハ気ちかひと申候、権現様ハ御ほめ被成候
古肥前殿銀三百枚被下候へ共、光悦不申請候、妙秀御悦候

一、小袖や宗是茶入ヲ光悦金卅枚ニかひ被申候、まけ可申と被申候へハ、それならハいやと中、家ヲ十枚ニうり、廿枚ハかり候てかひ被申候、卅枚いたすへき茶入ヲ安クかひ候ハ、いつはりニて候故、実ヲ立申根性ニ而候。知行指上、家職ヲ相止、せんしやうも欲も無之光悦、何ノ用ニ百姓屋敷ヲかり、金銀ヲ入テ、在所ヲ

取立可申哉云々、

一、去年被仰付候通ニ而ハ、光悦偽候而鷹峯を持て居申候、周防伊賀も同類ニ而私曲被成候、此折紙むなしく成候、此折紙むなしくなり候へハ、周防殿ハ偽人ニ成可申候、光悦子孫、光悦ガ偽者ニ成候事第一ニ歎申候申度候、

日允

片六左様
参

文面に「公事もさばき候へ」とあるように、光悦は光悦町の裁判権をも付与されていたが、「せんしやうも欲もこれなき光悦、何ノ用ニ百姓屋敷ヲかり、金銀ヲ入テ、在所ヲ取り立て申すべき哉」と語られているごとく、光悦は領主としての権利行使にさほどの執着をみせなかった。このことが拝領以前からすでに住んでいた在地百姓との軋轢が生まれる大きな要因にもなった。在地百姓の要求に対し、間口一間あたり一升ずつ集めて計六石を拝領代すなわち屋敷代として支払っていたという事実は、まさに本阿弥家の光悦町支配の虚弱性を露呈しているといわざるをえない。このような在地百姓の強硬姿勢の背景として、日允は「元和七年ニ女院様ノ百姓ニ成り候てからおごり出、大キニあれ候故」と記している。女院様とは元和六年（一六二〇）六月に入内した徳川和子（東福門院）のことで、女院の御服所を勤めたのが呉服商雁金屋尾形家であった。「古図」によれば、尾形宗柏が光悦町に屋敷を所持しており、尾形家と在地百姓の間に支配関係が発生したのであろう。「女院様ノ百姓ニ成り候」とはこういう経過を語っており、新庄屋庄兵衛を頭目とする百姓たちとは彼らであった。東福門院につながる尾形家の力を背景とする新庄屋と本阿弥家の在地支配をめぐる対立は、光悦町幕府召し上げという本阿弥家にとって思わぬ事態をもたらした。

日允の手紙の内容とは異なって、『家伝』は「夫より四代光伝迄持ち来たり、支配仕り候所に、延宝七年未年京都一統新地仰せ付けられ候て召し上げられ候」と記すのみであるが、光悦の鷹ケ峰拝領を否定されたことに対して、光悦が偽り者ならば板倉伊賀も偽り者ではないかという日允の手紙の一節は、本阿弥家の無念の気持ちを見事に語ってあまりある。

なお、光悦町の召し上げの時期は、『家伝』では延宝七年（一六七九）であり、「光伝書状」では天和元年（一六八一）となるが、この二年間の差は最終決着までの経緯期間と考えればよい。

光悦以来の光悦町支配の歴史を閉じた本阿弥家は光伝の跡を継いだ弟光通の代になって、光悦の「当時関東御憐愍、われ〳〵が親類共残らず蒙り奉るといへとも、いつまでも王城に住居して、御用向の節は出府仕るべく、決して江戸表へ引越の儀ゆめ〳〵有べからず[49]」という戒めを破って江戸へ移住した。元禄十年（一六九七）のことである[50]。

（1）元弘三年五月二十四日「内蔵寮領目録」に「一、長坂口率分、毎月二貫五百文、見参料三貫文、但為武家近年被止之畢」とみえる。
（2）『康富記』同日条。
（3）『本阿弥行状記』五二段（正木篤三『本阿弥行状記と光悦』所収）。
（4）正木篤三『本阿弥行状記と光悦』（芸艸堂、一九四四年、新装普及版、中央公論美術出版、一九九三年）。
（5）『改訂史籍集覧』第一六冊・別記類所収。
（6）『行状記』五一段。
（7）『行状記』五二段。
（8）『家伝』。

（9）林屋辰三郎「光悦の人と時代」（『伝統の形成　日本史論聚・五』所収、岩波書店、一九八八年）。

（10）『日本随筆大成』（新装版・第二期2、吉川弘文館、一九七三年）所収。

（11）現世肯定の教義をもつ法華宗は、応仁・文明期頃より京都の町衆の間に急速に広がっていった。中御門宣胤の日記『宣胤卿記』文明十三年三月二十六日条に「当時法華宗繁昌驚耳目者也」と記されたほどに、その隆盛は目をみはるものがあった。このころ、洛中には洛内法華宗二十一か本山と総称された法華宗の諸寺が下京を中心に勢力を張っており、土一揆や一向一揆に対抗して多くの寺院は武装し、堀や土塁などを構え、軍事的な基地の様相さえ備えていた。天文法華の乱において、山門の洛中への攻撃に対し「後藤・本阿ミ・茶屋・野本等旦那已下三千余、西陣・東陣ヲ支タリ」（『両山歴譜』日唱本）とあるように、本阿弥家は、かなりの武力をその支配下に有し、後藤・茶屋・野本らとともに京都の法華信徒の指導的立場で、町の防衛を指揮して戦っている。『雍州府志』によれば、本法寺の日親に帰依した光悦の曾祖父本光（一四三五～一五三四）以後、一族はみな剃髪して「光」の字を用いたと記されている。本阿弥家は本光のころから本法寺の有力な檀越となり、ことに光悦の母妙秀の法華宗への帰依の深さの様は、『本阿弥行状記』の随所にみられ、一族の信仰の指針となっていった。光悦の法華信徒としての生き様は、この母を抜きにして語ることはできない。光悦は、鷹ケ峰で大虚庵という草庵を結んでいるが、そこでの生活を『本阿弥行状記』は、「此所に艸の庵を結び、末法悪世の唱導師、上行菩さつを空中斎がみづからきざみて安置し奉り、恩分ふかき主君、父母、六親、法界の為に、便りなき貧僧をあつめ、三年の内に法花一萬部を読誦しける、かく身に過たる面白き所々を住家として、楽みに耽ることそら恐し、されば光悦心静かなる夕暮に、爰かしこながめ歩みて思ひけるは、いかなる故にかくの如く大きなる野山を拝領申、何思ふ事もなく明し暮す事の忝さ、今生一世の事にはよもあらじと思ひけるが、若年のときいつも妙秀語りけることを不図おもひいだし、さては疑ひなくわが親の善心の報ひなりと肝に銘じける」（五十二段）と記している。光悦の信仰生活三昧の様子が、孫光甫の手によって語られている。しかし、この本阿弥家をはじめとする上層町衆の熱心な法華信仰が、天文法華の乱における法華信徒の武装力を、いまだ内に秘めているのではないかという認識が、家康をして彼等に警戒の目を光らせることとなった。

(12) 注(4)。なお、光悦会編『光悦』(芸艸堂、一九二一年)に発見当初の姿をとどめる「古図」が掲載されている。

(13) 「片岡家過去帳」(片岡悦三家文書)。

(14) 片岡悦三家文書。

(15) 光悦会編『光悦』。

(16) 一軒のみ間数が書かれていないが、図面上での間口幅から二十間と一応判断した。

(17) 『大徳寺文書』二六〇〇。

(18) 『羅山先生文集』巻一(京都史蹟会編、一九一八年)所収。

鷹峯記寛永七年作

夫鷹峯之為佳境也、九重之鳳城巍巍於其南、一支之鴨河溶溶于其東、蓮野・紫野接鄰乎其前、若州・丹州通塗于其北、或愛宕隔在一峯之西、或比叡聳寸眸之中、或拝雷社于艮隅之霊鎮、或掲舟岡為庭際之仮山、若、夫籬外看梅、則隔林彷彿聞菅廟之暗香、況又長松鵑啼似移若耶之風物、霜後愛楓、則薄晩想像寄雄峯之秋色、加栫脩竹雪飛如借鐘阜之景気、此乃鷹峯之四時也、林霏朝開山気夕佳花穿午簾、月入紗窓、此乃鷹峯之朝暮昼夜也、且、夫樵蘇唱於路、耕牧遊於埜、行旅憩於坂、鳥集而不驚、獣馴而不畏、在路外而人不遠、非市中而径有媒、不江湖而有渭流、此乃鷹峯之境致也、依境以思人、光悦叟蓋其人歟、叟嘗占数百弓之地、以構小宇於此、自号大虚庵、今依人而亦何見境、去歳一日太守源公赴鷹峯時、偶誘余、余亦従行忽入佳境、終日忘帰、其景殆如嚮所云也、叟請余記其所見、太守亦屢慫慂焉奚得不言哉、於是思之、古人論書法、以山川星雲草木禽蟲之類而比喩之、其間有如危峯沮日者、有如夏雲多奇峯者、有如鷹跱鳥震者、有如鷙鳥乍飛者、矧之字権輿自鳥跡乎、然則雖以鷹峯論之亦可也、世伝昔浮屠空海師来此而擬斯山於霊鷲、因名鷹峯焉、海師得書法三昧、鳴于本朝今也、叟心匠有巧、尤善能書、自謂花鳥風雲得之心而、後倭字漢字応之手、故心在筆前、自成一家法、人求者多縑紙盈戸、或獲者皆珍蔵焉、嗚呼庶幾其人境倶得而書法與鷹峯齊垂於不朽也

記中所謂源公者京尹板倉重宗也、今茲先生偶自東武帰休於京洛数月、其際被重宗誘引而有鷹峯之遊

(19) 『行状記』八段。

(20) 注(13)。
(21) 『行状記』五三段。
(22) 『両山歴譜』日唱本（藤井学・波多野郁夫編『本能寺史料　古記録篇』、思文閣出版、二〇〇二年）。
(23) 貞享四年八月十七日「尾形権平（乾山）証書」（山根有三『小西家旧蔵光琳関係資料とその研究』所載六三号文書、中央公論美術出版社、一九六二年）。
(24) 「菅原氏松田本阿弥家系図」（片岡悦三家文書）。
(25) 藤井学「近世初期における京都町衆の法華信仰」（『史林』四一―六　一九五八年、のちに『法華文化の展開』所収、法蔵館、二〇〇二年）。
(26) 『隔蓂記』寛永二十年四月二十五日条「吉権赴于田中宗因也、本阿弥光悦屋敷之出入依有之、其子細故、赴宗因也」。
(27) 『隔蓂記』寛永二十年四月二十八日・六月十一日条。
(28) （寛永十年）八月十六日「宗旦書状」（『元伯宗旦文書』所収）。
(29) 本法寺文書（本法寺蔵）。
(30) 『隔蓂記』寛永二十年六月十一日条。
(31) 『隔蓂記』正保二年十一月十七日条。
(32) 『隔蓂記』第二巻末所載。
(33) 『隔蓂記』寛永十三年二月六日条および『寛政重修諸家譜』第一一巻（続群書類従完成会、一九六五年）。
(34) 御朱印御制札御除地并由緒書等（『鹿苑寺文書』、京都市歴史資料館架蔵フィルム）。
(35) 正保二年十月一日「山城国葛野郡北山郷四方境覚」（『鹿苑寺文書』、京都市歴史資料館架蔵フィルム）。光悦町との境については以下のように記載されている。

　一、東西堺北ニ而六町、東ハ本阿弥光悦町平地きわ迄、西ハ金地院領迄、

　一、南北堺東ニて拾四町三拾三間、北ハ光悦町平地之きわ迄、

(36)『隔蓂記』正保二年九月十六日条。
(37)『隔蓂記』正保二年九月二十三日条。
(38)『隔蓂記』同日条。
(39)『隔蓂記』同日条。
(40)『隔蓂記』同日条。
(41)『隔蓂記』同日条。
(42)『隔蓂記』同日条。
(43)『隔蓂記』正保四年八月十日・十五日条。
(44)『隔蓂記』同日条。
(45)『隔蓂記』同日条。
(46)『隔蓂記』明暦三年十二月二十九日条。
(47)（天和元年）十月二十二日「本阿弥光伝書状」（光悦寺文書、光悦会編『光悦』所収、芸艸堂、一九二一年）。
(48)（天和二年）日允書状（瀧川氏所蔵文書、光悦会編『光悦』・正木篤三『本阿弥行状記と光悦』所収）。
(49)『行状記』八〇段。
(50)『家伝』に「光通元禄十丑年罷下り、夫より江戸住居に罷成候」とある。

〔補注1〕 本稿発表後、福島克彦氏は「京都市北郊、鷹ケ峰地域の景観変遷と集落形成史(その1) 植村善博・福島・中村武生共同執筆」（『佛教大学文学部論集』第八四号別冊、二〇〇〇年）において、地積図の分析から「宅地建設状況と明確な時期は不明だが、地割の設定自体は『古図』の計画通り進められたと考えてよい」、また南北に通じる街道についての宅地造成持に御土居を切って洛中に通じさせたのではないかという筆者の推測についても、町造り以前より存在したと論じられているので参照されたい。

〔補注2〕 寛永二十年四月に田中宗因と本阿弥光甫との間で起こった本阿弥光悦屋敷をめぐる相論については、本稿発表後、岡佳子氏によって「宗因の居宅は洛中にあり、鷹ケ峯に居住していた形跡がないこともあり」、この相論は鹿苑寺と光悦町の一次相論を宗因が仲介したものであるとの見解を示されているので参照されたい（「朱屋田中勝介・宗因について——近世初期京都の一町人像」、（『大手前女子大学論集』第二九号、一九九五年）。

付論I　光悦蒔絵

十六世紀末から十七世紀初頭にかけて、漆工芸の世界に新たな潮流が出現した。ひとつは高台寺蒔絵様式といわれるものであり、他は光悦蒔絵である。もっとも南蛮漆芸という様式も盛行したが、これは高台寺蒔絵様式の技法・製作工房を基盤とすることによって成り立っていたとみることができるのでそこに包括しうる。

唐物の影響下にあって造形・意匠とも複雑化・高度化の道を辿って一応の完成をみていた室町期漆工芸に対して、高台寺蒔絵や光悦蒔絵は、新鮮な感覚に盈ち溢れていた。京都・高台寺の豊臣秀吉夫妻を祭る霊屋内陣に施された蒔絵装飾にちなんで名づけられた高台寺蒔絵は、高蒔絵といった従来の高度な技法にかわって、平蒔の蒔き放しと、元来地蒔きの技法であった梨地を絵文様に取り入れるという応用技法（絵梨地）を駆使したという点で、漆工芸においては画期的なことであった。また、意匠も秋草文様に代表されるように、草花の美しさや躍動感を写実的に表現したものであった。桃山という時代相を反映した華やかで、明るい意匠性を具備した高台寺蒔絵は、武将の居城・館の室内装飾、調度品の製作、あるいは経済力を高めてきた商人層への需要の拡大もあって、一時代を画するほどの人気を得た。

一方、光悦蒔絵は同時代に創り出された漆工芸品でありながら、高台寺蒔絵とは技法も意匠も大きく相違をみせた。光悦蒔絵の特徴は以下に要約することができる。まず第一に器形が斬新であること。第二に意匠の題材を和歌をはじめとした古典に求めたものが多いこと。第三には、意匠表現が装飾的で斬新なこと。第四には、貝・

鉛・銀といった加飾材料の用い方が大胆かつ効果的であること。

光悦蒔絵作品ではもっとも完成の域に達しているといわれる「舟橋蒔絵硯箱[1]」をとり上げて、光悦蒔絵の特徴を具体的に述べてみることにする。まず器形であるが、蓋が山形に高く盛り上がっている。撫四方といわれる稜角の丸まった甲盛の豊かな蓋を袋形とよんでおり、光悦蒔絵作品の特徴の一つにもなっているが、それにしてもこの硯箱の甲盛は極端である。「明の厚い端渓の硯を貫って秘蔵せんとして作った箱であるために、蓋の中央を高く盛上げねばならなかった[2]」という意見もあるが、この蓋の形は硯の大きさに規制されてというよりは、むしろ意匠表現方法の卓抜性に求めたい。舟橋というのは、舟を幾艘も横に繋ぎ並べてその上に板を渡して橋としたもので、浮橋の一種である。視覚的には平面性が高い。しかし、甲盛を極端に高くすることによって、川舟に渡された板橋の、水の流れのままに揺れる様と、川の流れとわが身との距離においてその浮橋を渡るという人の気持ちの心許無さが重なりあい、「あづまぢのさののふな橋かけてのみ思渡るをしる人のなさ」(『後撰和歌集』巻第十)という源等の歌の恋心をみごとに表現しているとみるのはうがちすぎだろうか。

歌の文字を取り入れた歌絵の意匠は葦手絵といわれ、平安時代にはすでに行われているが、木や岩などに隠れるように文字が配されるといった判じ絵的要素が強く、光悦蒔絵のように絵のみならず文字の美しさをもストレートに押し出してくるという意匠表現は以前にはなかったことである。

次に、加飾材料の用い方はどうかというと、この「硯箱」の、鉛板の使用方法の大胆さに目を驚かされる。厚手の鉛板を嵌入せず貼ることによって板橋の厚みを表現し、さらに鉛板の全面に凹凸を施したり、両縁を粗く細工することで古橋の感じを見事に醸し出している。また、厚手の銀板を切り抜いて仕上げた文字は流麗で、鉛板同様貼っているために立体感に富み、硯箱全体として重量感溢れる作品となっている。蓋を開けてみると、右に小刀入れが笄形に刳ってあり、左に横長の水滴と重厚な硯がおかれている。この身の構造および容器の形も光悦蒔絵の特色の一つとなっている。「樵夫蒔絵硯箱」[3]や「左義長蒔絵硯箱」[4]も同じような身の構造になっており、尾形光琳の光悦写と伝えられる「住之江蒔絵硯箱」[5]もこの身の作りをきっちり踏襲している。

光悦蒔絵は、大胆な材料の用い方をする一方で神経の行き届いた仕上げがなされ、古典に題材を求めた意匠ながら、たんなる懐古趣味や復古主義に陥ることなく、その意匠構成は画期的で、高台寺蒔絵とは異なる意匠表現の道を歩みながら、室町期漆工芸が打ち破れずにいた壁をおなじくみごとに乗り越えた。

さて、ここまで光悦蒔絵の特色について述べてきたが、まだ未解決の大きな課題が横たわっている。これがいちばんやっかいで、多くの工芸作品に共通することであるが、作者が特定できないことである。いまさら何をといわれるだろうが、事実だからしかたがない。

蒔絵に代表される漆工芸は、下絵に始まり完成するまでの製作工程が分業的で長期にわたるため、一つの作品に対する作り手の個性というものが明確に現れてこない。漆工芸史に輝かしい一ページを刻した光悦蒔絵も、本阿弥光悦の名が冠されているにもかかわらず、光悦が蒔絵製作にどの程度参画したのかという点に関しては、すこぶる曖昧であるといわざるをえない。尾形光琳が造った「住之江蒔絵硯箱」が納められた内箱の蓋裏に「鷹峯大虚庵住物／光悦造以写之／法橋光琳（花押）」という墨書があるが、後書きの可能性も示唆されており[6]、いまのところ光悦蒔絵は、「光悦芸術というものの影響下に製作された蒔絵作品群」という域を一歩も出ることができないでいるのが現状である。

しかし、光悦が蒔絵製作に携わった可能性を示す史料は、少ないながらも存在する。

今世に光悦楓(ママ)と唱へ候は、祖父貴布禰へ御参詣の節、奥院の所々に有之候きふね紅葉御とり帰、絵にも御認

め、蒔絵にも被成候、とかく何事にも自然と風流の御生質也、

光悦孫光甫が編纂した『本阿弥行状記』(7)の一節である。しかし、これとてどのように光悦が蒔絵製作に関わったかは定かでない。

金貝大方出来候間、懸御目候、
一ミトリヲ金子ニテ可然や御書候テ可給候、
一葉スクナク候間、今少付可申候、御書候而可給候、
一此金貝ノ出来候分、葉ナガク候而見にくき所をハ、墨ヲ付而可給候、切可申候、我等も弥四ニ居申候、早々待申候、かしく、

光悦(8)

新兵衛尉殿

光悦が、下絵に対する具体的な指示を求めて出した手紙であるが、宛名の新兵衛尉という人物も、作品の注文者であるのか、製作工程上の注文者すなわち蒔絵師であるのかデザイナーであるのか判然としない。しかしいずれにしても光悦が製作工程上のどこかに関与していたということだけは、この書状で窺うことができる。

(封) 今内様　　貴報　　悦

貴書本望存候、如貴意去夕心閑申承候、松風一段出来申候、御謡早速直候事御数寄ノしるしにて候、又小皷ノ筒ノ金貝之事、其方成かね可申談合、此方ニて可仕候。水入ハ仕候か御入候ハヽ、可進之候条可御心易候、かしく、

廿三(9)

今内様とは、加賀藩の重臣今枝内記重直のことである。光悦の父光二は加賀前田家より食知をうけていたが、光悦も二百石の知行を得ていた。現存する光悦書状のなかでは、今枝内記宛のものが多く、光悦と今枝内記との親密さを窺わせる。この消息では、小鼓の胴に貼る金貝は金沢ではできないだろうから京都で造らせましょうということをいっている。すなわち光悦は製作部品の斡旋仲介を気楽に請け負っている。今枝内記宛の手紙は、書風から光悦の青・壮年期のものといわれており、父光二もいまだ健在であり、光悦も本業にあまり拘束されることなく、かなり自由に動きまわれた時期であったと思われる。このように、光悦が蒔絵製作に関して仲介の役目さえも引き受けることができた背景の一つはここにあるが、もう一つの要因は、光悦の生まれた本阿弥家の家職に求めることができる。

本阿弥家は、「本阿弥の三事」といわれた刀剣の磨礪（とぎ）・浄拭（ぬぐい）・目利（めきき）を家職とする上層町衆であった。古くは足利将軍家の刀剣奉行をつとめていたといわれる。近世には、「下とぎより水仕立までは光瑳《（光悦の子）》が次男光由仕り、ぬぐひは光瑳、みがきは我等仕たり」（『本阿弥行状記』六四段）という光甫の言葉にしたがえば、本阿弥家は、一族内における分業体制によって刀剣を製作していたことが知られる。くわえて「光室《（本阿弥本家）》常に指料の刀脇指十腰余り拵へ置、鞘なり、柄なりに至るまでに手に懸、袋、箱までも手本になるやうに認め置ける」（『本阿弥行状記』五九段）といい、本阿弥家は、刀剣に関する全ての仕事をこなしていたことが知られる。このような仕事をこなすためには、本阿弥家はその配下に、木工・漆工・金工といった専門職人を数多く有していなければならない。

光悦は、このような生活環境のもとで育ち、数々の名刀および拵えといったものを日々目にして歳を重ねていったことになる。光悦の美意識は、このような生活環境のもとで育まれ、一つの作品を仕上げるには、じつに多くの工程と多種多様な分野の専門職人が動員され、なおそれをうまく束ねる者がいてこそ、名品が生まれでることを身近かに肌で知ったにちがいない。

光悦が、本業をはなれた芸術分野において、自らの素質を花開かせたのは、本阿弥家における光悦の立場の変化が大きく作用したとみることができる。

本阿弥本家光心に男子がなかったため、京都所司代を勤めた多賀高忠の孫で片岡次郎左衛門（光二）が養子として本阿弥家に入り、家付き娘妙秀との間に生まれたのが光悦であった。刀剣の仕事が本阿弥家の家職であり、光悦の本業も当然そこにあった。いずれは本家当主として、家職を継ぐはずであった。しかし祖父光心に、光刹という実子が生まれ、父光二は分家をすることとなった。光悦が、本業以外のことに意を注ぐことができたのは、分家という気楽な立場があったからにほかならない。嵯峨の豪商角倉素庵が出版した美麗な嵯峨本製作への関わりなどは、その現れの一つであろう。

書を始めとして陶芸などにも芸術家としてずば抜けた資質を見せつけた光悦は、他面、アートディレクターとしての才能もいかんなく発揮した。それが光悦蒔絵であった。光悦を指導者として、下絵師、木地師、塗師、蒔絵師といった漆工専門職人集団が創り出した芸術作品が、今日われわれが称する光悦蒔絵であった。光悦蒔絵の創造・出発はこのように始まったと思う。それがやがて光悦の手を離れても意匠・技法が引き継がれて数々の優品が生み出されていった。

光悦没後一世紀を経て尾形光琳の主導による光悦蒔絵の秀逸な模作「住之江蒔絵硯箱」が製作された。光琳・乾山兄弟の曾祖父道柏の妻は、光悦の姉であり、光悦とともに鷹ケ峰に居を得ている。光琳や乾山にとって光悦は、学ぶべき大芸術家ではあるが、血のつながる身近かな存在でもあった。「住之江蒔絵硯箱」の製作は、そのような光琳の思いがさせたものであろう。そして、光悦蒔絵の意匠をより図案化した光琳の傑作「八橋蒔絵螺鈿硯箱」(10)の出現を見るにいたる。光琳蒔絵の登場である。

(1)　国宝(東京国立博物館蔵)。

(2)　渡辺素舟『漆工―その伝統美の系譜』(雄山閣、一九七九年)。

(3)　重要文化財(MOA美術館蔵)。甲盛りの高い蓋表には粗朶を背負って山道を下る樵夫、蓋裏や身込み・筆入れは土波に生える蕨やたんぽぽを表現し、画面は連なっている。黒漆塗地に山道や土坡は平蒔絵で表現し、粗朶や樵夫は鉛板・螺鈿・金貝を、蕨やたんぽぽは鉛と螺鈿を駆使する。この硯箱の意匠について、「能に歌われた古歌に基づく歌絵意匠であった」とし、「光悦蒔絵の特色は、室町期の伝統的な歌絵意匠から能や狂言を通して広く知られていた伝承歌をもとにした歌絵意匠の近世的な展開といえる」という注目すべき見解が提示されている(内田篤呉「光悦の硯箱」、『鴨東通信』三五号、思文閣出版、一九九九年)。

(4)　東京国立博物館蔵。

(5)　重要文化財(静嘉堂文庫美術館蔵)。藤原敏行の歌「住の江の岸による浪よるさえやゆめのかよひぢ人目よくらん」(『古今和歌集』巻一二所収)によった歌絵意匠で、岸と浪は絵で表現されている。

(6)　『琳派』(静嘉堂文庫、一九八四年)。

(7)　二一一段。

(8)　大和文華館蔵(大阪市立美術館編『光悦の書』所載)。

(9)　前田育徳会蔵(大阪市立美術館編『光悦の書』所載)。

(10)　国宝(東京国立博物館蔵)。上段を硯箱、下段を料紙箱とした珍しい箱で、板橋と咲きほこる燕子花の意匠は『伊勢物語』第九段東下りに題材を得ている。硯箱の底裏や料紙箱の見込み・底裏には光琳波と称される波文が金平蒔絵で施されている。鉛板や螺鈿の大胆な用法は光悦蒔絵に先鞭をゆずるものの、主題に直結する明快なデザイン性において卓越しており、光琳蒔絵の白眉といえる。

付論II　『吉備大臣入唐絵巻』流転の一コマ

『吉備大臣入唐絵巻』は、大正十二年（一九二三）六月に若狭・酒井家什物の売立が行われた際に大阪の古美術商戸田が一八八、九〇〇円で落札した。その後この絵巻は世にでることはなかったが、昭和八年（一九三三）一月に米国・ボストン美術館に所蔵されていることが判明し、美術界に衝撃を与えた。これを契機に「重要美術品等ノ保存ニ関スル法律」が制定されたといわれている。

『看聞日記』嘉吉元年（一四四一）四月二十六日条に始まる『吉備大臣入唐絵巻』の流転の経緯については不明な部分が多い。(1)「若州松永庄八幡宮」から明通寺へ、明通寺から若狭小浜領主木下勝俊（長嘯子）へ献上されて以降、江戸末期に若狭小浜藩主酒井家の蔵に納まるまでの事情については、「京地商家に在し故」と伝えられていただけで、真偽のほどについては穿鑿する術を欠いていたのが実状であった。(2)

ところが、京都市歴史資料館が史料編の編纂のために調査した史料（田中家文書）のなかに、『吉備大臣入唐絵巻』が京都の商家に幕末までたしかに所有されていたことを示す史料を見いだすことができたので、ここに紹介することにする。

（前欠）

一祥瑞蜜柑香合

一染付筒乱香合　　　　身蓋ヒ有

一熊川茶碗　ソコニヒ有、ロツクロイ所々有
一三嶋平茶碗　ヒ有、ロツクロイ所々有
一堅手茶碗　ワレ有
一備前矢筈水指　共蓋
ヒ有
一備前細水指　二ツ破
一青磁八掛水指　ソコニヒ有
一須無ころく水指　ロニツクロイヒ所々有
一芋頭水指　トチニ所
ヒ有　共蓋塗蓋弐枚
一宗旦茶杓　銘夕々真　箱一燈書付
一紹鷗茶杓　筒宗旦　箱不見斎
一利休茶杓　筒仙叟　外箱一燈書付
箱竺叟書付
一珠光茶杓
共筒ニ随流極書付
同添極書　箱書付不見斎
一仙叟茶杓
共筒銘三花一盃　泰叟添書
箱不見斎
一吉備公画巻物　土佐光長筆
言葉書吉田兼好

狩野右京折紙　　錦小路殿書状
住吉内記折紙　　羽倉殿書状
古筆了雪外題　　御園意斎書状
時代書□考一枚　　端書壱枚
惣目録壱通　　右書物九通
一頼政文　カナ書横物　　極川宗弐枚文有
了意大札
一足利基氏公文　　冷泉為秀卿歌入
極了珉
一杉原宗威詠草　　極了意了珉二通
一家隆卿文　　極了佐了延
一大燈二文字　　横物
一大燈墨蹟　　極了延外題品々
一探幽天神像　　大横物壱幅
箱養川院書付
一為明卿詠草
極
了任折紙　神田道伴　伴高渓文
壱　宝歌　芝山卿文　中村氏譲り状

一古筆手鑑　　　　　　　弐箱

〆　弐拾五点

右之品々金三百両之為質物相渡置候上者、返済差滞候ハヽ、本証文之通御勝手ニ御売可被成候、其節一言之

子細申間敷候、為後念依而如件、

天保十三年寅九月　　　　　　　亀屋専蔵（印）

三井八郎兵衛代
白銀屋宗次郎（印）

越後屋佐久治（印）

掛屋
十郎右衛門殿

前文之通相違無之候間、若差滞候ハヽ者、我等引請元利立替返済可致候、以上、

寅九月　　　　谷松屋宗潮（印）

この文書は、天保十三年（一八四二）九月、亀屋専蔵ら三人の商人が掛屋十郎右衛門から三百両を借用したときの証文である。文書の前端部が少し欠けているが、ほぼ全文と考えて差し支えはないだろう。茶器十五点・書画十点が、三百両の質草としては少し金額が低いと思うが、評価の高くないものが多かったのであろう。

ところで、この文書の十六筆目の記載に注目していただきたい。この記載がなぜ重要であるかといえば、この『吉備公画絵巻』が『吉備大臣入唐絵巻』に他ならないということ、さらにこの絵巻の流転の不明部分の一端が明らかになるということである。

昭和四十八年（一九七三）三月に小松茂美氏がボストン美術館で『吉備大臣入唐絵巻』及びその付属文書を詳

別表　付属品比較表

	付属文書（小松茂美『吉備大臣入唐絵巻』考証」より）	借用証文
一	古筆了雪極書（縦二六・八糎　横二一・六糎） 吉田殿兼好法師真跡　御奥書烏丸殿光広卿 吉備大臣絵双紙よなかはかり一巻（黒印）	古筆了雪外題
二	古筆了雪紙数調（縦一一・三糎　横四・六糎） 絵ノ帋数参拾八枚（黒印） 言葉書帋数六枚半（黒印）	端書壱枚
三	狩野安信折紙（縦三一・五糎　横四八・二糎） （包紙）「副添　時代書壱通添　狩野右京進」 吉備大臣之巻物之絵、土佐古将監光長真筆、無疑者也、已上 狩野右京進 十月四日　（花押）	狩野右京折書
四	狩野安信時代書折紙（縦三一・七糎　横四六・四糎） 考之誌 土佐光長 自後宇多院至花園院御時代 建治　弘安　延慶　応長 吉田兼好 御時代右ニ同 以上 月　日	時代書□考一枚
五	住吉広行折紙（縦三九・三糎　横五二・七糎） 吉備大臣入唐之畫一軸 土佐刑部大輔光長真筆無疑者也 享和三癸亥年　住吉内記 十一月廿一日　広行（黒印）	住吉内記折書

六	絵巻数量調（縦一六・〇糎　横三八・七糎） 覚 一吉備公巻物　一巻 絵紙数　参拾八枚 詞書紙数　六枚半 但三拾三枚目之詞之帋弐枚を壱枚之紙数ニ〆印紙付置申候 烏丸光広卿御奥書 添状壱通　狩野右京之進 極札壱枚　古筆了雪 紙数尺　凡八丈四尺五寸 右之通御座候、以上 間〆拾三間弐尺六寸 五月	惣目録壱通
七	『看聞御記』抜粋（縦一五・六糎　横一八・九糎）	
八	御園念斎書状（縦一六・四糎　横二七・八糎） 吉備公遣唐使之図一巻、院御所入御覧候所、見事ニ思召候、詞書兼好遁世以前奉命書記候故殊勝候 旨、御沙汰ニ候、重而書写間致指上由候、仰出候、以上 子八月四日　御園念斎 □□（花押） 三木権大夫様	御園意斎書状
九	鍵（「外箱の鍵で、包紙に収めている。その裏に、『三木氏』と書いている」）	
一〇		錦小路殿書状
一一		羽倉殿書状

細に調査され、その結果を後に公表された。[3] その付属文書と借用証文に記載されている付属文書を同じものと推定して比較表を作成した[4]（別表参照）。失われているもの、増えているものなど若干の異同はあるものの、『吉備公画巻物』が『吉備大臣入唐絵巻』であることは明白である。

いつまで京の商家に所有されていたのか、またいつ酒井家が購入したのかについては従来全く不明であったが、この借用証文によって天保十三年（一八四三）九月までは商家にあったことが史料的に裏付けられたことになる。

証文に署名する三人の商人が京都の商人か否かについてであるが、白銀屋宗次郎については天保二年版の『商人買物独案内』に「刀脇差拵所　御池通烏丸西へ入町白銀屋宗治良」と記載される商人と同人物と考えることができる。つぎに、保証人の名前に注目したい。谷松屋宗潮は雲州・松平家の御用道具商で、姓は戸田、名は貞八といった。『雲州名物』にも「京　貞八」と記載されている。また、明治期に作成された酒井家の書画・道具類の記録に『宝蔵探審録』というものがあり、『吉備大臣入唐絵巻』に関して次のような記載がある。[5]

吉備入唐画巻物、昔遠敷ニ有之品之処、木下勝俊国主たりし時、遠敷より参らせ候由、其後何レ江渡りたるや、京地商家ニ在し故、此度留置し事ニ而、二百年余りニ而又我国へ入り、若州家宝物と成る事、実に奇遇にて、遠敷明神の神慮ニ茂可有之哉之事、

これらのことから、署名の三人は京都の商人と考えて差し支えはない。

つぎに、酒井家がいつ購入したかであるが、天保十三年九月以降で酒井家が二度京都所司代を勤めている時期がある。すなわち酒井忠義が、天保十四年十一月から嘉永三年（一八五〇）七月、安政五年（一八五八）六月から文久二年（一八六二）六月の二度京都で所司代を勤めており、この時期に入手しているのではないだろうか。

大正十二年（一九二三）に酒井家の売立で落札した戸田は、大阪の道具商ながら谷松屋の屋号をもち、京都の

谷松屋と同様代々雲州・松平家の御用をつとめている。『吉備大臣入唐絵巻』のボストン美術館への流出に大きく関与したと推測されるが、宗潮ともども「絵巻」流転における奇縁というしかない。ただ大阪・京都の両谷松屋の関係がいま一つはっきりしない。

(1)『看聞日記』嘉吉元年四月二十六日条「抑若州松永庄新八幡宮ニ有絵云々、浄喜申之間、社家へ被仰て被借召、今日到来、有四巻、彦火々出見尊絵二巻・吉備大臣絵一巻・伴大納言絵一局金岡筆云々、詞之端破損不見、古弊絵也、然而殊勝也、禁裏為入見参有召上了」・二十七日条「若州絵内裏入見参」・五月二日条「絵被返下了」。

(2)『吉備大臣入唐絵巻』の流転に言及した主な論考を挙げておく。矢代幸雄「吉備大臣入唐絵詞」(『美術研究』第二一号)・松下隆章「吉備大臣入唐絵詞」(『美術研究』一八三号)・梅津次郎「吉備大臣絵をめぐる覚え書き——若狭所伝の三つの絵巻——」(『美術研究』二三五号)・小松茂美「『吉備大臣入唐絵巻』考証」(『日本絵巻大成』三)。

(3)注(2)の小松論文。

(4)八通目の「御園念斎書状」と「御園意斎書状」の相違、及び宛先の三木権大夫について補足しておく。

小松氏は『宝蔵探審録』に転写された「御園念斎書状」の写真を掲載されているが、その写真でみるかぎり、「御園意斎」と読める。借用書にも「御園意斎」とある。御園家は京都にあって鍼術を継ぐ家であり、常心(初代意斎)・常正・常憲・常倫・常尹(常或)・常斌・常言・常亮・常則・常政と明治期まで家業を継承し、代々「意斎」と号しており、念斎と号した例はない。付属文書を実検していないので確証はないが、おそらく「念斎」は誤読ではないだろうか。

また、三木権大夫について、小松氏は「これまた不明ながら、伏見宮家の諸大夫に三木某がいる」と書いておられるが、三井高房が享保十三年に著した『町人考見録』(岩波『日本思想大系59 近世町人思想』所収)に、別人の三木権大夫の項があり、筆者はこの人物と推測しているので、参考までに引用しておく。

三木権太夫

是は、先祖より三代目にて、元播州より出る、則三木は在名にて、居宅は下立売通室町東へ入ル町に住す、先祖浪人ものにて、京へ引越、町人と成、黒田殿の家老栗山何某は縁者成により、元は筑前屋と名乗、彼御家の用相達候処、仔細有て、栗山氏黒田殿を立退、夫故三木も出入止り候へ共、御わかれの甲斐守殿へは于今出入致し、仕送り等致申候、凡世盛には弐三千貫目の身上と沙汰致し申候、今の権太夫長州紙の蔵元を致し候所、御国の町人松坂や又左衛門といふもの、相仕に成勤申候故、取引の金銀加判等も致申所、然るに此又左衛門、不行跡者にて、長州の銀子迄大分引負致し、終に御国へ召よせられ、又左衛門并手代藤右衛門迄、御仕置に成、京都居宅財宝等は借し方分散に成、権太夫加判の分は年賦に断を相立、其節身上半潰に成申候、又彼黒田甲斐守殿仕送りにて、大方身上なく致し、借銀も多在之候故、道具迄も売候て、ひつそくいたし申候

（5）『宝蔵探審録』の原本を見る機会に恵まれていないので、注(2)に掲載の梅津論文の「釈文」を孫引きさせていただいた。但し、旧漢字は新漢字に改めた。

〔補記〕最近、黒田日出男氏が『吉備大臣入唐絵巻の謎』（小学館、二〇〇五年）を刊行され、当該絵巻の流転について触れられているが、本稿で明らかにした部分については不明とされている。

III

被差別民衆の諸相

第一章　洛中洛外図にみえる河原者村について

はじめに

洛中洛外図は、まさにその名称のとおり、京都の町およびその周辺を俯瞰図形式によって描かれた、主に六曲一双の屏風形式をとる絵画である。この洛中洛外図は、室町時代末期から江戸時代初期にかけて多く制作され、絵画であるということを念頭におきつつも、文献史料では得がたい都市の諸相を、視覚的に理解することのできる貴重な資料である。

近年、洛中洛外図は、絵画史のみならず、建築・芸能・都市交通など、種々の研究分野から熱い視線を受け、都市実相の解明において成果をあげつつある。(1) 都市の繁栄の姿を生き生きと描く洛中洛外図ではあるが、反面、繁栄と表裏一体をなすところの卑賤視された民衆も多く描かれ、部落史研究の側面からいっても、洛中洛外図はきわめて重要な史料的位置を占めている。(2) 一方、『一遍聖絵』『天狗草紙』など絵巻物においても、部落史研究の目は拡げられ、絵画資料を駆使した研究も進展しつつある。(3) 本稿では、高津古文化会館の所蔵にかかる「洛中洛外図」(4) をとりあげ、そこに描かれるところの河原者村について、少し考えてみたい。(5)

一　高津本の景観内容

(一)構　図

河原者村について述べるまえに、高津本『洛中洛外図』（以下高津本と略称する）の景観内容について概略を記しておきたい。六曲一双の形式をとる高津本は、二条以北（左隻）と三条以南（右隻）とに描き分けられている。[6] すなわち、右隻の上に左隻をのせると京都の町全体を真南から眺望した景観となる構図を高津本はもっている。市中に限っていえば、上京・下京を描きわけているということになろう。

他の洛中洛外図の多くが、南北に長い京都の町を、左右に長い六曲屏風の形状を生かして、左右が南北となる構図をほぼもっているのに対して、高津本は、上下を南北とする構図をとっている。ために、上京・下京を各隻に描き分けることによって、全景を描き込むという方法をとり、そこに作者の工夫のあとをみてとることができよう。

しかし、京の町全体を真南から俯瞰した構図形式をとるといっても、左右隻が同じ視点からなされているわけではない。左隻の視点は、右隻よりもさらに南に下る。[7] たとえば、右隻（下京）の第二扇から第三扇にかけて大きく描かれる鴨川は、左隻（上京）では、第一扇・第二扇に移動し、細長い川となり、金雲によって見えかくれする程度となる。逆に、右隻第六扇に描かれる堀川は、左隻では第四扇に移り、川幅も太く描かれる。[8]

次に、建造物の地理的位置についてであるが、北は比叡山・鞍馬・愛宕山、南は三十三間堂・東寺まで描き込もうとしたため、洛外ともなれば、かなり歪んでしまっている。その結果、作者にとって当然認識されて描かれたはずの社寺が、位置関係の歪みによって、今日では判然としなくなったものが多々ある。しかも建造物自体についても、二条城に象徴的にみられるごとく、天守とおぼしきものが二つも描き込まれる有り様である。しかしながら、北を上部とする現代の地図に馴れた私たちにとって、上下が南北となる高津本の構図は、きわめて眺めやすいといえるだろう。

(2)景観年代

慶長十六年(一六一一)、角倉了以が幕府に願い出て起工し、同十九年秋頃に完成した河川運河である高瀬川が、三条から五条にかけて描かれていることから、この時期を遡ることはない。さらに、豊国社には参詣人の姿がみえる。豊国社は、慶長二十年、家康によって破却の方針が打ち出され、同八月には鐘をはじめ什宝類も他寺院へ移された。(9) また五十六基あった常夜燈も三十基が方広寺へ移された。(10) 高津本には、この常夜燈が描かれており、方広寺へ移転される以前の状況が描かれているとみることができないだろうか。

以上のことから、高津本はおおむね慶長末期の京の町を描いているとみることができると考えられる。(11)

(3)作　者

室町通を南下する神輿・武者行列は、太鼓をたたきながらにぎやかで、南蛮衣裳をつけた者も行列のなかにまじっている。下京に目を転じれば、四条通は長刀鉾を先頭に山鉾巡行の最中である。巡行路には多くの人々が見物のため、辻々にかたまり山鉾の通過を待ちかまえている。誓願寺前では、鉦たたきを見物する円座の群衆、まさに景観の中心は、旧六月に催される祇園会である。この祇園会を中心に、高津本は活気を呈している京の町の様を描いている。縄をうたれて所司代屋敷に入る人もいれば、河原で魚取りに精出す人もいる。居眠りの真最中の御所の門衛もいれば、大仏殿前では死者も出るほどの刃傷沙汰が行われている。犬に追われる芸能者、女房たちのはでな喧嘩（後妻打《うわなりうち》）など、貴賤男女の日々の生活の様に視点が集中されている。

市井の人々にとって、御所や二条城・所司代屋敷は権力者の象徴としての認識はあるが、公家屋敷や武家の居館などは日々の暮らしからすれば、基本的には関心が薄い。むしろ諸商が交じる町屋や社寺、さらには遊里などには関心が強い。高津本においては、まさに町屋と社寺に重点をおいて描かれている。大仏殿前の刃傷沙汰における死者についても、変色した肌の色を描いており、かなり表現としてはリアルである。

このようなことから、高津本の作者は極めて市井の人々に近いことをうかがわせる。作者については、参詣曼荼羅や古絵図などの作者ではないかという指摘がある。(12) たしかに絵図から構図を得ていると思われる点や、社寺参詣曼荼羅にみられるごとく、建物の配置に対して神経がいきとどいていない点、とくに左隻にその傾向が強く出ているが、社寺がやたらに多く描かれている点などから、充分うなずける指摘であろう。このような立場の作者であったために、河原者村を描き込むことができたのであろうと考えたい。

二　高津本に描かれた河原者村

(一)河原者村

高津本左隻第一扇最下部に描かれた村が、河原者村であることをまず指摘しておきたい。

河原に建ち並ぶ草葺の六軒の家がある。小屋といった方が適切な表現かも知れないほどの家である。板葺石置屋根の町屋と比較すれば、かなり粗末な造りである。しかし、高津本に描かれる農家は、すべて同じように描かれているので、この村の家がことさら粗末に描かれているわけではない。

この村を囲むかのように、大木が群立している。村の生活の様子をみると以下のごとくである。

○死牛を引きずる人
○解体された牛の臓物などをモッコに入れて運ぶ人
○干すために牛の皮を地面に固定すべく杭打ちをする二人
○行水を楽しむ子供
○その横で洗濯をしている婦人
○そしてそれらを見つめる杖をつく老人

まさに皮剝作業を生活の糧とする一群の人々の労働の様が描かれている。彼らの村での日常については、文献史料によって、ある程度知りうるが、これほど明解に絵画表現されたものは、管見のかぎりにおいてはない。しかも描かれる人数が多く、高津本の他農村の描写にくらべて決して少なくない。ということは、この村は、当時すでにかなりの村民を抱えた村であったと考えてもいいのではないだろうか。

「一般に賤民集団の集住状況が『村』として表現さ

れるのは中世末期であるが、たとえそのような史料的表現がなくとも現実には、各種賤民の単純な集住状況はかなり早くから一般にみられたことであろう[13]」とされるところの近世初期における村＝河原者村が、高津本には、はっきりと表現されているといえる。

(2)天部村

高津本における河原者村の地理的位置であるが、建造物に代表されるように、位置関係はかなり歪曲されているということを念頭におきつつ考えてみたい。

河原者村の北にある寺はどこかということであるが、高津本では、二条通を鴨川を越えて東へ向ったところに、この寺が描かれている。この寺が南禅寺であることにまず間違いがない。この南禅寺の南方に位置するところにある村ということを考えるならば、まず頭に浮ぶのは、余部とも称された天部村である。

A　乍恐余部村由緒奉差上候

一、余部村之儀、往古より御公儀様御用相勤申候、先年居住仕候古地四条余部村所ハ、則大雲院屋敷ニ而御座候、此所天正十五丁亥年太閤秀吉公様依御上意、只今居住仕候余部村ニ而代地被為仰付候、京都御所司前田玄以様、右之趣前々より申伝へ候通奉書上ケ候、余部村私共儀先年より御公儀様御用御役等相勤、則近在皮田村頭ニ而御座候ニ付、往古より頂戴仕罷在候、御書付之写シ奉差上ケ候、(以下略)[14]

B　天部村由緒の事

一、往古は、寺町四条下ル所御免地拝領仕、御成敗御用一式、二条御城内御掃除役、且、禁裏御庭御掃除小法師役等、往古より相勤来、御下行米等被下候処、天正十五亥年、当時大雲院地面に被仰付、右天部村の儀

は、三条橋東三町目にて、南北九十六間余東西七十六間余四方堀切場所替地被仰付、夫より当時の処へ引移、右役儀相勤む、尤二条御城内御掃除役の儀は、下村勝助と申天部村出生の者にて、西洞院丸太町上ル町に住居仕、御知行百九石余頂戴仕、右勝助より下村文六迄、御掃除役頭役相勤候処、宝永五年子七月文六相果、跡目無之、右御掃除役儀、其後被召上、右役替として牢屋敷外番役、毎日昼四人夜六人宛、村々江割合仕、今以相勤来、右帳面類、文六死後天部村に所持仕、外村方江割合申遣、相勤申候、且又小法師役の儀は、享保年中退役仕候処、亦々去る申年十二月より、往古の通小法師役被仰付、是又相勤候、

一　二条御城内時の太鼓、往古より天部村に限り、張立申し候、

一　天部村江頂戴仕候御朱印御墨付等、所持仕候分都合八通、写左の通、（以下略）(15)

天部村の由緒に関するA・B二点の史料を提示したが、これによれば、

①天部村の元来の地は、四条寺町下ルの地にあった。

②天正十九年から始まる御土居築造という秀吉の都市改造政策により、天正十五年替地を余儀なくされた。

③替地として三条橋東三町目が与えられ、その場所は、南北九十六間余、東西七十六間余で四方堀切がなされていた。

ということになる。

三条橋東三町目に強制替地となった天部村ではあるが、高津本からは、堀切の状況を知ることができない。洗濯している女性が描かれているが、この洗濯をしている川は、堀切とは考えがたく、鴨川であると考えたい。

A・Bの史料は、後年の記録であるため、替地になった場所が当初より堀切がなされていたとは断定しがたい。絵師によって省略された可能性が大であるが、むしろ、当初樹木によって村が囲まれていたのが、その後堀切に

された。この時期（慶長末期）まだ堀切がなされていなかったのではないかと考えられよう。

かつて野田只夫氏が天部村に関して「江戸期になってにれの木の多い処からにれの木の森と称される様になり、今なお巨木が一部残存し昔の面影を止めている」[16]と記されたが、このことからも天部村は堀切よりも当初は樹木で囲まれていた可能性が強いのではないだろうか。天部村の歴史については、史料的制約もあって研究があまり進展していないのが実情である。[17]

天部村の源流を辿って中世から近世初期の状態を要約してみると、祇園社に隷属した賤民的神人＝犬神人の中には、四条河原で皮細工に携わる者も出て、祇園杜の雑役にも出仕して、四条河原細工人と称されていた。そして河原細工人は身ぐるみ祇園社へ隷属する状態から少しずつ脱し、河原者と本質的に大差ない者であった。この皮細工に従事する者を「あまへ」と称し、また時には穢多とも呼んだ。それらの「あまへ」は四条河原で集団的に居住したので、「四条あまへ」といい慣わされ、本業は皮細工であり、ごく僅か農業にも従事して、なお祇園社、更に幕府から雑役出仕を命ぜられれば、それに従わなければならなかった。その代償として川成分の銭が祇園社から下された。このような身分的隷属から脱し切れない賤民身分の皮細工人集団、これが天部村の起源であるといえる。[18]

天部村の源流について、辻ミチ子氏は以上のようにまとめられているが、天部村の源流についてこれ以上のことは今日もなお明らかにすることができていない。ともあれ、祇園社に隷属していた四条河原細工人が身分的隷属を脱し切れずに、そのまま賤民身分として集団で存続したのが天部村の始まりであり、新たに編成されてくるところの皮田村＝天部村の核となったといえるだろう。その直前史ともいうべき河原者集団＝河原者村＝天部村が高津本に描かれたといえるのではないだろうか。

おわりに

高津本に描かれた河原者村について述べてきたとはいえ、紹介程度のことしか明らかにすることができなかったが、以下のごとくまとめることができるだろう。

高津本に描かれた河原者村は天部村であること。景観内容から慶長末期頃の洛中洛外の諸相が描かれていることから、四条寺町下ルの地から三条橋東三町目に替地になってさほど年数の経ていない時期の天部村の状況が描かれているのではないかということ。社寺参詣曼荼羅などを描いていた絵師、市井に極めて近い位置にいた絵師によって描かれた高津本であったがために、皮剝作業にたずさわる村の描写にまで目がいきとどいたのではないかということ。

以上であるが、鎌倉末期の制作とされる『天狗草紙』浄土山臥遁世巻に描かれる穢多童の生活をとりあげた横井清氏は「四条河原の地がこの時代すでに祇園社に所属する犬神人（非人）らの保有地を多く内包していたことを考え合わせるならばここに描かれた穢多童たちも、あるいは祇園社に隷属して清掃や葬送その他の作業を行ったものであったかも知れない(19)」と述べられたが、彼らの系譜を引く人々が、三世紀を経て再び絵画資料上にその姿を見せたと考えたい。近世初頭の被差別民の生活と集住状況を具体的に描いた高津本は、賤民生活資料として、きわめて重要な位置を占めているといっても過言ではないだろう。

(1) 昭和四十年秋、京都国立博物館は「洛中洛外図展」を開催し、翌年多くの未紹介作品を合めた図録『洛中洛外図』を刊行した。武田恒夫氏の詳細な解説になる本書の刊行によって、洛中洛外図は、絵画史のみならず、多くの研究分野の共有財産となり、室町末～近世初期都市研究の活性化を促進した。その意味で本書『洛中洛外図』は画期的な業績であったといえる。

(2) たとえば、上杉家蔵「洛中洛外図」には、軒の花立をした声聞師村が描かれ、村の住宅環境や農事に関わる様を垣間見ることができる。

(3) 横井清「中世における卑賤観の展開とその条件」(『中世民衆の生活文化』、東京大学出版会、一九七五年)・黒田日出男「史料としての絵巻物と中世身分制」(『境界の中世　象徴の中世』、東京大学出版会、一九八六年)

(4) 紙本金地著色洛中洛外図六曲一双(本紙(各)縦一五六・五×横三五五・〇センチメートル)、本屏風は、絵画史上あまり重要視されていないため、今日まで詳細な研究はなされていない。

(5) 河原者村については、すでに『京都部落史研究所報』四九号で簡単な紹介をしておいた。

(6) 本屏風については、どちらを左隻とし、右隻とすべきかについては判然としない。しかし、今日まで諸書は二条以北を左隻とし、三条以南を右隻としているので、本稿もそれによった。ただし、屏風に向って右・左という呼称である。

(7) 内藤昌「近世洛中洛外図屏風の景観類型」(『国華』九五九号)。

(8) 本稿では、画面に向って右から数えて各扇を呼称する。

(9) 『舜旧記』元和元年八月十六日条・同十九日条・同二十日条・同二十七日条。

(10) 『疋田家文書』。

就今度豊国毀破、被遷大佛殿、以前石燈籠五十六之内、参拾被寄附大佛畢、相残燈明料、被成御赦免候間、参拾之燈籠毎夜無断絶至子々孫々、永代不可令懈怠、若於背此旨者、可処罪科之旨、依仰下知如件

元和元年八月日　　伊賀守源御書判

大山崎年寄中

(吉川一郎著『大山崎史叢考』一七八頁)

(11) 高津本の制作年代については、景観年代とあまりへだたることがないというのが定説である。辻惟雄編「洛中洛外図」(『日本の美術』一二一号、至文堂)他。

(12) 注(1・11)掲載書。なおこのことについては武田恒夫「社寺参詣曼荼羅図とその背景」(京都国立博物館編『古

絵図』所収）に教えられるところが多かった。

(13) 横井清、前掲書。

(14) 「余部文書」（『日本庶民生活史料集成』一一五巻）。

(15) 「雑色要録」（同右一四巻）

(16) 野田只夫「部落史研究断章――京都市東三条地区――」（『部落』四四号）。

(17) 野田只夫、前掲書・辻ミチ子「京都における四座雑色」（『部落問題研究』四号）・川嶋將生「天部村の組織と生業」（『京都部落史研究所紀要』五号、のちに『中世京都文化の周縁』所収、思文閣出版、一九九二年）。

(18) 辻ミチ子、前掲書。

(19) 横井清、前掲書。

史料紹介　丹後の河原巻物史料について

ここで紹介しようとする「河原巻物」は、昭和五十四年（一九七九）に京都部落史研究所が実施した丹後調査の成果の一つである。一つは、宮津市宮町の日吉神社の所蔵にかかるもので、表題は「屠者由緒記」とあり、盛田嘉徳の分類によれば、[1]「資料2」の系統に属するものである。どのような経緯で日吉神社の所蔵になったのかは明らかでない。

さらにもうひとつは、丹後半島の先端、伊根町本庄に伝わるもので、巻紙に書かれ、表題部分は欠落している。巻紙は三紙に分かれ、それぞれの料紙も異なっているが、内容的には一連のものと推定される。「資料3」の系統に属し、「河原細工由緒記」と通称されるものなので、ここでは仮にこの表題を付しておく。

（1）『ものと人間の文化史26　河原巻物』（法政大学出版局　一九七八年）。

翻刻にあたっては、以下に掲げる凡例によって行った。

①摩滅・虫損などにより文字が判読できないものは、予測できる場合は字数を□で示し、それ以外は［　］で示した。

②異体字・旧漢字は、特別な場合を除き、本字体・新字体に改めた。

③朱筆は「　」で示した。

④句点・中黒点は、翻刻者が適宜行った。
⑤翻刻者の注記は、（ ）で示した。

①屠者由緒記

（表紙）「屠者由緒記　全」

屠者由緒記

抑河原人之由来ト奉申ハ、天竺毘舎利国之帝飯護大王ト申、然ルニ御子数○《多歟》御座、其中ニ縁太郎王ト申御子有、然ルニ此縁太郎王大悪王ニテ人ヲ餌食トシテ人間之命取候所、釈尊此由ヲ被聞召、被（彼）縁太郎ニ御尋候ヘハ、其時御返事ニ答曰、未授我食物無御座故ニ、加様ニ人ヲ餌食ト仕候ト申上給ヘハ、其時釈迦如来之仰ニハ、猶其儀ニ者授食物被仰ニ、天竺大唐中大伽藍堂塔之供養并施餓鬼大法会之火（秘）物仏供ヲ取リ継命ヲ候へと仰渡され候、

一、釈尊、摩伽他国霊鷲山ニテ御父浄梵大王・御母摩那夫人ニ親之写《為カ》、孝養報恩経ヲ百日之御説給、其時川原人ヨリ大鼓・鞨鼓ヲ張リ、釈尊へ奉上、依テ其御恩ニ被○《縁》太郎王ヲ河原人之守護人ト御定候、

一、天竺須達長者ト云人、六拾九歳之時、釈尊之御弟子ト成給、其御恩賞ニ、長者大伽藍建立なり、祇薗精舎・竹林《チクリン》精舎此二ケ寺ヲ建給フ、天竺之蜜州羅山之乾ニ当テ原なり、四方四十里四方ニ構、其内金之屛門ハ十方ニアリ、此内ニ浮檀金ヲ以テ厚サ四寸四方ニシテ地ニ敷リ、其上ニ四十九院ヲ建、極楽浄土ヲ学ヒ、四方ニ鐘ヲ下給フ、東ハ諸行無常ト唱、南ハ是生滅法ト響ク、西ハ生滅々為ト唱、北ハ寂滅為楽ト響、四方之客生有定・非定ヲ知セン為也、御寺之門前ニ八万之在家ヲ立、月ノ八日ニ市ヲ立、万八品之売草アリ、河原人ニ諸公事御免、則売物之場銭ヲ取ル事者、天竺之八日市之例ヲ以テ也、則日本ニ而ハ大和国三輪之市、

一、彼縁太郎王者我指ヲ切拠給ヘハ、其指天竺粟生国ヘ飛、軈テ人之形トなり、其名ヲ粟舎利ト申也、然ルニ御子一人御座ス、其名ヲ蘇民将来ト申ナリ、其比天竺ニ台旦長者ト申人アリ、大悪人貪欲不渡之者成ル故、祇薗殿是ヲ御悪ミ候而、当天竺ヘ行幸アリテ、彼長者ニ罰ヲ当テ給ハ、長者之一門皆死ニ果申也、扠御帰ニ彼粟生国之粟舎利父子ヲ召連、日本ヘ御飛之時ニ、祇薗殿ハ京東山牛頭天王ト顕ハセ給フ、粟舎利父子ハ江州志賀之浦ニ住給故、彼ノ縁太郎之指成ル故ニ、川原人之先祖なり、

一、京ノ祇薗殿之御元ハ、彼縁太郎王祇薗殿ト播州弘嶺天王、近江ノ国坂本山王、是ノ三ケ処河原人之氏神也、山王廿一社之内、唐崎ノ明神ハ京三条河原彦二郎ヲ唐崎ノ明神ト祝、毎年之御祭ニ山王之御輿ヲ、唐崎ノ明神ニ居(据)置ク、一夜之間神楽ヲ参セ舞、

一、伊勢天照大神空地神五代之始ニ月・日ヲ取リ籠、天ノ岩戸ヘ被籠給時、日本国中長夜の闇ト成、其時八百万之神達岩戸ヘ御集リ候而、神子ノ舞ヲ始サセ、神楽御座候時、河原人ヨリ太皷・鞨皷ヲ張リ奉ル故ニ、其時外宮・内宮・鳥居并鐘之供養・橋之供養御祝給ル、

一、垂仁天王之御時、内裏御普請御座、帝御悩有テ、終ニ此普請成就セズ。其時博士之安部之清明ヲ被召占セ給ヘハ、其時博士申ニハ、王城之鬼門エ当近江之国蘇民将来ト云者有り、是ヲ被召出タ柱立無御座而ハ、帝御悩モ透(迄)度御平安有間敷ト申上給ヘハ、彼ノ蘇民将来ヲ内裏ヘ被召出、青狩衣烏帽子ヲ着シ柱立仕候ヘハ、難無成就仕、帝之御悩モ透(迄)度御平安被成候故、河原人ヨリモ蘇民将来ト立札ヲ書テ被参候ヘハ、万御祝給ル事、此謂也、

一、八幡宮九州四王寺ノ領ヨリ京之南男山ニ御幡八流(琉)空ヨリ下リ候時、獅ノ皮千枚地ニ敷キ、七日七夜神楽参候時、八幡宮ト顕セ給フ、其時ヨリモ御祭之時ハ、川原人御輿之先揃仕ル御事、

一、和州奈良之東大寺聖武天王之御願、十六丈摩耶仏之供養、其外七堂之内供養皆給ル、
一、奈良春日殿之鳥居足賢(堅)万御祝給ル、
一、比叡山ハ仁王五拾代之帝桓武天王之御願、伝教大師之御建立本堂・中堂之供養、此時給ル、
一、高野山ハ仁王五拾二代嵯峨天王之御願、弘法大師之御建立大塔・金堂之供養、此時給ル御事、
一、鎌倉ニ而延暦寺・玄長寺・ユイノ浜八幡宮御宮移之御祝給ル御事、
一、卯月八日赤南(石楠)花売事釈尊之御誕生之時、葺被参之謂ニ売申也、
一、盤之繭と申物、牛馬ヲ埋ノ々塚ゟ生出ル故ニ河原人之牛馬体之物也、
一、都清水寺五山・拾山諸社明神之御祝、
一、勧進舞・勧進能諸芸唱物ニ付十分一、
一、葬場之事、焦龕前堂之水引・輿之水引・手縄・手巻・位牌袋・幕之石着、引馬有ハ左之鎧・弓鑓・唐笠・前綱・水桶・上輿・穴堀鍬、何色ニ倒(至カ)迄皆給ル、
一、染物ト申事、染殿ノ后之始藍染仕、今之藍染ハ染殿后ノ流ナリ、
一、御庭ト申事、夢相国師ヨリ始ル、
一、井筒之口明始事、都ヨリ、
河原人家之幕之紋、総領ハ上ニ二ツ引領、桐之三ツ筒、庶子ハ二ツ引レウ、莧葉ニ蒲也、
一、七道之者ト申者、延喜之御門ヨリ始候、三味聖リ・鉢坊・猿引ニ袴ヲ着セズ、同聞者鉢坊天之恐レニヨリハチマキヲシ、打掛ヲ着ル事、袴ヲ着ヌ謂ナリ、
右之次第天竺大唐我朝共、帋面之通万事取行可申、殊更天地開白釈尊以来、及末世、巻物以速可行者也、川原

人ヨリ巻物如件、

時ニ仁王十一代

垂仁天王之御判形写

相伝巻物

一番　長吏　二　座頭
三　舞々　四　猿楽
五　陰陽師　六　壁塗
七　土器作　八　鋳物師
九　辻目闇　十　乞食人
十一　猿引　十二　弦指
十三　鉢坊　十四　土隅(偶)作
十五　石切　十六　放下
十七　笠張　十八　渡守
十九　山守　廿　青屋
廿一　筆結　廿二　墨師
廿三　関守　廿四　鐘打
廿五　獅舞　廿六　籠作
廿七　傀儡師　廿八　傾城屋

右此外ニ道々多雖有之、是此長吏可為其上也、
右之通、頼朝御代御判有之、風呂屋・湯屋ハ、傾城屋之下ニ付申候、人形舞類ハ、傀儡師の下ニ付申、同上留り語ハ、猿楽之下ニ付申候、せつた作、諸事ノ皮細工、皆是ノ廿八番下ノ者也、
右、仰被渡之例也、
右者、文化十四丁丑之夏、成願寺村之穢多ゟ御城主江指出候書付ノ写也、
筆工油屋清六方ニ而一覧之上書写置、　　三上東造
右、東造師所持之書写畢、　　瀬玉亭主人

江戸長吏団左衛門ゟ
肥前国長吏助左衛門へ下文
一、今度向当之内、久我并京都座当之内、五老検校江戸ニ詰居公事仕候、未分明、御殿様へ罷出、代々所持仕候御証文差出シ候、
一、欽明天皇御朱印、頼朝御判物、御公儀様江差出シ候、先例之通一ニニ申上候ニ付而、五老検校、岩舟検校、拙者手下ニ被仰付候、依之京都五老検校江戸夜逃仕候事、
一、金剛太夫勧進能申請、御公儀様ゟ御下知ヲ以、芝居桟敷等迄相調候得共、我等江不遂案内候故、不免候所ニ、程々相改候ニ付、免、当四月下旬ゟ勧進能始候、自今以後者勧進能有之候時、当分者拙者ゟ申出シ仕候、又、座頭ニ而も太夫ニ而も長吏江不届候ハヽ、違乱妨吟味可有事、
一、我手下分廿九座先例之通被仰付候、

壱番　長吏《穢多》　弐番　平家座頭
三　舞々　四番　申楽
五　陰陽師　六　左完
七　ろくろし　八　鋳物師
九　辻売　十　石切
十一　縫物師　十二　鉢たゝき
十三　笠ぬい　十四　渡守
十五　関守　十六　一せんそり
十七　坪作　十八九　おさ屋
　　　　廿一　筆屋
廿二三　みの作　廿四　傀儡師
廿五　猿舞し　廿六七　鷹匠
廿八九　けいせい屋
但し、湯屋・風呂屋者、けい城屋之可為下候、人形舞し者、さる舞し之可為下候、
宝永四年亥四月改
鎌倉住人
藤原団左衛門頼兼
肥前国穢多頭

助左衛門殿
右之状者算伝所持之写一覧之上書写、
文化十四丁丑七月十日

②河原細工由緒記

（前欠）

爰ニ副国大ニ満足先神之任告直ニ革滑スル処、人々相見而実ニ是能キ衣服共相成リトテ各々求而着料トス、器用之人者早速習得而此業を至為渡世、頓而弘海内、忽於而一種之為家業ト、終ニ天下之為一助于時其後人王廿一代安康天王之御宇絹布織初革服粗上ケリ、于時人王十五代神功后宮三韓征罰帰朝之砌り、於筑紫箱崎解給繦帯、磯辺野陣なれハ烈風、此時副国之子孫持合之以革成防、奉為凌烈風を者、太子無恙在誕生、人王十六代応神天王是也、従夫二七日之間御養育在ス処、此応神天王之御宇、右之為恩賞牛馬等之可取革を事、反畝壱反ニ付稲三把宛可取之事蒙勅許を、至迄永々荒物・死牛・死馬等無価取者忝も此天王ゟ相定、万代不易之可成勅定者也、全穢を取捨申役非、于時此応神天王ゟ其後経於二百余歳を、人王三十代欽明天王之御宇、豊州宇佐郡蓮台山之峯に在而垂跡、八幡明神ト勧請シ玉ふ、当此時副国之子孫

九歳ニシテ鼓を打けり、日本舞之始なり、

偖、従夫経於三百有余年を、人皇五十六代清和天王之御宇貞観弐年秋八月、帝都山城国綴喜郡男山石清水鳩峯に遷宮在、此時其子孫随而遷幸に可移住を石清水蒙り勅錠別而遷幸道中可為先騎之勅定被為下成、辱クモ帯刀鎧を

立神輿之御先鉾立けり青衣之神衣を着、帯、刀ニ而神事之技払
去程、此時八幡之初之神叓、神慮不可宮山大ニ鳴動、依之社僧伺神慮、往昔応神帝之御誕生之順式、牛・馬・鹿之革を布成玉得者神叓を、社内相静けり、然□誠に此革細工之儀者鈿目命之後胤根強之一子副国ゟ始まり而実に是神々之託宣、本来完非穢業、古同中花天竺四民上下等食肉無魚鳥異、然に聖徳太子□□□時者牛馬漸々可高直成、然時ハ□□農夫牛馬可難蓄と被思召□□□□是漸相募り或者不等魚鳥□□、或者云忌ト于神道、終百工之中此職一蒙落、殆及号穢多ト、於噫是上之制度為触、一時汚穢之者相定者何、至迄于今止此職、其時直ニ可罷此職、中古已来経数百年を之間、募々而為汚名、不覚随納恥辱事無是非次第也、

羅枝者禁裏之優人交り申楽之太鼓打、八幡之神事ニ御練ケリ、亦人皇六十八代後一条院之御宇行圓上人行願寺開基也、神功ニ依加茂明神を祭、然ニ常革着ケリ故時人革堂ト称せり、如是往者ハ神明も不忌人も不嫌、

依テ穢ニモ不有之、

于時此職を河原細工ト申議者、為滑革叓者流を不望者不調故、此職之者常ニ河原務、依河原細工ト申ケリ、然に経世も人増家増至而者此職而已ニ而者不足渡世、故終江河辺リニ於て耕作スル者儘出来を以て江田・河田申ケリ、然に後来為汚名改易於文字穢多、革多書ケリ、今頃此文字を注為名此職之非本来之儀也、

爰に亦一本之説有、其以所者、古近江国志賀里粟舎利ト申在異人、本、是西天竺毘舎利国叛護大王之後胤圓羅多王ト申人之子也、牛頭天王此日本ニ飛来給ひし時、全来シ人ト見たり、牛頭天王之勧請者此人被致申歟、此神之御供ニ粟飯を備叓、粟舎利之供膳ト申ケリ、則播州弘峰之谷之冠者ト申者、此粟舎利殿を崇神也、京都祇園之末社ニも有之、于時粟舎利に在子息、此児生而奇妙之得術を被犯、疫病死スル民お能蘇せり、以此故を時人称其徳証民を蘇之、以文字之儀号蘇民、終此児之為字実妙哉、一祓而無不除諸災難故衆人貴其徳敬君此事ヲ如父母、尚

星落之後者諸厄災難之時者称蘇民之将来祓其疫神事如生前門々ニ細工人ゟ為魔除札打者此謂なり、去程に其頃志賀里に古讃長者ト申有富人、家内二余人、然ニ此長者弐年被犯疫神家人悉死ス、只其長者之末子幻雅孤健相残、諸人此児之存命無不思議、只探延命徳を蘇民可名徳、従是人挙蘇民願名、漸此事亘遠近流行都鄙生涯無退転終此支伝子孫、諸人与名尚不失其徳、先祖蘇民如生涯各々得名、在巨益、得災難延命之利を也、則山王二十一社之中志賀之明神是也、然者此細工人之先祖と申者辱錮命尊、亦志賀明神也、雖然当時四海河田算過タリ、将亦此神之後胤而已ニも不可限、是未成穢、此業之始為渡世習務如此、然則四民百工人之種聊以不可変、於只此朝者天地十二神ノ代より列々タル神因、為無其因外也、

次ニ授与免許之事

一、芝地支配之事

惣而野辺平原者古来戦場也、然ニ八幡宮者源氏之旗神也、革細工人者此神憐愍深キ源シ氏子也故、神慮相応せんが為芝地支配を河田ニ被為仰付也、依之何芸・何商売ニ而も仮屋立之囲を致、衆人を集める時者拾歩壱ヲ可取行事御記旋有之、次ニ芝居等之頃者、七間舞台屋壱間半を惣左座長吏座敷可給者也、是則八幡明神戦場守護思召也、

一、諸寺諸社之棟上柱立之事

此儀者往昔禁裏御造営之節依之魔障御柱立不相成、然ニ博士命令ト筮給ふ処、蘇民之子孫之者ニ被為仰付候得者柱立可致成就ト奏シケリ、於之其頃船岡ニ新左衛門ト称申者有之、依而此者被為仰付候処、御柱立早速相整ひ申けり、従是禁裏を初諸寺諸社不残民家家造ニ至迄柱立棟上之祝儀可取御朱印賜之者也、

一、遷仏遷宮之事

惣而都鄙本末寺社建立再建之御遷坐亦者法会施餓鬼方幣鳥井立等、其外道橋之供養井筒堀等亦ハ功徳祭り相果候

而、餝物檀上檀之常棚之道具民家移徙至迄是を取行へき御朱印賜之者也、是亦為魔除蘇民之子孫ニ可被下置也、
一、洪水之節流木其外河原ニ有之物可取之事
此条、古諸国度々洪水ニ付為流木民家者不及申、禁裏を初其外国々之領主地頭之御館城郭御殿等水辺形取御構之処、破損度々不少、或ハ橋を落シ土手を崩上下共御難渋有之事年々を絶ス、洪水之節者在々百姓出働之処、水溺死スル者不少、爰に河田之輩ハ八幡宮又ハ祇園社之御守リ深キ氏子にシテ殊除災難蘇民之子孫也、別而其上常々為家業江河之辺住水馴シ者也、然者何卒為諸人替諸人洪水働可流木を取上之間、被為仰出旨相勤之所、此恩賞流木其外何之品ニ而も河原ニ有之物一切取行御記誌有之者也。
一、火事場焼残之木并火之付物可取事
一、疫病死タル者之夜着其外一切之諸道具可取事
一、葬式之節諸道具一切可取事
右此二条者疫神悪魔為降伏、蘇民之子孫ニ相渡可申旨被為仰出、御記誌有之者也、
右者人皇七拾壱代後三条院之御宇延久二庚戌年之御勅錠也、
延久弐庚戌年
八月日　　矢野氏
弾左衛門
後三条院御在判
次

源頼朝公御在判

矢野
藤原弾左衛門
源頼兼

建久二年
八月日

辮　前因幡守中原廣光
別当　前下総守源　顕業
令　民部少輔藤原行政
安主　藤井　俊長
知家事　中原　光家

右ハ鎌倉政所家司衆連判御下文有之者也

一、長吏　一、座頭
一、舞々　一、陰陽師
一、神子佐保　一、鷹師
一、餌指　一、鋳物師
一、左官　一、関守り
一、塗師　一、傀来師

一、獅々舞
一、柄巻
一、笠作
一、鍛冶屋
一、木曳
一、辻売商人
一、非人
一、笠縫
一、関守
一、山ノ坊
一、墨師
一、猟師
一、辻目闇
一、紺屋坪立
一、弦師
一、渡守
一、堅木屋
一、風呂屋

一、浄瑠璃語
一、土鍋師
一、瓦師
一、大工
一、弓師
一、傘張
一、石切師
一、鉢屋
一、山守
一、筆結
一、蠟燭屋
一、紙師
一、犬引
一、毛皮屋
一、青屋
一、雪踏屋
一、三味線屋
一、傾城屋

右之者共四拾七座者向後為手下其方尤可為長吏者也、
爰に江府矢野弾左衛門儀者鎌倉右大将源頼朝公初而豆州義兵御発起之砌、平氏之討手於引受、石橋山ニ敗玉ひ、朽木ニ隠れ、梶原氏被見遁夜分入而近辺矢野邑之河田忍ひ、此縁を以御名預り御機嫌相応ひ拝姓名、矢野弾左衛門源頼兼ト相名乗り申けり、尚数々之御恩賞被為下、就中四拾七座之手下被為下、其人数左之通り、

次ニ
北条累代御下文有之者也、
次ニ
後北条累代御下文有之者也、
次
足利御代鎌倉探題衆
上杉民部大輔憲顕
同弾正少輔　朝房
惣而十三領之御判御下文頂戴有之者也、
別而
大御所様天正拾八年江府御入部被在候節、尚先規之通り之旨永代相違無之条、被為仰出者也、
酒井雅楽守重忠公
大久保相模守忠隣公
右御老中御下文頂戴有之者也、

寛永拾九年

九月日

江府住

矢野弾左衛門

源頼兼

京都住

下村庄助

源頼定

丹後国本庄之庄

副国末流江

第二章　牛馬皮と鹿皮——卑賤観のあり方の相違をめぐって——

一　中世の皮つくり

或人、元正料宛牛一頭、令労飼之間、昨慮外斃之、河原人等来向、剝取件牛之間、腹綿中有黒玉、即河原人等取之去者、(1)

この話は、長和五年（一〇一六）正月二日の朝、伊豆前司陳隆が右衛門権佐頼任に語って聞かせたものであるが、この話を頼任から聞かされた源経頼は、「即令尋召件河原人、有相惜気、依加勘責、責出件玉見之、已牛黄也、感悦尤深々、即取出自懐中令見余、大如卵子、其色黒」と牛黄見聞の様を記録している。

牛黄というのは、牛の胆のうにできるといわれる胆石で黄褐色をしており、漢方の薬用に供される貴重なものである。経頼もこの牛黄が余程珍しかったとみえて、日記に「此事、古語有風聞、今見之希有也、仍記之」した。河原者の初見史料として夙に知られたこの『左経記』長和五年正月二日条は、実に様々なことを我々に教えてくれている。この記事から考えられることと言えば、河原者が斃牛の皮剝解体作業に従事していること、河原人等とあることからある程度の集団で事に当っていること、経頼が簡単に尋ね出せたことから、居住地が一定していたのではないかと考えられること、などである。

平安末期には河原者（人）といわれた人々が、斃牛処理にあたっていたことが知られるわけであるが、室町期においては作庭の名手として山水河原者の出現をみるが、河原者の初見史料に斃牛解体者としてまず文献上に現われたことは、河原者の理解にとってきわめて示唆に富んでいる。

ところで獣皮の加工は、随分早くから行われており、養老律令の衣服令には、朝廷公事に服すべきものの一つとして「皮の履」が定められている。また、延暦二十三年（八〇四）には、小牛を殺してその皮を鞍や胡簶等に用いることが多かったため、小牛の殺害を禁ずる太政官符が発せられてもいる(2)。

動物の皮を加工するためには、かなりの工程が必要であり、『延喜式』巻十五内蔵寮の記事によって、皮の製造工程を追ってみよう。長六尺五寸、広五尺五寸の牛皮一張を作る場合は、「除毛一人、除膚肉一人、浸水潤釈一人、曝凉踏柔四人」の工程を必要とし、延七人を要している。もっとも斃牛から皮を剥ぐ工程ははぶかれているが。

つぎに長四尺五寸、広三尺の鹿皮一張の場合は、「除毛曝凉一人、除膚完浸釈一人、削暴和脳様乾一人半」の工程があり、延三人半を要する。なおこれらの皮を染めたりする場合はさらに人員を必要とすることは当然である。

牛や鹿の皮剝を終えてから以降の工程を『延喜式』によってみてきたが、どの工程を抽出しても、最もふさわしい場所は河原であり、それ以外の場所は想定しがたい。皮革に携わる人々が、河原をその生産の場としたことは当然であったし、未だ職住分離がなされていない時期にあっては、これまた当然のことながら住居は河原に置かれていた。

自らの生活基盤を奪われた人々の集まり来たるところが河原であったように、河原を生活基盤に置いた人々もあったり、河原には実に様々な人々が集住していた。『左経記』に現われた河原人等も彼らの仲間であり、皮剥という斃牛馬などの解体作業に長けた職人集団であったといえるだろう。

河原者や皮革の製造について文献史料によってみてきたが、この理解をさらに豊かにするものとして絵画資料に目を転じてみよう。

「興福東大延暦薗城東寺仙伏」といった当代の大寺の腐敗堕落した僧徒を天狗に置き換えて痛烈に皮肉った鎌倉末期制作といわれる『天狗草紙』浄土山臥遁世巻には、「こゝかしこに遊行し興宴しける」天狗が「酔狂のあまり四条河原辺にいて、肉食せむとし」、「肉に針をさしておきたる」「穢多童にとられてくひをねちころされ」る場面が描かれている。四条河原辺には住居とともに菜園（河原田畠）もあり、その横の広場には獣皮が二枚広げられて杭で固定されて干されている。『左経記』に現われた河原者の住環境を彷彿とさせるではないか。

さらに、鎌倉時代最初期の制作といわれる『粉河寺縁起』には、粉河寺を開創した猟師大伴孔子古の日常の生活場面が描かれている。緑の菅の莚を敷いた板敷の室内では、まさに猟師一家の食事の真最中である。主人である猟師がまな板の上で鹿の肉をきざんでおり、串に刺した肉をほおばる子供が一人、赤ん坊に乳を含ませながら女房は塗り椀から手づかみで食べ物を口に運んでいる。庭先に目を転じれば莚には肉が乾かしてあり、小柴垣には鹿の皮が立てかけられて干されている。飼犬も肉片にありついている。この『粉河寺縁起』にはもう一ヶ所、興味深い場面がある。猟師の住居内には、解体されたばかりの鹿の骨がまな板に、折敷には肉片が据えられている。軒下には柱に竿を渡して捌いたばかりであろう鹿肉が天日に干されている。

時代は下って江戸初期の高津本『洛中洛外図屛風（六曲一双）』には、皮剝作業に精を出す河原者村が描かれている。皮革に関する絵画資料は、少ない文献史料に比べてなお少ないが、絵画に対する目の据え方によってはまだまだ多くの材料を我々に提供してくれるのではないだろうか。

二　天部・六条村と八幡科手村の鹿皮をめぐる争論

今まで、牛皮と鹿皮を意識的にとりあげて述べてきたが、それは以下の理由による。それは種類の違う動物であることは当然ながら、扱い者に対する卑賤視のあり方の相違がそこにはないだろうかという疑問からである。享保八年（一七二三）から数年間にわたって天部・六条村と八幡科手村の間で争われた鹿皮白皮の製造販売をめぐる争論があり、その経緯をたどることによって、卑賤観の違いを見てみたい。

穢多が、皮田・革多などと別称されたのは生業として皮革製造に携わったからに他ならない。皮革製造に従事したといっても牛馬が主であって、それも皮剝ぎから皮なめしまでで、それ以降の工程となる革細工についてはほとんど関わっていない。せいぜい自村内の需要を満たすためのものだけに限られていたようである。

斃牛馬の解体、すなわち皮剝ぎから皮なめしに至る作業工程は、かなりの手間と日数がかかり、なおかつ汚れ仕事であった。この仕事は非常な悪臭と河川の汚染を伴うものであり、それだけに地域的にも隔離を余儀なくされ、加えて厳しい賤視に晒されてきた。

皮革の製造工程について作業手順のみを書き出してみると以下のようになる。(3)

水揚げ（脱毛）→皮漉き（裏取り）→ぬた取り→塩入れ→踏返し→日干し→味とり→油皮操み（菜種油を使う）→干合せ→皮洗い→色附け→干上げ→塩出し→本踏→湿皮→皮伸（皮張）

以上、十六工程ほどを経てはじめて細工用の鞣が出来上る。この鞣は皮革問屋に納められ、問屋は口銭をとって諸国に売りに出す。寛永年間、大坂渡辺村には和漢革問屋の免許をもつ二十一軒の問屋があって、彼らは特権的に鞣の独占販売を行って莫大な利益を得ていた。しかし、渡辺村の商人たちは、すべての鞣の独占販売を認められていたわけではない。鹿皮白革（鹿のなめし皮）については、八幡科手村を中心とする白革師がその特権を保持していた。大坂における安土町・塩町の白革師がそれである。

渡辺村をはじめとする穢多村の鹿皮自革への商圏拡大指向が、当然のことながら白革師の特権を脅かし、やがて両者は京・大坂はもちろん江戸においても鹿皮白革の商圏をめぐってぶつかり合うこととなった。

この鹿皮白革の特権をめぐる紛争を、京都の場合を例にとり、この紛争が単なる商圏侵害をめぐる争いだけでなく、白革師における差別の問題が大きく底流としてあったことを明らかにしてみたい。なお、本稿で引用する史料は、とくにことわらないかぎり『諸式留帳』から得ている。(4)

享保八年（一七二三）七月十七日、八幡科手村の白革屋三人（仁兵衛・佐右衛門・久右衛門）が、使惣代として天部・六条両村を訪れ、「此度天部村・六条村に白かわ致され候、我々共同職に相成り候に付、向後相やめられ候様に右手下へ御申付可被下候様」という申し入れを行った。(5)これを受けた天部・六条村さらに川崎村を加えた三村の年寄は早速、京都西町奉行所へ相談に赴いている。(6)

もっともこれより以前、両者の紛争の兆しはなかったわけではない。享保六年九月に東町奉行所から「鹿皮の白革、随分厚き皮壱枚」を求められた六条村は「所持仕候者、壱人も無御座候」と返答している。(7)また同年十月には西町奉行所より「惣て鹿のかわ、白かわに仕候て、売買仕候や」という問い合わせが天部・六条両村にあり、両村は、馬牛の皮が多くあって鹿皮白革は七、八年前よりやっていない、しかし白革誂えの求めがあればいつでも拵えるという返事をしている。(8)大坂における鹿皮白革紛争の影響がでており、八幡科手村から奉行所へ何らか者の衝突は必定であった。ついに享保八年（一七二三）七月二十八日、伊兵衛以下九名の八幡御用勝武染皮下地師は、三条天部村の穢多喜兵衛と六条村穢多三郎兵衛が、鹿の白皮商売を新規に企てたとして、その差し止めを東町奉行所に願い出た。(9) その願書の内容は三ヶ条にわたっていて以下の通りである。

八幡御用勝武染皮下地師

御願書

一、三条天部村穢多喜兵衛と申者、又六条村穢多三郎兵衛と申者、鹿の白皮商売新規に相企仕候由、鹿の白皮職の義は往古より於八幡勝武染皮の下地細工為外の革をましえす、鹿皮一通りを於八幡に致来り候、其末流京大坂江別れ、於只今に江戸長崎、右五ヶ所にて、町人家業に仕義に御座候、鹿皮白皮の義は往古より穢多共差構も不仕候、牛馬の皮とは其品格別に御立被下候、長崎江唐人共大分の鹿皮をつみ入舟仕、依之鹿皮一通り目利役、私共同職の者共に被為仰付、只今に到る迄、役料拝領仕、長崎に住居仕罷有候、然は鹿皮の義は一切の代物同事に諸商人江入札被為仰付、穢多共買申義難成御座候、又地鹿皮の義は御大名様方大坂御蔵屋敷、其外町方諸問屋江国々より着船次第、我々共買請申義に御座候、然処に此度於穢多村、鹿の白革商売仕候得は、私共同職に罷成り、千万迷惑に奉存候、彼村に致し候は新規の義に御座候間、相止め候様に乍恐奉願上候御事、

一、去る丑の年、大坂於穢多村に、又左衛門と申もの、鹿の白革商売新規に相企候に付、大坂白革屋共、御番所江右の趣御願申上候所に、御当地西於御役所に、去る丑の霜月十七日に私共被為召出御尋に付、穢多共難成訳言上仕、其後大坂御番所江右又左衛門被為召出、外の穢多共迄、鹿白皮の義堅仕間敷旨、被為仰付候御事、

一、鹿革白皮染革の義は上々様方御調度の御遣方数多御座候、取分御韈御鷹の足皮等にも往古より八幡革の外は一円韈師方にも相遣り不申候、殊に御族の□革、御武具等にも往古より八幡勝武染白かわ共御用意被為遊候、其例を以只今に至り、八幡惣代社士御年頭の節、毎年勝武染革奉献上士候節御事、付り、御用勝武染革の義は外類職無之、八幡名物にて御座候に付、往古より私共染下地革仕候、当御役所様にて御用皮値段の義、例年御吟味被為遊候に付、書付奉指上候御事、

右申上候通り勝武染下地として往古より致し来候同様言上仕候、去々年御吟味の段、穢多村に難成訳、彼者共委細乍存、又々新規に相企候段、言語同断の義に奉存候、彼穢多商売に仕候ては我々共同職に罷成、千万迷惑に奉存候、右両人の者共、新規に相企候鹿の白革職、向後相止め候様に被為仰付被下候はヽ難有可奉存候、已上

享保八癸卯年七月

八幡御用勝武染下地師　伊兵衛
同　太兵衛
同　兵右衛門
同　庄右衛門
同　長兵衛
同　勘右衛門
同　久右衛門
同　新右衛門
同　仁兵衛

御奉行様

同　　　　　　九郎兵衛

八幡科手村における鹿皮白革の由来等につきこまごまと書き記しているが、つまるところその主張の根幹は以下に尽きる。

鹿皮白革職は町人家業であり、穢多村が鹿皮白革商売をすれば、我々も同職となり、迷惑千万である。鹿皮白革は牛馬の皮とは品格が別である。大坂においては穢多の鹿皮白革商売は禁じられている。

この八幡科手村の勝武染下地師たちの主張は、鹿皮白革商売の商圏侵害に対する自己権益の防衛を意図していることはもっともながら、底流には穢多村と同等の扱いをされる恐れに対する強い抵抗があったとみなければならない。牛馬皮とは品格が異なる鹿皮を扱っており、町人家業であって決して穢多ではない、彼らと同等に扱ってほしくないという主張であり、言いかえれば、穢多村に対する極めて強い差別性を露呈しているといえる。彼ら鹿皮白革師にとって、この訴訟に敗北することは、自己権益保持の崩壊であり、穢多家業への転落という危機感が漲っており、勝訴に向けての彼らの必死の闘いの姿を見逃してはならないだろう。

この白革師の訴えに対し、天部・六条・川崎の三村は八月四日口上書を提出した。(10)

乍恐奉差上口上書

一、我々共、一切革商売にて渡世送り、乍恐御公用相勤申候、然処に八幡品《(マヽ)》手村の者共より我々共勝武染の義致間敷様に申参り候、勝武染仕候ものは分格の義にて候、我々共染不申候事、

一、鹿皮白靼の義は皮田商売にて御座候故、往古より仕候、則去る丑の年、西御役所様より右鹿皮白靼の義、御尋被為遊候に付、皮田商売の義にて御座候故、往古より仕候段、書付奉指上候御事、

一、鹿皮白靼の義は皮田商売の義にて御座候、則東国西国に罷有候皮田村にも白靼仕候御事、

一、惣て四足の類、皮田商売にて御座候処に、八わた品手村の者共、何角私共商売相留め候段、不届千万に奉存候、皮田商売相止候ては手下の者共御公用も勤兼、餲（渇）命に及、至極迷惑仕候、乍恐鹿かわ白鞁の義は穢多商売にて御座候、右品手村の者共相止め候様に被為仰被下候は丶、惣皮田村の者共、一徒（途）に難有可奉存候、

已上、

享保癸卯八年八月四日

天部村手下　嘉兵衛
六条村手下　三郎兵衛
此外惣村中の者共
天部村年寄　儀兵衛
同　伝兵衛
同　与右衛門
同　三右衛門
同　源左衛門
六条村年寄　嘉兵衛
同　久左衛門
同　与三兵衛
川崎村年寄　次右衛門

御奉行様

天部村の反論は、勝武染は分格であり、我々は染めていない。鹿皮白鞁は皮田商売である。すべて四足の類は皮田商売であり、八幡科手村の商売差し止め要求は不届千万である。

皮なめしと勝武染を区別して巧妙に切り抜けようという姿勢がうかがわれ、加えて、諸国皮田村の白革商売を調べあげており、天部・六条村も商圏拡大の姿勢を強くみせている。奉行所においても「鹿かわ白革の義、穢多家業にて在之候へは、穢多村可致義に候や、八幡品手村の者共、白かわ商売致し候へは何共難心得候、品手村の者共、鹿かわ白革致し候へは穢多にて在之候」[11]という認識があり、白革師にとってはもっとも恐れていた事態が招来した。十二月八日、白革師の必死の主張にもかかわらず、すべて四足の類は皮田商売であるという天部・六条村の主張がとおり、この訴訟は八幡科手村の敗北で第一幕がおりた。[12]

しかし翌年十一月、科手村は再び訴訟に持込んだ。[13]双方主張するところはさほど変化はなかったにもかかわらず、大坂における訴訟結果が奉行所を動かすことになったようで、第二幕は逆に白革師の勝訴となった。天部・六条村は京都市中の足袋屋中の助けを借りてまで巻き返しをはかったが、大勢を変えることはできなかった。[14]しかし、針の穴ほどであったが鹿皮白革における白革師の特権に穴があいた。それは、自村内の需要を満たすためという名目で鹿皮業を奉行所によって認めさせることに成功しているということである。[15]享保十六年三たび紛争が再燃するが結果に変化はない。[16]『諸式留帳』のみを材料に鹿皮白革をめぐる天部・六条村と八幡白革師の紛争経過を簡単に追ってきたが、この種の紛争は、大坂・江戸と以後も起こっており、四足類の皮はすべて穢多家業であるという商圏拡大をめざす主張と、鹿皮は品格が別であるという自己権益保持の主張は常にぶつかりあっている。やがて、天保十二年(一八四一)の株仲間解散令により、白革師の鹿皮白革の独占が完全に崩壊し、ゆえに町人家業であるという白革師たちの強い主張は何ら意味を持ち得なくなってしまっていった。

(1)『左経記』長和五年正月二日条。

(2)『類従三代格』延暦二十三年十二月二十一日条。
(3)『捐竜の部落史』第一巻、近世篇。
(4)『日本庶民生活史料集成』第一四巻所収（三一書房、一九七一年）。
(5)享保八年七月十七日条。
(6)享保八年七月十九日条。
(7)享保六年九月十三日条。
(8)享保六年十月二十四日条。
(9)享保八年七月二十三日条。
(10)享保八年八月四日条。
(11)享保八年九月二十一日条。
(12)享保八年十二月八日条。
(13)享保九年十一月十八日条。
(14)享保十年五月十一日条。
(15)享保十年十一月十八日条。
(16)享保十六年二月十九日条。

付論　草鞋と草履

わらじ　藁で足の形に編み、足に結びつけてはく履物。わらんじ。
草　履　［下駄と違って］鼻緒付きで、底が平らの履物。（『新明解国語辞典　第五版』より）

(1)草　鞋

草鞋は「わらくつ（和良久豆）」と呼ばれた沓《くつ》の一種である。短沓（藁短沓）に起源をもち、奈良時代にはすでに使用されていたようである。当初、宮中の下級役人のはきものであった草鞋も、鎌倉時代には一般庶民にまで普及していた。

近代以前の旅は基本的には歩行であり、草鞋は必需品であった。旅人は、宿場あるいは街道沿いの農家で草鞋を入手しつつ旅を続けたにちがいない。草鞋屋を捜すために、手近な絵画資料として『洛中洛外図屛風』を眺めてみた。町田本・上杉本・舟木本といった代表的な作品をみたが、町田本に五ヶ所（右隻三ヶ所、左隻二ヶ所）草鞋を商う店を見出せた。しかし右隻第二扇の店だけが草鞋屋であることがわかるのみで、他の店は格子に草鞋がぶらさげてある程度で、主たる商い品ではないようである。おそらく草鞋とはそうして売られていたものであろう。ともあれ草鞋は、労働や旅をはじめとした庶民生活には必要不可欠のはきものであったし、消耗が激しいゆえに常に補充を余儀なくされ、近年まで草鞋は農閑期や夜なべ仕事でつくられるという自給自足の必需品であった。しかし今日、草鞋づくりも直接目にする機会がきわめて少なく、青少年教育の一環として老人と子供をつなぐ挺子の一つに利用されているのが現実であろう。

⑵草　履

　このように草鞋の歴史も古いが、草履の歴史もまた古い。

　岩鶴礼ニハウキ二ツ・ヲフト一束・ウラナシ一束持来了、勧酒了、料足三十文遣了、

『言経卿記』天正二十年（一五九二）正月四日の記事である。山科言経の日記には岩鶴がよく登場する。たとえば、井戸掘り・花壇の地こしらえ・雨番・普請・壁塗りなどじつにさまざまな日用の用務に、岩鶴は雇われている。(1) この用務の内容からして、岩鶴は山科家出入りの河原者であったことが分かる。岩鶴は山科家とはとくに親しい間柄であったらしく、年貢催促のため家領地へ派遣されたりもしている。(2)

　ところで、岩鶴は折にふれて山科家へ礼物を献上している。岩鶴のような河原者や散所者たちが、日頃出入りしている社寺や公家邸へ、正月参賀や八朔の礼の折に進物を持って挨拶に訪れている例は、公家たちの日記などに数多く見出すことができる。先述の記事は、年頭礼に訪れた岩鶴が持参した進物の記録である。礼物の進上に対してなにがしかの銭が下賜されるのも通例であった。

　岩鶴が礼物として進上したヲフト（緒太）やウラナシ（裏無し）については、『貞丈雑記』に、以下のように記されている。(3)

　一、緒太と云うは、藺の草履なり、常の如くの紙緒のぞうりの緒を太くしたるなり、真中のふとき所を三寸廻り程にするなり、式正の装束着したる時はく(履)ぞうりなり、緒太を「いのげげ」とも「裏なし」とも「藺金

剛」とも「藺履」とも云うなり、女のはくは緒細きなり「うらなし」と云うを本名とすべし、野宮定基卿の説末にしるす

一、げげと云うは、わら草履の事なり、

一、こんごうと云うも、わらぞうりの事なり、

一、女は、いげげをはくなり、緒太をば男はくなり、

緒太を金剛と称したことについては、『雍州府志』に「草鞋謂草履、又称金剛、始金剛氏人使造之、云一説、其製法堅密而、雖行遠方不損、故俗謂金剛云」とある。(4)

また『雍州府志』は、緒太について、

緒太　北野有造之家、又丹波姫栗谷人交、侍禁裏清所取穢物、勤洒掃、其酋長号八十、伝言、後陽成院時八十歳酋長強健而勤之、帝以八十呼之子孫遂為名、斯徒献緒太於禁裏、其所被用厠之鞋、以藁造之、其形似蝦蟇、凡緒太以藺造之、其形如草鞋而、鼻緒円大也、故号緒太、(5)

と記している。酋長とは言い得て妙であるが、すなわち八十は北野辺りに居住する一被差別集団の頭目であり、禁裏御用に対する礼物として藺で造った緒太を献上していたのである。『毛吹草』に「悲田院藺金剛　昔此寺ノ門前ニテ非人共作テ売タルト云、当時ハ方々ニテ作之」とあって、(6)正保二年（一六四五）に東山の泉涌寺に移転する以前の悲田院の特産品が藺金剛であったことが分かる。当然移転以後も特産品であったろう。なお藺の殻で織ったものを藺金剛（藺殻草履）、藁で造ったものを藁金剛といった。

『近世風俗志』に

金剛藁草履、の名也　一名げ、とも云又藺金剛と云あり藺履、也　一名ゐげ、とも云、其緒の太き物を緒太と云、紙緒也、央の最も太き所にて周り概三寸、両端漸細し、女子は細緒を用て緒太を用ひず、又板金剛と云あり、前に図

す立君のはけるもの乃ち板金剛也、或書曰、ごんず今誤てごんざうと云、九州にて武者わらじと云、金剛藁草履也、比叡山の安然僧正作り始しとぞ云々 義経記源平盛衰記、にはざうり云々[7]

とあり、『貞丈雑記』を参照していることがわかる。ただ板金剛というものがみえるが、これについては、『七十一番職人歌合』の二十一番に「じやうりくいたこんがうめせ」と売り歩く「ざうりつくり」の絵が描かれている。この絵で見るかぎり裏に板が貼ってあるのか、板のような形をしているための名称なのか判別がつかない。

また竹の皮でつくられた草履もあり、専業とする人たちがいた。江戸時代になってからつくられるようになった竹皮草履は、真竹で編まれたもので、皮草履（京草履）ともよばれた。享保七年（一七二二）十一月二十三日の夜、煙草の吸いがらの不始末で六条村の竹皮商大坂屋七兵衛宅が焼け、多くの竹皮が焼失したことが『諸式留帳』[8]に載っているが、おそらく七兵衛は竹皮草履もつくっていたと思われる。

最後に、「尻切」についてふれておく。草履は踵の部分がすぐに擦り切れるため、尻の部分に牛皮をつけたので、この名で呼ばれた。『人倫訓蒙図彙』に「尻切師　裏付けといふ藁蘂をもってつくり、革の縁をつけ、又は絹のおもてをもつくる也、女の具なり」とある。[9]草履の裏に革を用いたのは尻切がはじめであり、江戸時代の中心的はきものとなる「雪踏」は、この尻切の進化したものである。

（1）『言経卿記』天正十九年十月八日条（井戸掘り）、文禄五年二月十七日条（菊の地拵え）、同年八月二日（雨番）・同十七日（普請）・同二十三日条（壁塗り）等。

（2）『言経卿記』慶長四年八月二十五日・同年十一月九日・同五年十二月五日・十九日条。

（3）巻之八・調度部（東洋文庫本）。

（4）土産門下・服器部。

（5）　土産門下・服器部。
（6）　巻第四（岩波文庫本）。
（7）　第二七編・傘履（名著刊行会本）。
（8）　享保七年十一月二十四日「六条村喜兵衛・久左衛門口上書」。
（9）　巻六（東洋文庫本）。

第三章　散所の諸相

一　相国寺領柳原散所

現在の烏丸通以西、上立売通以北一帯は中世には柳原といわれた地域で、南北朝期には後光厳院の柳原仙洞御所があった。(1) 柳図子町・下柳原南半町・下柳原北半町・上柳原町といった現在の町名が中世の柳原をしのばせている。

当寺柳原掃地散所者、於寺家可領之由被仰出也、

当寺門前柳原散所者、於寺家被免許之由被仰出也、可被下御奉書之由被仰出也、

『蔭涼軒日録』の長禄二年（一四五八）九月二十八日と二十九日条であるが、「当寺門前柳原散所者」とあることから、柳原散所は相国寺に隣接する地にあり、なおかつ相国寺の西方にあったことは明白である。

相国寺や御霊社に隣接する柳原散所は、長禄二年九月二十八日に足利義政によって相国寺に寄進された。「当寺柳原掃地散所者」とあることから、柳原散所の地を相国寺に寄進されたということではなく、義政は相国寺の掃除役として柳原の散所者を寄進したと理解すべきである。

（一）柳原党と犬若党

犬若という声聞師が初めて史料上に姿を見せたのは応永二十六年（一四一九）正月十一日のことである。

松拍参柳原、犬若、猿楽種々施芸、禄物捶等賜之、当座飲之、乱舞了退出、(2)

松拍のために柳原と犬若の二組が伏見宮貞成親王の御所を訪れ、猿楽その他の芸を披露し、下賜された禄物・捶を食し、乱舞して退出した。この『看聞日記』の記事をもって犬若を柳原の声聞師としているが、注記を「柳原の犬若」と読んでの理解であるが、「柳原・犬若」と読めば、この日二組の声聞師集団が伏見御所を訪れたということになる。このように読むことができる根拠は次の記事である。

松拍蝶阿末村参、追出、依諒闇禁中ニも不被入、仍追出了、

同じ『看聞日記』永享六年（一四三四）正月六日の記事であるが、蝶阿と末村の二人もしくは二組の声聞師集団を表現していることは明らかである。

犬若を個人名と考えるか、集団名と考えるかであるが、蝶阿党・北畠党・小犬党・大黒党などの名称が史料上に現れることから「犬若を頭目とする声聞師集団名」と考えるのが妥当であろう。(3)このように犬若党を柳原の声聞師集団とする確証はないわけであるが、柳原党と犬若党が同時に伏見御所を訪れ猿楽等の諸芸を演じていることから両者は親しい関係にあったとも考えられる。

『看聞日記』応永二十三年正月十一日条に、

自京松拍参、猿楽等乱舞、其興不少、捶ヲ賜則飲之令乱舞、禄物扇等賜之、

とあり、以後毎年正月十一日に京の松拍が伏見御所を訪れている。貞成親王が日記に犬若と注記した松拍も年が相違するものの正月十一日に伏見御所を訪れていることから、(4)この「自京松拍参」とある松拍は柳原党の可能性

がきわめて高く、柳原党と犬若党が交代で伏見御所での松拍を演じていたと考えられる。

永享二年（一四三〇）四月二十八日の後小松院の室町殿への御幸に際し「猿楽犬若」も召されて五千疋を下賜されている。これを最後に犬若は史料上から姿を消してしまう。

翌永享三年の正月十一日、伏見御所での松拍に訪れたのは北畠党と柳原党の声聞師たちであった。(5)

北畠松拍参、次柳原松拍参初参、各賜禄、

この時、柳原の声聞師に対して「初参」と貞成親王は注記している。しかし、犬若以外の柳原の声聞師はすでに応永三十年（一四二三）正月十七日に伏見御所を訪れている。(6)

自京松拍参、柳原云々、前ニ不参者也、院御悩之間斟酌之由仰追出了、

柳原党を名のる集団は一組とは限らず、柳原散所を本拠として活動する声聞師集団が複数組存在したのであろうか。応永三十年以前、すなわち応永二十六年正月十一日に伏見御所を訪れていた柳原党とはメンバーが異なっていたことから貞成親王は「前ニ不参者也」と記したのであり、このときは後小松院の病気により追い出されてしまった。それゆえ永享三年正月十一日に伏見御所を訪れた柳原党について貞成親王は「初参」と注記したのではないか。(7) 柳原党の活動も嘉吉三年（一四四三）正月までたどることができる。(8)

犬若が姿をみせなくなって以後の伏見御所には、北畠や柳原以外にも、小犬・蝶阿・末村・さるらう・市といった声聞師集団が参入している。

(2)小犬党の出現

犬若が史料上より姿を消す二年前の応永三十五年正月四日、小犬を頭目とする声聞師集団が仙洞御所に参入し

散楽（猿楽）を演じている。小犬という声聞師の初見である。

参院、参賀也、是又毎年之佳例、於西面有散楽小犬云々[9]、散所也

犬若が姿を消して新たに登場するのが小犬であること、『看聞日記』応永二十六年（一四一九）正月十一日条から犬若を柳原に居住する声聞師集団であるとしたこと、また「犬若」と「小犬」というその名称に近似性があるため、小犬も柳原の声聞師集団の頭目と考えられてきた。しかし、小犬が柳原に居住する声聞師であることがわかるのは『蔭涼軒日録』文正元年（一四六六）正月二十日の次の記事である。

今晩柳原小犬勤其能云々、蓋旧例也、

応永三十五年から数えて三十八年後である。応永期の小犬党と文正期の小犬党の頭目が同一人物であるかはわからないが、小犬党が当初より柳原に居住する声聞師集団であるとの根拠にはならない。『看聞日記』嘉吉三年（一四四三）正月二十七日条に、

内裏松拍柳原仕、但比興之間一番不終御追出、小犬被召仕云々、御喝食両所御参見物、六番仕云々、

とある。松拍のために内裏に参入した柳原党が、「比興」のために一番の途中で追い出され、代わって小犬党が召されて六番演じたという記事である。小犬党が柳原を本拠にしていない確証とはなりにくいが参考にはなろう。ともあれ小犬が当初から柳原を本拠としていたとは言い切れないが、文正元年ころすでに小犬は柳原を本拠として活動していた。

声聞師集団小犬は、小犬党[10]・唱門師小犬[11]・小犬大夫[12]・小犬座[13]ともよばれ、優れた芸能者集団として公武に重用された。

唱門師小犬、於六道珍皇寺可致勧進猿楽之由治定、欲舞之時分、自管領仰付侍所京極令追散云々、如自余猿

楽、於洛中勧進不可舞之由、観世今春等支申故歟云々、(14)

宝徳二年（一四五〇）二月二十三日、六道珍皇寺で猿楽の勧進興行を行おうとした小犬が管領畠山持国の命を受けた侍所京極持清の配下によって追い払われてしまった。大和猿楽の観世・金春両座の訴えによるものであった。小犬は「其芸甚殊勝」「猿楽上手」「芸能甚神妙」と賞賛される猿楽の名手であり、洛中における勧進猿楽興行の独占を画策していた大和猿楽の危機感によって引き起こされた事件であった。(15)

小犬党の活動は洛中にとどまることなく近江にまでおよんでいた。文正元年（一四六六）四月四日、小犬大夫は近江での勧進猿楽において面を着したということで罪に問われて捕縛されてしまった。

文明八年（一四七六）三月一日、小犬党は禁裏に参入している。(16)『親長卿記』の同年三月六日条には、

小犬弥太郎・与四郎来、去一日為御礼参内裏之処、被召出、及歌舞祝着、今日又有召云々旧院御時、年始春三月連々有松囃、其外致其沙汰之処、称緩怠之由、被召籠了、武命也、其後一乱之時、自獄舎自然出了、其後無御免之儀歟、宿老大夫者四ケ年已前死去了、与四郎者件大夫子云々、被申武家、去一日有歌舞、御免分歟、羞一盞了、

と書かれている。この日「小犬弥太郎・与四郎」は歌舞を許された御礼の挨拶に甘露寺親長邸を訪れ、一日に禁裏で歌舞に及んだこと、今日も禁裏に召されていると報告した。小犬党はようやく将軍より「歌舞」を許されて三月一日禁裏で十年ぶりに舞うことができたのである。「緩怠之由」とはまさに文正元年に小犬が捕縛されたことをさしており、応仁の乱の際に「自然」と出獄し、四年前に死んだ宿老大夫とは、宝徳二年に六道珍皇寺で勧進猿楽を行おうとして侍所から追い払われた小犬をさしていることは間違いない。この宿老大夫すなわち小犬の子が与四郎である。宿老大夫の子でない弥太郎に小犬という名が冠せられていることから、小犬という名はグループのなかで技芸もしくは指導力に優れた者が継承していることを示している。(17)三月一日に禁裏に参入し「ムサレウタハセラ」れたのが小犬弥太郎のグループであった。(18)

長享二年（一四八八）二月五日、小犬党は参内して曲舞を舞った。これを最後に小犬党は史料上より姿を消す。

（3）蝶阿党について

柳原松拍参、留守之由申追出了、
松拍参、先日参追出之処重参非柳原蝶阿子孫也、已入夜之間挙松明猿楽五番仕、縫物一・練貫一・太刀一振・捶二等賜之。庭田直垂、隆富朝臣・重賢・行資等直垂各脱之賜、其外面々扇等賜、珍重之折節面々又酔気之間、殊有其興、児一人賞翫之余、殊蔵主・梵祐等張行、召留庭田へ行、酒盛乱舞令賞翫云々、

『看聞日記』永享五年（一四三三）正月二十七日と二十九日の記事である。二十七日に伏見御所を訪れた柳原党は、親王が留守のために追い出されたため再び二十九日に訪れたのであるが、貞成親王は彼らを「非柳原蝶阿子孫也」と注記している。これは二十七日に訪れて追い出された柳原党と違い、同じ柳原の声聞師たちであるが、蝶阿党であるといっているのである。これによって蝶阿党は柳原を本拠とする声聞師集団であることがわかるが、芸能者としての技量については、貞成親王によって「散々下手」と評され、ほとんど追い出されている。

（4）散所の市

『看聞日記』によって末村[19]・猿らう[20]・市[21]といった声聞師の存在を知ることができるが、彼らがどこを本拠にしていたかについては明らかではない。ただ市という声聞師については若干動静を知ることができる。

永享十年六月四日、「内裏御庭掃除者」が泉殿に置かれていた堆紅四方箱を盗み、捕縛される事件があり[22]、市が代わって内裏の掃除役に召し使われることになった。このとき市は貞成親王邸と三条邸の「兼参奉公者」であ

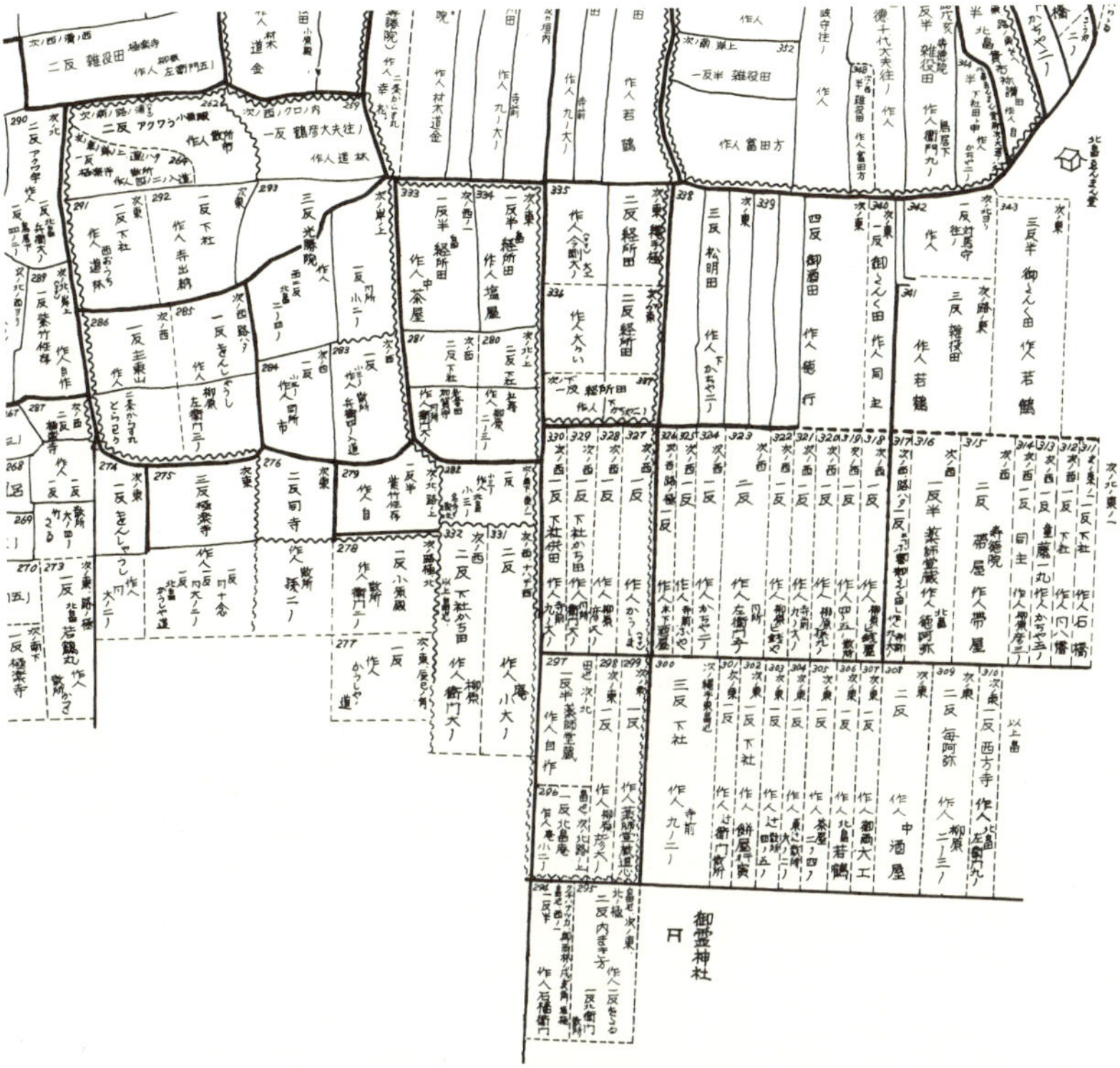

図　宝徳三年小山郷地からみ帳記載田地復元図（須磨千頴氏作成）

ったため、伝奏中山定親からは内々に、勾当内侍からは書状でもって貞成親王に申し入れが行われ、貞成親王も「畏悦可被召仕之条、不及子細之由」と返答し、「市面目之至也」と喜んでいる。[23]また嘉吉三年（一四四三）二月には、市は虎父子とともに貞成邸の庭の栽木にも従事している。[24]正月には声聞師として内裏や伏見邸で千秋万歳を演じる市は、日常は伏見邸や三条邸に出入りする庭者でもあった。『看聞日記』永享八年正月八日に伏見邸に千秋万歳に訪れた声聞師に貞成は「予召仕者也」と書いているが、おそらくこの声聞師は市ではないだろうか。[25]

　賀茂別雷神社に蔵される宝徳三年（一四五一）の賀茂六郷地からみ帳（明応九年写）の内「宝徳三年小山郷

地からみ帳」に「散所市」の名を見いだすことができる。[26]「地からみ帳は一般的呼称を適用すればまさしく検注帳にほかならない」[27]とされるものである。小山郷は現京都市北区小山と称される所であり、相国寺・上御霊神社の北に位置している。

総田畠数四十七町七反三百四十歩・四百五十六筆の内、作人の名が明らかな田地は三百五十八筆で、そのうち柳原と北畠の作人分が百三十八筆、作人数でいえば四十七人（柳原が二十九人、北畠が十八人）を数える。また散所者が作人となっている田地が二十六筆あり、作人数は十九人を数える。

次ノ南ノ路ノ浦
一反　アクワう小原殿　散所作人　市
次ノ西
一反　小三郎作人　散所兵衛四郎入道
次ノ西
一反　小三郎作人　同所市

散所の市は二筆三反の作人であるが、「小山郷地からみ帳」における柳原と北畠の作人の多さから推して、また千秋万歳のために例年貞成親王の一条東洞院邸を訪れていることからして、市は柳原もしくは北畠の散所者と考えられる。市が作人として現れる田地の位置は、須磨千頴氏の復元図[28]によれば現京都市北区下総町の南端部である。柳原や北畠からすればさしたる距離ではない。なお小山郷の西に位置する大宮郷の地からみ帳には市の名を見いだすことはできない。

二　北畠散所と桜町散所

北畠の位置については、『後愚昧記』応安二年（一三六九）十一月十一日条に「申刻許、下部五郎男、於毘沙門堂北畠、為京極三位行光卿下人被殺害了」とあり、また『山城名勝志』に「北畠　指南抄云、北畠通一条ヨリ北、其間三町也云云」「毘沙門堂、按今塔壇内有毘沙門町、南北二町、是其旧跡歟、世ニ毘沙門ノ花盛卜謂フハ、此寺ノ事也、寛文年中門主公海僧正於北山科地被再興、塔壇者、相国寺大塔在富小路東毘沙門堂南、載于薩戒記其跡也」とある。これらの史料から、北畠は相国寺の東、かつて出雲路にあった毘沙門堂の近辺に位置する。ここは、相国寺の九重塔があったところで、今日もなお「上塔之段町」「下塔之段町」という町名がそれを伝えている。

北畠散所は、柳原散所とともに長禄二年（一四五八）十一月に足利義政によって相国寺に寄進された[29]。柳原散所の例から考えて相国寺の掃除役としての寄進であったと考えられる。

(一)北畠声聞師の活動

史料上における北畠声聞師という呼称は永正二年（一五〇五）まで待たねばならないが、彼らの活動は永享三年（一四三一）まで遡ることができる[30]。

永享三年の正月十一日、北畠の声聞師が伏見宮貞成親王の伏見御所に参入し松拍を演じた。貞成親王が日記に「北畠松拍参、次柳原松拍参初参、各賜禄」と柳原声聞師の松拍に「初参」と注記していることから、伏見御所での北畠声聞師の松拍はこれ以前から行われていたことを物語る[31]。貞成親王は、元服する応永十八年（一四一一）まで菊亭すなわち今出川邸で養育されており、伏見御所での北畠や柳原の松拍はその縁であろう。北畠の松拍は、永享七年十二月十九日に貞成親王が一条東洞院邸に居を移しても変わりなく続けられ[32]、永享十年まで確認することができる[33]。

禁裏■三毬打、三本蔵人右中弁沙汰之、蔵人将監源政仲奉行有催也、今夜、北畠散所参入皷舞如例中権喝食、見物之

伏見宮三毬打、岩上散所皷舞云々、

禁裏の三毬打行事に参入して囃子の奉仕を行っている北畠声聞師の様子をつたえるこの『建内記』文安四年（一四四七）正月十八日の記事は、北畠散所という呼称の初出史料でもある。「北畠散所参入皷舞如例」とあることから、北畠声聞師は以前より禁裏の三毬打行事に参入していたことを窺わせる。

北畠声聞師は、北畠党と名乗り、文明十四年（一四八二）以降は、毎年正月に参内して千秋万歳を演じており、(34)小集団を組織しての芸能活動を行っていた。永正二年（一五〇五）以降は正月五日が北畠党の禁裏での千秋万歳が行われる日としてほぼ定着し、曲舞を二番もしくは三番舞っている。演じる場所は、議定所の庭のもしくは孔雀間である。(35)

北畠声聞師が蔭凉軒に参入して千秋万歳を演じたのは、長禄二年（一四五八）に北畠散所が足利義政によって相国寺に寄進されて以後の長享元年（一四八七）一月二日が記録の上では最初であり、(36)その後毎年正月二日に蔭凉軒に参入している。翌年の正月二日には某入道が北畠党を率いて参入している。(37)この入道は、将軍御所まで参入していたようで、延徳元年（一四八九）には足利義尚の六角高頼討伐のための陣所にまで出かけていて蔭凉軒には来なかった。(38)しかし、翌延徳二年と延徳三年には再び北畠党を率いて蔭凉軒を訪れている。(39)

北畠党は永正期までは七、八人で集団を構成していたようであるが、(40)構成人数も徐々に減少し、天文十五年（一五四六）には五人となり、(41)元亀元年（一五七〇）には三人となっている。(42)しかし、ともかくも北畠党の禁裏での千秋万歳は、天正十年（一五八二）まで続く。(43)

祇園会結構云云、公方無御見物、早旦北畠笠鷺杵《鉾》参、於屛中門之内令舞、練貫一・太刀一給、往昔於菊弟見物、再会目珍養眼、其後大舎人杵参、練貫一・太刀一被下、見物衆皷操也、内裏就近所如此拍物推参、且珍

重也、

（『看聞日記』永享八年六月十四日条）

永享八年（一四三六）六月十四日の祇園会に北畠の「笠鷺鉾」が御所に参入し、多くの見物衆を前にして屛中門内で鵲舞を舞っている。

この北畠の鉾と風流踊を見物した伏見宮貞成親王は「往昔於菊弟見物、再会目珍養眼」と日記に記した。伏見御所で元服する応永十八年まで菊亭すなわち今出川邸で養育されていた貞成親王の述懐であるが、北畠の鵲鉾は早くから公家邸などに参入して鷺舞を舞っていたことを物語っている。このような縁であろうか、鵲鉾は、貞成親王の伏見御所や一条東洞院邸に参入して、「ぬれぬれ舞」などを舞っている。[44]祇園会における北畠の鉾と鷺舞はその後も続けられ、寛正六年（一四六五）まで確認することができる。[45]

（2）桜町声聞師の登場

北畠の近辺の桜町にも声聞師が存在し、千秋万歳などの芸能活動を行っていたことが知られる。桜町声聞師の居住地域は、相国寺の東、寛永十四年（一六三七）の『洛中絵図』（宮内庁蔵）では「さくら町」と記載される付近であろうが、北畠散所のやや北方に位置する。

天文二十二年（一五五三）八月十八日の御霊社の祭礼の日に、薬室邸で桜町声聞師の奈良松が曲舞二番を舞っている。[46]桜町声聞師の存在を示すもっとも早い事例といえる。翌天文二十三年正月五日、桜町声聞師は禁裏に参入し千秋万歳を演じている。この日、例年のごとく北畠声聞師が禁裏に参入して千秋万歳を演じたが、このことを山科言継は日記に、この北畠声聞師は桜町からきた者であると書いている。[47]同じく『言継卿記』永禄八年（一五六五）正月五日条に「禁裏千秋万歳に未刻参内、自桜町参、根本北畠也」と記されていることから、一六世紀半ば、北畠声聞師集団の一部が桜町に本拠を移したことを物語っており、彼らは桜町声聞師とも呼ばれていた。

『御湯殿上日記』における北畠声聞師の正月の禁裏での千秋万歳を逐ってみると、文明十四年（一四八二）正月六日を初見として一貫して北畠声聞師が演じてきているが、永禄四年（一五六一）正月五日にはじめて桜町声聞師が禁裏に参入し千秋万歳を演じている。(48) これ以降、禁裏での正月五日の千秋万歳は桜町声聞師によって演じられるのであるが、北畠声聞師の千秋万歳の記録が全く消えたわけではない。『御湯殿上日記』元亀元年（一五七〇）正月五日条には「きたはたけのせんつまんさい三人まいる」などと記されており、桜町と北畠の千秋万歳が年によって交代で演じているようにも思える。

しかし、永禄七年正月五日の禁裏での千秋万歳を『言継卿記』は「北畠之千秋万歳」と記し、『御湯殿上日記』は「さくら町の千すまんさいまいる」と記し、万里小路惟房は「禁中千秋万歳参之、桜町唱門士云々」と記していること、(49) 桜町声聞師の根本が北畠であるという経緯、永禄四年以降桜町声聞師の禁裏での演ずる度合いが圧倒的に多くなっていくことなどからすれば、北畠と記される場合も桜町の声聞師をさしている可能性がきわめて高い。北畠声聞師の芸能活動は、天文二十二年（一五五三）頃をさかいに桜町に本拠を移した北畠声聞師に引き継がれ、桜町声聞師として史料上にその姿を見せることになったといえるのではないか。ともかくも、彼らの禁裏での活動は後水尾院期まで続いていることが確かめられる。(50)

さきに、曲舞を舞った奈良松という名の声聞師に触れたが、『御湯殿上日記』文明十八年二月十一日条に「なら松といふくせまゐ、一はん申たきよし大こく申、そとまわせらるゝ、たひ物もなくてくこんはかりたふ」とある。天文二十二年とは六十七年の隔たりがあって、とうてい同一人物とは考えられない。文明十八年に大黒党の仲立ちによって禁裏で曲舞を舞った「なら松」はおそらく北畠に本拠をおいていたと考えられ、その後桜町に本拠を移し、その後継者とおもわれる「桜町声聞師奈良松」が、天文二十二年に葉室邸で曲舞を舞ったと考えられる。(51)

(3)大黒党

北畠党を名のる声聞師とともに禁裏での千秋万歳を演じた大黒党について触れておきたい。大黒は、「大極」と記される場合もあり、(52)「だいごく」と呼称されたのであろう。大黒党の史料上の初見は『御湯殿上日記』文明十年（一四七八）正月四日の禁裏での千秋万歳の記録である。以後、天正十四年（一五八六）に至るまで正月四日に禁裏に参入して千秋万歳を演じている。

大黒党がどこを居住地として活動していたかについては、河内将芳によって禁裏（土御門東洞院殿）の西方「新在家」という所にあったことが論証されている。(53)

しかし、『後水尾院当時年中行事』に「水合、陰陽師大黒行之、この大黒といふもの、称号土御門被官刑部丞云、塔の壇今出川寺町に在之、出雲寺の旧跡なり」とあり、また『京都御役所向大概覚書』にも

「陰陽師之事」

一、塔之壇毘沙門北半町　陰陽師　大黒刑部

「諸役寄宿御免許之事」

壱軒役　同(塔之壇)毘沙門三町目北半町

一、陰陽師　大黒松大夫

との記載があって、大黒は近世期には北畠や桜町に隣接する塔の壇に居住していた[54]。

大黒党が史料上に姿を現して以降のことではあるが、正月五日に北畠党もしくは桜町党が禁裏に参入して千秋万歳を演じたのに対し、前日の四日は大黒党が演じるのが通例となっていた。大黒党の構成人数は、永正六年(一五〇九)に七人、天正八年(一五八〇)に六人という記録があるが[55]、だいたいにおいて五人で構成されていた[56]。演じる場所も議定所南庭が通例であったようで、雨の日は孔雀間で演じられることもあった[57]。

応仁・文明の大乱後、大黒党は、正月五日の千秋万歳以外にも十八日に行われる三毬打にも参入して囃している[58]。このころから禁裏では三毬打行事が正月十五日(小三毬打)と十八日(大三毬打)に行われるようになり、ことに十八日は一般民衆の見物にも開放されるようになっていくが[59]、大黒党は毎年十八日に参入して囃すのが例となっていた。

またわずかな事例ではあるが、大黒党は正月二日に参内して毘沙門経を読んでいる[60]。禁裏では重陽の節句の行事のために菊を植えるが、天文元年(一五三二)になって「きく大こくうへまいらする」と記録され[61]、以後、大黒が御所の議定所の庭に菊を植えることが恒例となっている。

このように禁裏における大黒党の活躍が知られるが、文明十五年(一四八三)三月十二日に「ちこ・おとこ」を、同十八年には「なら松」を引き連れて禁裏に参入し、彼らに曲舞を舞わせている。このように大黒は新たな芸能者を引き連れて禁裏で演じさせるという仲介のようなことも行っている。それほど大黒党は禁裏との縁の深い声聞師集団であったといえる。

天文十九年(一五五〇)閏五月八日、大黒が殺害される事件がおきた。河狩をしていた伏見宮家の承仕・仕丁らと声聞師たちが喧嘩になり、双方が相当の応援を得て睨み合ったが、伏見宮家の侍三木新五郎によって大黒が殺害された。[62]翌日、伏見宮家では声聞師村成敗のため仁和寺に応援を求め二千人を動員して差し向けるという大騒動になった。[63]伏見宮家が声聞師村の成敗のためにこれほどの多数を動員しなければならなかったのは、声聞師方にも相当数の動員力を備えていたことを物語っている。第三節でも触れるが、御霊社の東方には池を伴う声聞師村が、「万里小路過昌門出村」や「近衛辺声聞師村」が近辺にあり、[64]また大黒党とはきわめて近い関係にある北畠・桜町など声聞師集団が隣接していた。大黒が新たな芸能者を引き連れて禁裏で演じさせたりしていることからも各地域に居住する声聞師集団間のネットワークがすでにできていたと考えられる。

事件がこれ以上拡大することを恐れた禁裏は、山科言継と四辻季遠を使者として伏見宮に「穏便之御沙汰可然之由」を伝えてともかくも事件は収まった。

『後水尾院当時年中行事』の正月四日の項に「旧院のはじめ後陽成院の比迄は、今日千秋万歳参れど、正親町院御事の後は、御忌月なれば参らず、されば旧院御代の間中絶によりて、彼者の子孫共のゆくへをしらずなり行く、今はまゐらず」とあり、禁裏での千秋万歳が行われなくなったことから、禁裏に出入りしていた大黒も退転していったと記している。正親町天皇は文禄二年（一五九三）正月五日に没しており忌月ではあることが契機となっているが、文禄三年、秀吉は京・堺・大坂に居住する声聞師たちを「荒地おこし」使役のために尾張国清須辺りへ強制的に移住させた。これによって大黒たち声聞師の芸能活動は中断を余儀なくされたことが大きな要因であろう。[65]

しかし、慶長四年（一五九九）ごろから声聞師たちの帰洛がはじまっていたようで、[66]慶長八年正月六日には女院御所に千秋万歳が参入している。[67]

慶長十八年正月十八日の院御所における三毬打行事に大黒が参入しており、大黒党もこの時期には帰洛が実現していたのであろう。[68] 以後、大黒党の禁裏三毬打への奉仕は幕末期まで続き、[69] 重陽の菊植裁についても大黒党の奉仕が再開されている。[70] しかし江戸期を通じて大黒党による千秋万歳は復活することはなかった。

三　相国寺領御霊社東西散所

御霊社東西散所については、『蔭凉軒日録』に若干姿を現す程度でよくわからない。

散所の位置については、「御霊之前散所」とも書かれるので、[71] 御霊社（現上御霊神社）に隣接する地域に所在したことはたしかである。東西という名称から御霊社をはさんで東西に分かれて位置していたか、あるいは「東西」を御霊社に隣接する近辺と解することによって一か所にまとまっていたとも考えることができる。「中古京師内外地図」（原図：寛延三年＝一七五〇）や「中昔京師地図」（宝暦三年＝一七五三）には「唱門師村」や隣接する「唱門師池」が描かれている。大永元年（一五二一）七月十二日、公家の鷲尾隆康が近辺の公家たちと連れだって、三条高倉にあった足利義稙第（三条御所）を訪れての帰路、この声聞師村の池を見物し、設けられていた四阿で酒をくみかわしている。[72] この声聞師村と御霊社東西散所との関係については、ともに相国寺の北東に位置しており、両村はきわめて近接しいる。

また、『応仁記』に

此御霊ノ森ノ南ハ相国寺ノ藪大堀、西ハ細川ノ要害ナレバ、北ト東口ヨリ攻入ケル、義就方ノ遊佐河内守馬ヨリ飛下リ、真先ニ進デ懸レバ、兵ドモ馬ヲ乗放々々争競テ攻ル、早鳥井ノ脇ノ唱門士村ニ火ヲ懸タリ

と記されるが、義就軍の侵攻コースからすればこの「鳥井ノ脇ノ唱門士村」は御霊社東西散所を、この散所が東西に分かれて存在していたとするならば西散所を指していることになる。そうならば、この散所は村を構成する

ほどの規模をもっていたことになる。

この御霊社東西散所が史料上に初めて姿を現すのは、『蔭涼軒日録』寛正四年（一四六四）七月十三日条である。

当寺領御霊社東西散所者、公役之事、自所司代命之、怠則可致罪科之由触之、仍自寺家以自鹿苑院殿代々御免許御判并御奉書支証、重奉懸于御目訴之、仍向後御免許之由被仰出、即以飯尾左衛門大夫以此旨可命于所司代之由被仰出、即命之、又此旨命于寺家也、懽喜踊躍也、前月廿四日普広院御懈怠、晩来当院施食之次、可有御焼香之由、被仰出也、寺領御霊社東西散所之事、於高倉御所御掃地之事、津頭依怠慢可有罪科之由申之、其時自寺家出此支証具于上覧、即免許停止之御奉書有之、即今依彼違乱重伺之、

京都所司代多賀豊後守高忠より高倉第（足利義政生母大方殿邸宅）の掃除のため御霊社東西散所者の公役出仕を命ぜられた相国寺は、足利義満以来の「御免許御判并御奉書」を提示して公役免除を認められた記事である。相国寺の創建は永徳二年（一三八二）に始まり、明徳三年（一三九二）八月に工事が完成するが、御霊社東西散所者は、この時期をさして下ることなく義満によって相国寺に掃除散所として寄進されたと考えられる。『相国考記』明徳元年九月二十八日条に、

准三宮賜御教書於相国寺、其書云、当寺領諸国諸役神社役・公家武家関渡役・寺家門前諸役・守護使入部・諸国洛中寺領屋地諸役等事永所停止也、早可被存此旨状如件、明徳元年九月廿八日、従一位御判相国寺長老見于当寺古記

とあることがその証左となろう。

高倉第の掃除を免除された年の翌々年の寛正六年十一月、御霊社東西散所は、後土御門天皇の即位に伴う内裏の掃除を命じられている。このときは「限此御即位、依無人而被仰付、以後者可有御免之由、懇々被仰出」とい

う理由で相国寺も仕方なく公役の出仕に応じている。(73)

相国寺への寄進以前の御霊社東西散所については不明であるが、御霊社が平安京造営以前から当該地にあった出雲寺址に位置しているという歴史的経緯からすれば、出雲寺の掃除散所として形成された可能性もあり、出雲寺の鎮守としての伝承を有する御霊社が、出雲寺の衰退によって付属していた散所が御霊社に引き継がれてきたとも考えられる。

また、相国寺を創建するにあたって、「福原遷都外無例歟」と称されたほど、当該地に居住していた多くの人々が強制的に移転を余儀なくされていることから、(74)御霊社東西散所者は公家邸などへも出入りしていたとも考えられる。

ともかく、出雲寺もしくは御霊社の掃除散所として出発したであろう御霊社東西散所は、相国寺の建立にともない義満によって相国寺に寄進された。御霊社東西散所者のすべてが寄進されたかどうかは不明であるが、おそらく後宇多上皇によって文保二年（一三一八）に東寺に「教王護国寺掃除料、彼寺近辺散所法師拾伍人、所被付寺家也」として寄進された散所を想起するならば、(75)一定程度の人数を限定して寄進された可能性が高い。

御霊社東西散所については、『蔭涼軒日録』以外にまったく姿を現さないのでこれ以上のことはわからない。御霊社の西には同じく相国寺領の柳原散所が存在するが、『蔭涼軒日録』寛正四年（一四六三）七月二十六日条によれば、御霊社と柳原の両散所は別の散所として認識されている。(76)しかしこの東西散所の東散所はやがて消滅したか、あるいは柳原散所に吸収されてしまったのではないだろうか。

ところで、上御霊神社文書の天保十三年（一八四二）の「記録帳」に、天正十一年（一五八三）六月二十一日付の正親町天皇綸旨の写しが記載されている。

神領算所村燈明料事、今度号楽人山井跡、松波資久貧地利令違乱所行甚以曲事也、所詮如先々被令社納可抽御祈禱之精誠之由、天気所候也、仍悉之、以状

天正十一年六月廿一日　　左少弁在判

上御霊

別当法印御坊

散所村にある上御霊社燈明料分を松波資久が違乱したことに対し、元に戻すよう命じた綸旨であるが、この「算所村」がどこの散所村を指しているのか明らかでない。

四　本堅田村内陰陽村

堅田は、琵琶湖が北湖と南湖に分かれるもっとも狭くなる所の西側に位置しており、中世以来湖上交通の要衝として栄えた都市的集落であった。しかし、北ノ切・東ノ切・西ノ切・今堅田をもって堅田四方と称された堅田も、近世にはいって村切りを余儀なくされ、今堅田・本堅田・衣川の三村に分かれた。

元禄十四年（一七〇一）に幕府に提出された元禄国絵図を約四分の一に縮写した「縮写元禄近江国絵図」(77)には、本堅田村の西方に陰陽村が描かれている。

本堅田村における陰陽村の成立についてはさだかではないが、明応四年（一四九五）七月「祥瑞庵領年貢米納下帳」(78)に

一石五斗　定得　唱門士
壱段　　　　　　孫衛門

とあり、さらに明応四年（一四九五）七月十六日から翌五年七月十六日までの「祥瑞庵銭納下帳[79]」の収納酒入目小日記に、

（十月）同廿七日

廿二文　　深田唱門士孫衛門

とある。

以上のことから、堅田の祥瑞庵領には、作人あるいは年貢負担者として、声聞師の孫衛門なる者が登場しており、深田に居住していることが知られる。深田は延宝七年（一六七九）の「近江国滋賀郡本堅田村検地帳[80]」の記載内容と一致する「検地絵図[81]」によれば、祥瑞庵（現祥瑞寺）の東北に「深田」という字地が存在しているので、声聞師の孫衛門は、おそらくそこに居住していたと思われる。「陰陽村」という字地はその少し南に位置する。

中世以来、堅田庄において刀禰党・小月党とともに地侍として勢力を張っていた殿原衆の居初《いそめ》党の氏神的存在であった伊豆神社（居初社）の「永正九年四月吉日下物之帳之事[82]」という冊子に、

（正月）二日　千万歳ろくハすミの銭にて出候、又酒一升ツ、、ふなのすし□□さかなそへ出候、□両神主よりにて候、

とあり、同日の頭注に「宮ニテ同二日千万歳ろく二百文下司殿より出候」との記載もあることから、例年正月に訪れている声聞師は、「祥瑞庵年貢米納帳」に登場する深田の声聞師の可能性が高い。

また、堅田にあって真宗教団の湖西における拠点として知られた本福寺にのこる『本福寺跡書』に「宮切ト東切ト千万歳ヲ争テ、合戦ハ馬場面ニハ法住法西兄弟シテカ、ヘラル、」といった記載があるが、この「千万歳」と正月の千万歳の関係は不明である。

また十日の「大けち朝」には、「いん内おんはう」へも「はちのいゝ」という下物がされている。「いん《(院)》内」は声聞師あるいは陰陽師職に携わる人々の集住地を現す言葉であり、また「おんはう」は葬送を専業とする集団を指す言葉であり、この時期、堅田には声聞師と隠亡の集団がおり、堅田に対してなんらかの奉仕を行っていたことがわかる。

「院内」について、『大津市史[83]』には、「院内道　堅田小学校の東門から東西にのびる細い道がある。現在は小学校で分断されているが、かつては本堅田のまちと西近江をむすぶ主要な東西路の一つで、院内道（本堅田三丁目）と呼ばれていた。これは『院内さん』（天皇のお后）が流されてすんでいたことからついた地名と伝えられる。后妃を、『院内』と呼ぶ例はないが、院（貴人の御所）の内に住む方ということで、土地独特の呼び名となったのだろう」と記されている。

これは堅田学区老人クラブ連合会提供の伝承を参考にして記述されたものであるが、「延宝期本堅田村検地絵図」によれば、「陰陽村」という字名をもつ地が当該地域近くに記載されていることや、近世期に散所の後身の集落を指す呼称として「院内」が用いられることから、祥瑞庵年貢米納帳に登場する「深田唱門士孫衛門」の後裔の居住を示唆している。『本福寺跡書』に記される「文徳天皇ノ染殿ノ后、堅田へナガサレタマヒ」という伝承が加わり、貴人の御所としての「院内」に転化していったものと考えられる。

慶長七年（一六〇二）九月六日付の『江州滋賀郡堅田村御検地帳[84]』によれば、本堅田・今堅田・衣川の三か村は一つにまとまった惣村として扱われており、総筆数四千四百筆余（内屋敷筆数六百六十余）・石高合計三千三十六石余を数える。

慶長二十年八月付の『本堅田村田畑之取遣帳[85]』には本堅田村を構成する町別に、慶長十九年から元和七年（一六二一）まで年をおって石高が記載されている。たとえば、慶長二十年（一六一五）の「本堅田卯ノ才究高町々の覚」は以下のとおりである。

本堅田卯ノ才究高町々の覚

一、弐百八拾七石弐斗九升四合五勺　大道
　内　拾弐石四升弐合　かち大工ノ高
一、弐百六拾六石七斗壱升八合　中村
　内　拾八石弐斗四升六合　かち大工ノ高
一、百五拾八石八合　東切
　内　四石五升七合　かち大工ノ高
一、弐百三拾三石九斗六升三合　宮切
一、三百九拾八石弐斗弐升五勺　野之内
一、百四拾四石六斗壱合　外輪
　内　四石七斗三升七合　かち大工ノ高
一、拾九石七斗六升壱合　西切
一、拾五石六斗弐升七合　今堅田
一、五拾九石五斗三升五合　衣川
一、拾弐石弐斗六升　院内
一、六石三升　ひし里
一、壱石五斗七合　谷口

合　千六百三石五斗弐升五合

卯
慶長弐拾年

八月十九日

本堅田惣代（黒印）

「卯ノ才究高町々の覚」に「ひし里」とあるものが、「未歳町々究高」では「ひぢり」となっているが、院内・ひし里の石高はいずれの年も変化はない。

延宝七年（一六七九）三月七日付の「近江国滋賀郡本堅田村検地帳[86]」がのこされている。慶長七年の検地帳では本堅田・今堅田・衣川の三か村は惣村として扱われていたが、延宝検地帳では本堅田村のみの検地帳となっており、四千四百筆余もあった総筆数も当然のことながら二千五百筆余に減少している。

この検地帳には、「陰陽村」という脇付のある屋敷及び畑地がまとめて記載されており、それをまとめたのが表1である。総筆数は二十七筆で、内訳は、屋敷地が十五筆、畑地はすべて上畑で十二筆である[87]。

慶長七年における検地高でろう古検高も脇付されているが、延宝検地は、従来一間が六尺三寸であったものを、一間を六尺、一反を三百歩として丈量しており、古検高と延宝の検地高を単純に比較はできないが、表1には検地帳に記載された通り表記しておいた。

屋敷地の合計は十五畝六歩、畑地の合計は六畝二十八歩である。古検における石高は不明ながら、延宝七年では、屋敷地は一石五斗八升四合、畑地は六斗九升四合で、合計二石二斗七升八合である。

名請人は、十四人記載されているが、屋敷地のみの名請人は、勘右衛門・三卜・弥次右衛門・三清・与左衛門の五名、畑地のみの名請人は寿仙だけである。半兵衛と伊右衛門、弥次右衛門と三清はそれぞれ屋敷地一筆を共

表1　延宝７年の陰陽村の検地内容

	古検高	種別	面	積	名請人	分米(合)	斗代	外四壁藪裏		
								面積	脇	除分
1	２畝22歩	屋敷	３間３尺×16間	３畝26歩	三清	224	１石２斗	１０間×３尺		５歩
2	４歩	屋敷	４間×２間３尺	10歩	勘右衛門	40	１石２斗			
3	22歩	屋敷	８間×３間３尺	28歩	与左衛門	112	１石２斗	８間×１尺５寸		２歩
4	26歩	屋敷	６間×４間３尺	27歩	弥左衛門	108	１石２斗	６間×１尺		１歩
5	25歩	屋敷	１０間×３間３尺	１畝５歩	吉兵衛	140	１石２斗	１０間×１尺５寸		２歩
6	10歩	屋敷	３間３尺×３間５尺	13歩	伊右衛門	52	１石２斗			
7	10歩	上畑	２間３尺×３間３尺	８歩	寿仙	27	１石２斗			
8	12歩	屋敷	４間３尺×３間３尺	15歩	小吉	60	１石２斗			
9	26歩	屋敷	３間３尺×８間	28歩	半兵衛・伊右衛門	112	１石２斗	８間×１尺		１歩
10	12歩	上畑	４間×３間４尺２寸	14歩	半兵衛	47	１石			
11	12歩	上畑	４間１尺×３間４尺２寸	15歩	小吉	50	１石			
12	８歩	上畑	４間×４間	16歩	吉兵衛	53	１石			
13	21歩	上畑	３間５尺×５間	19歩	伊右衛門	63	１石			
14	22歩	上畑	４間×５間	20歩	寿仙	67	１石			
15	21歩	上畑	４間×５間	20歩	五郎兵衛	67	１石			
16	24歩	上畑	４間１尺×３間３尺	22歩	九兵衛	73	１石			
17	25歩	上畑	５間×４間	20歩	弥左衛門	67	１石			
18	24歩	上畑	４間×４間３尺	18歩	吉兵衛	60	１石			
19	１畝４歩	屋敷	７間×５間	１畝５歩	弥次右衛門・三清	140	１石２斗	１２間×１尺５寸		３歩
20	13歩	屋敷	４間３尺×４間	18歩	市左衛門	72	１石２斗	４間３尺×１尺５寸		１歩
21	13歩	上畑	４間×４間３尺	18歩	寿仙	60	１石			
22	13歩	上畑	４間×４間３尺	18歩	市左衛門	60	１石			
23	17歩	屋敷	３間３尺×４間３尺	15歩	五郎兵衛	60	１石２斗			
24	17歩	屋敷	４間１尺×４間３尺	18歩	半兵衛	72	１石２斗	４間１尺×１尺５寸		１歩
25	18歩	屋敷	４間３尺×３間４尺２寸	16歩	九兵衛	64	１石２斗			
26	１畝８歩	屋敷	７間２尺４寸×４間３尺	１畝３歩	弥次右衛門	132	１石２斗			
27	１畝４歩	屋敷	12間×４間３尺	１畝19歩	三卜	196	１石２斗	１０間×１尺５寸	４間３尺×３尺	５歩

注：延宝７年３月７日「近江国滋賀郡本堅田村検地帳」より

有しており、父子もしくは同族関係にあると考えられる。[88] いずれにしても延宝七年（一六七九）において陰陽村は十四軒の戸数であった。

元禄十一年（一六九八）三月、堀田正高が滋賀・高島に一万石を与えられて入封し、大津代官小野半之助支配の天領であった堅田に陣屋を置いた。

同年八月付「江州滋賀郡本堅田村明細帳[89]」によれば、本堅田村は、大道町・西の切・中村町・東の切・野々内町・宮の切・外輪町・釣漁師と称する町々と陰陽村で構成されており、村高は千七百二石三斗八升五合を数える。

陰陽村は独自村名は冠しているが、明細帳に、

一高千七百弐石三斗八升五合

外七石八斗九升四合　去ル丑年寺社御除地

此枝郷陰陽村古来より枝郷ニ候得共高ニかかり不申候

との記述があることから、陰陽村は本堅田村の枝郷の扱いであったことが知られる。

また、陰陽村について明細帳には以下のように記載される。

枝村

一、陰陽師七人　滋賀郡陰陽師小頭

山岡六之進

年寄

久保長盛

石神市左衛門

鵜川助之進
吉田喜兵衛
伊藤彦之進
六之進親　山岡三清
助之進親　甚兵衛
彦之進親医師　寿仙

「陰陽師七人」という記載にもかかわらず九人の名前が列記されているが、おそらく姓の記載されていない「助之進親甚兵衛」と「彦之進親医師寿仙」の二人は陰陽師ではなく、陰陽師七人で、陰陽村の家数は九軒であったことを、この記載は意味しているものと思われる。

枝村の記載部分に、次のような付箋が貼付されている。

只今陰陽師四人
山岡源之進
石神市太夫
伊藤善弥
吉田喜兵衛

この付箋については、この「明細帳」冊子の最後部に、

新楽理右衛門様
伊藤彦左衛門様
右先年帳面差上候通此度写相認差上申候、以上
宝暦二年申八月　本堅田大庄屋
河村五兵衛　印
居初平兵衛　印
木村伊右衛門　印
木村源右衛門　印
辻八左衛門殿

と記載された付箋が貼付されていることから、宝暦二年（一七五二）八月に写しが作成された折りのものであることが知られる。[90]

延宝七年（一六七九）に十四軒を数えた陰陽村は、十九年後の元禄十一年（一六九八）では七軒になり、宝暦二年には四人に減少していることになる。

なお、本「明細帳」には、

一、壱人　是ハ京都悲田院与次郎下ニ而御座候、以前より当村ニ罷有、与次郎勤させ申候、

との記載もあって、悲田院の支配下にあった非人身分の者一人の存在が知られる。

（1）『中古京師内外地図』によれば、相国寺の西に「初藤原忠光卿宅柳原仙洞光厳帝皇居」と記された区画地域があ

り、『中昔京師地図』ではこの区画地域に「此辺ノ地名ハ柳原」と記されている。

(2)『看聞日記』同日条。

(3)『看聞日記』永享九年正月四日条「松拍蝶阿党参、追出」。『同右』永享十年二月十六日条「くせ舞小犬党参、頻申之間 令舞兒、其芸いたいけ也」。『御湯殿上日記』文明十四年正月六日条「北はたけかたうとて千しゆ万さ申」。『同右』文明十年正月四日条「大こくかたう千しゆ万さゐ申」。

(4)『看聞日記』応永二十七年正月十一日条・応永三十一年正月十一日条。

(5)『看聞日記』永享三年正月十一日条。

(6)『看聞日記』同日条。

(7) 能勢朝次『能楽源流考』では、応永二十六年正月十一日に伏見御所を訪れた声聞師は「柳原の犬若」との認識での理解である。

(8)『御湯殿上日記』明応元年正月五日条に「やなき□□たうとて千しゆ万さ申」とあり、この日、禁裏に参入して千秋万歳を演じたのは柳原党かとも考えられるが、文字欠損のため確定ができない。

(9)『建内記』同日条。

(10)『看聞日記』永享十年二月十六日条。

(11)『康富記』宝徳二年二月二十三日条。

(12)『蔭涼軒日録』文正元年四月四日条。

(13)『言国卿記』文明八年三月六日条。

(14)『康富記』宝徳二年二月二十三日条。

(15) この「小犬事件」については、守屋毅「芸能史における『近世』の萌芽――芸能の商品化と芸能市場をめぐって――」(『近世藝能興行史の研究』、弘文堂、一九八五年)に詳しい。

(16)『実隆公記』同日条・『言国卿記』同日条。

(17) 川嶋将生「室町期の声聞師に関する二、三の問題点」（『中世京都文化の周縁』、思文閣出版、一九九二年）

(18)『言国卿記』文明八年（一四七六）三月一日条。
飛鳥井番代ニ下スカタニテ祗候也、御階花サカリノ間、コイヌゐ中ヨリ上間、■《メ》サレウタハせラルヘキ由アル間、装束着参内了、先十度ノミアリ、予モ御人数参了、男衆、源大納言・元長・予計、十度ノミノ御人数其外伏見殿・女中衆也、御ヒクニ御前ニモ御参アリ、予コイヌニ扇ヲ遣也、御室御下スカタニテ御参アリ、御扇是モ被下、御カツシキ御酒《所》モ被下也、三人アリ、若宮御方御服ヲ被下也、驢而キテマイ了、

(19)『看聞日記』永享六年正月六日条。

(20)『看聞日記』永享三年正月十三日・同四年正月五日・同六年正月十一日・同年正月十九日・同月二十日・同七年正月十一日・同八年正月五日条。

(21)『看聞日記』永享九年正月四日・同十年正月六日・嘉吉三年正月五日条。

(22)『看聞日記』永享十年六月四日条。

(23)『看聞日記』永享十年六月十一日条。

(24)『看聞日記』嘉吉三年二月四日条。

(25) 永享八年正月八日に千秋万歳のため伏見御所を訪れたのを最後に「さるらふ」は史料上より姿を消すが、代わって伏見御所へ千秋万歳のために登場したのが市である。

(26) 須磨千頴『賀茂別雷神社境内諸郷の復元的研究』（法政大学出版局、二〇〇一年）所収の「賀茂別雷神社境内諸郷検地帳の翻刻」に依拠した。賀茂六郷については本著作は精緻をきわめており画期的業績といえる。

(27) 須磨千頴、同右書。

(28) 宝徳三年小山郷地からみ帳記載田地復元図（注26『賀茂別雷神社境内諸郷の復元的研究』付図）。

(29)『蔭凉軒日録』長禄二年十一月二十二日条。
当寺領北畠柳原散所御免許于寺家之由、御奉書可被成之事被仰出也、

(30)『二水記』同年正月五日条。

今日北畠聖門師申千秋万歳於議定所申之、

(31)『看聞日記』同日条。

(32)『看聞日記』同日条。

(33)『看聞日記』永享十年正月十三日条。

松拍北畠参、自晩至夜猿楽五番仕、小袖一絵・太刀一・折紙捶等給、猿楽了八抜打、扇・帯等給、見物衆群衆如例、内裏ニも小犬仕云々、公方松拍推参被止云々、

(34)『御湯殿上日記』文明十四年正月六日条。

(35)『二水記』永正二年正月五日条・『言継卿記』天文二年正月五日条。

(36)『蔭凉軒日録』長享元年正月二日条。

(37)『蔭凉軒日録』長享二年正月二日条。

(38)『蔭凉軒日録』延徳元年正月二日条。

(39)『蔭凉軒日録』延徳二年正月二日条・同三年正月二日条。

(40)『東山御文庫記録』永正六年正月五日条「北畠千寿万歳参、七、八人」

『後柏原院御記』永正九年正月五日条「北畠千寿万歳七八人参」

(41)『後奈良天皇宸記』天文十五年正月五日条。

(42)『御湯殿上日記』元亀元年正月五日条。

(43)『御湯殿上日記』天正十年正月五日条「かれいきたはたけのせんすまんさいまいる」

(44)『看聞日記』永享十年六月十四日条。

(45)『蔭凉軒日録』寛正五年六月十四日条「北畠跳才(戈)歌舞賀々無(舞)参于御所、蓋旧例也」

『蔭凉軒日録』寛正六年六月十四日条「祇園祭礼如恒也、北畠跳門外、有拍声也」

(46)『言継卿記』同日条「今夕桜町声聞師奈良松曲舞々之、二番大織冠・曽我十番剪舞之」

(47)『言継卿記』同日条「禁裏千秋万歳に午時に参、今日者北畠声聞師也、但、自桜町参云々」

(48)『御湯殿上日記』同日条「さくらまちのせんすまんさい六人まいる」
(49)『惟房公記』同日条。
(50)「後水尾院当時年中行事」(『改訂史籍集覧』第二七冊・新加雑類)。
(51) 盛田嘉徳『中世賤民と雑芸能の研究』(雄山閣出版、一九七四年)には、「この奈良松と先のなら松とは、親子、または師弟の関係にあったものではいかと推測される。そうだとすれば、先に大黒が仲介の労をとったなら松は、桜間《(マヽ)》の声聞師であろうと思われる」と記されている。
(52)『十輪院内府記』長享二年正月十八日条・『二水記』永正二年正月四日条。
(53) 河内将芳「新在家声聞師」(世界人権問題研究センター編『散所・声聞師・舞々の研究』、思文閣出版、二〇〇四年)を参照されたい。
(54) 大黒が塔の壇に居住地を変えた時期は、信長の上京焼き討ちが行われた時か、あるいは天正十八年に始まる秀吉による都市改造政策期であろう。
(55)『東山御文庫記録』永正六年正月四日条「大黒千寿万歳参、七人」
『御湯殿上日記』天正八年正月四日条「大こくせんすまんさい六人まいる」
(56)『御湯殿上日記』永禄三年正月四日・同四年正月四日・同五年正月四日・同六年正月四日・同八年正月四日・同十年正月四日条など。
(57)『御湯殿上日記』天正十年正月四日条。
(58)『御湯殿上日記』長享二年正月十八日条。
(59) 清水克行「戦国期における禁裏空間と都市民衆」(『室町社会の騒擾と秩序』、吉川弘文館、二〇〇四年)。
(60)『御湯殿上日記』元亀元年正月二日・天正元年正月二日条。
(61)『御湯殿上日記』天文元年九月八日条。
(62)『言継卿記』天文十九年閏五月七日条。
伏見殿御承師盛厳法師、同仕丁若狭、河駆之処、水之故歟、声聞師及喧嘩、乍両人令打擲云々、仍馳参、各数

多祇候、無殊事之間罷出之処、於禁裏南堀外、三木《伏御侍》新五郎罷出、声聞師之内大黒と云物令生害、不便之至也、
利不尽之様之沙汰歟、

(63)『言継卿記』天文十九年閏五月八日条。
自伏見殿声聞師村御成敗云々、伏見仁和寺方に御人数共二千余馳参、各祇候、種々馳走、広橋境内披官之間、
堅可致成敗之由被申、未下刻相調、上使共罷向、本人逐電、家放火也、武士に付之間種々申事有之、七時分各
分散了、今朝自禁裏、予・四辻黄門以両人、穏便之御沙汰可然之由被申、仍又夕方以両人禁裏へ御案内被申候
了、

(64)『親長卿記』文明十七年五月十七日条。
及晩禁裏東方有火事、顛倒衣裳参内、万里小路過昌門出（士）村也、一間焼失、無殊事、自火云々、
『実隆公記』明応四年十一月十八日条「入夜有火、近衛辺声聞師村云々」
川嶋將生「室町期の声聞師に関する二、三の問題点」（『中世京都文化の周縁』、思文閣出版、一九九二年）

(65)『義演准后日記』文禄五年正月六日条。
今日惣門千秋万歳、一典申之、従去々年唱門師為大閤御聞□如何、今日不参、

(66)『義演准后日記』慶長四年正月六日条。
千秋万歳来、此五六ケ年天下御■禁制ニ付不来、今年ハ別而召寄了、寝殿西庭上ニテ祝言申了、

(67)『御湯殿上日記』同日条。
女ゐんの御所にせんすまんさいまいりてならします、
『慶長日件録』同日条。
次女院千秋万歳参内之衆不残被召、有御振舞、

(68)『孝亮宿禰日次記』同日条。
院御所ニ毬打卅八本有之、自去年始、当年者大黒参、有音曲云々、

(69)『年中行事大成』。

（70）『御湯殿上日記』延宝四年九月八日・同七年九月八日・天和二年九月八日条。
（71）『蔭凉軒日録』寛正四年七月十三日条。
（72）『二水記』同日条「十二日、午時、近辺衆令同道、三条御所（足利義稙第）令見物、殿々美麗驚目了、庭上草茂、絶道為体也、不堪嗟嘆、帰路之次、見聖問師村之池、於亭有酒、晩頭帰家」
（73）『蔭凉軒日録』寛正六年十一月二十四日条「当寺領御霊之前散所者、以鹿苑院殿御代被免許諸役、雖然依今度御即位、被仰付内裏御掃地之事、限此御即位、依無人而被仰付、以後者可有御免之由、懇々被仰出、尤可敬也、依閉却彼屋、以折帋伝此旨、命于所司代多賀豊後守也」
（74）『荒暦』永徳二年十月六日条「六日辛巳左大臣義満将軍可令建立伽藍於安祥寺辺、可号相国寺者最初治定、号昌国歟、近辺居宅不依貴賤皆遷他所、福原遷都外無例歟云々」
（75）文保二年九月十二日「後宇多上皇院宣」（「東寺百合文書」せ函・南朝文書五）。
（76）「当寺領御霊社・柳原散所者、被免細々課役也、別而被仰付之事、可勤之由、以千秋刑部少輔被仰出、仍命于寺家也」
（77）栗東歴史民俗博物館（里内文庫）蔵
（78）『大徳寺文書』一六六五号。同年同月付の「祥瑞庵年貢米納帳」（『大徳寺文書』一一五三号）には「孫衛門」が「孫海心」となっている。この相違については不明だが、おそらく誤記ではないだろうか。
（79）『大徳寺文書』一二五六号
（80）本堅田共有文書
（81）伊豆神社蔵。この検地帳の分析については、伊藤裕久「中世『町場』の形成と展開」（『建築史論叢』、中央公論美術出版、一九八八年）に詳しい。
（82）居初寅夫家文書
（83）『大津市史』第七巻・北部地域
（84）本堅田共有文書。

(85)　本堅田共有文書。本冊子の記載内容は次の通り。

①カノ才究高　但卯ノ才取遣□之

一、拾弐石弐斗六升　　院　内
一、六石三升　　　　　ひし里
一、壱石五斗七合　　　谷　口

②本堅田卯ノ才究高町々の覚（本文記載のため省略）

③本堅田辰才極高町々之覚（院内・ひし里の記載なし）

④本堅田辰才極高目録

一、拾弐石弐斗六升　　院　内
一、六石三升　　　　　ひし里
一、壱石五斗七合　　　谷　口

合千六百三石五斗弐升八合

辰七月十九日（黒印）

⑤本堅田巳才取遣覚（院内・ひし里の記載なし）

⑥本堅田巳才究高町之覚（院内・ひし里の記載なし）

⑦本堅田午ノ拾壱月四日町々取遣之覚（院内・ひし里の記載なし）

⑧　午ノ蔵本堅田町々高究之覚

一、拾弐石弐斗六升　　院　内
一、六石三升　　　　　ひし里
一、壱石五斗七合　　　谷　口

⑨本堅田村未才取遣之覚（院内・ひし里の記載なし）

⑩未歳町々究高

一、拾石弐斗壱升　院　内
一、拾五石六斗四升四合　今堅田
一、四拾九石九斗九升五合　衣　川
一、六石三升　ひぢり
一、壱石五斗七合　谷　口
⑪本堅田町々（院内・ひし里の記載なし）
元和七酉ノ年究高申ノ極月廿一日取遣仕候

(86) 本堅田共有文書。

(87) 陰陽村という脇付のある屋敷及び畑地の記載は以下の通りである。

陰陽村
古検壱畝弐拾歩
一、屋敷三間三尺 拾六間　三畝弐拾六歩　三清
此分米弐斗弐升四合　但壱石弐斗代
外四壁藪裏長拾間 幅三尺　此歩五歩　除之
同所
古検四歩
一、屋敷四間 弐間三尺　拾歩　勘右衛門
此分米四升　但壱石二斗代
同所
古検弐拾壱歩
一、屋敷八間 三間三尺　弐拾八歩　与左衛門
此分米壱斗壱升弐合　但壱石弐斗代
外四壁藪裏長八間 幅壱尺五寸　此歩弐歩　除之

同所
古検弐拾六歩
一、屋敷六間四間三尺　弐拾七歩　弥左衛門
此分米壱斗八合　但壱石弐斗代
外四壁藪裏長六間幅壱尺　此歩壱歩　除之

同所
古検弐拾五歩
一、屋敷拾間三間三尺　壱畝五歩　吉兵衛
此分米壱斗四升　但壱石弐斗代
外壁藪裏長拾間幅壱尺五寸　此歩弐歩　除之

同所
古検拾歩
一、屋敷三間三尺三間五尺　拾三歩　伊右衛門
此分米五升弐合　但壱石弐斗代

陰陽村
古検拾歩
一、上畑弐間三尺三間三尺　八歩　寿仙
此分米弐升七合　但壱石代

同所
古検拾弐歩
一、屋敷四間三尺三間三尺　拾五歩　小吉
此分米六升　但壱石弐斗代

同所
古検弐拾六歩

一、屋敷三間三尺八間　弐拾八歩　半兵衛
此分米壱斗壱升弐合　但壱石弐斗代　伊右衛門
外壁藪裏長八間幅壱尺　此歩壱歩　除之

同所
古検拾弐歩
一、上畑四間三間四尺弐寸　拾四歩　半兵衛
此分米四升七合　但壱石代

同所
古検拾弐歩
一、上畑四間壱尺三間四尺弐寸　拾五歩　小吉
此分米五升　但壱石代

同所
古検八歩
一、上畑四間四間　拾六歩　吉兵衛
此分米五升三合　但壱石代

陰陽村
古検弐拾壱歩
一、上畑三間五尺五間　拾九歩　伊右衛門
此分米六升三合　但壱石代

同所
古検弐拾弐歩
一、上畑四間五間　弐拾歩　寿仙
此分米六升七合　但壱石代

同所
古検弐拾壱歩
一、上畑四間五間　弐拾歩　五郎兵衛
此分米六升七合　但壱石代

同所
古検弐拾四歩
一、上畑四間壱尺五間三尺　弐拾弐歩　九兵衛
此分米七升三合　但壱石代

同所
古検弐拾五歩
一、上畑五間四間　弐拾歩　弥左衛門
此分米六升七合　但壱石代

同所
古検弐拾四歩
一、上畑四間四間三尺　拾八歩　吉兵衛
此分米六升　但壱石代

陰陽村
古検壱畝四歩
一、屋敷七間五間　壱畝五歩　弥次右衛門
三清
此分米壱斗四升　但壱石弐斗代
外四壁藪裏脇共長拾弐間幅壱尺五寸　此歩三歩　除之

同所
古検拾三歩

一、屋敷四間三尺四間　拾八歩　市左衛門
此分米七升弐合　但壱石弐斗代
外壁藪裏長四間三尺幅壱尺五寸　此歩壱歩　除之

同所
古検拾三歩
一、上畑四間四間三尺　拾八歩　寿仙
此分米六升　但壱石代

同所
古検拾三歩
一、上畑四間四間三尺　拾八歩　市左衛門
此分米六升　但壱石代

同所
古検拾七歩
一、屋敷三間三尺四間三尺　拾五歩　五郎兵衛
此分米六升　但壱石弐斗代

同所
古検拾七歩
一、屋敷四間壱尺四間三尺　拾八歩　半兵衛
此分米七升弐合　但壱石弐斗代
外四壁藪裏長四間壱尺幅壱尺五寸　此歩壱歩　除之

陰陽村
古検八歩
一、屋敷四間三尺三間四尺弐寸　拾六歩　九兵衛
此分米六升四合　但壱石弐斗代

同所
古検壱畝八歩
一、屋敷七間弐尺四寸
四間三尺　壱畝三歩　弥次右衛門
此分米壱斗三升弐合　但壱石弐斗代

同所
古検壱畝四歩
一、屋敷拾壱間
四間三尺　壱畝拾九歩　三卜
此分米壱斗九升六合　但壱石弐斗代
外壁藪裏長拾間
幅壱尺五寸　脇長四間三尺
幅三尺　此歩五歩　除之

(88) 延宝の検地帳の名請人のなかに、元禄十一年（一六九八）八月付の「江州滋賀郡本堅田村明細帳」に記載される人物が登場する。三清は、陰陽師小頭山岡六之進の親の山岡三清であり、寿仙は伊藤彦之進の親であり医師である。また、市左衛門とは石神市左衛門のことであろうか。
(89) 居初寅夫家文書。
(90) 新楽理右衛門・伊藤彦左衛門は、本堅田の民政をとり仕切っていた堀田氏の代官である。

Ⅳ

乱世を生きた人びと

第一章　近衛政家と在地の土豪・岡屋六郎

一　近衛政家

近衛政家は、近衛房嗣の次男として文安元年（一四四四）八月一日に生まれた。すでに二十歳以上の歳のはなれた兄教基が家督を継いでいたが、奇しくも政家が十八歳の誕生日を迎えた日、すなわち寛正三年（一四六二）八月一日に四十歳で突然亡くなった。家督を継ぐことになった政家は、翌年、従三位近衛中将に任官し、翌五年には権中納言に昇任し、以後摂関家出身の例に漏れず関白・太政大臣にまで昇りつめてゆく。

将軍の後継問題や管領畠山家の家督争いに端を発した応仁・文明の乱は、東軍と西軍に分かれて十一年間の長きにわたって闘われ、都に荒廃をもたらした。

応仁元年（一四六七）七月六日、近衛房嗣・政家父子は、応仁の乱による被害を避けて、宇治に疎開をしてきた。当時、多くの公家が近江・奈良はいうにおよばず、一条教房などは土佐の中村まで疎開している。宇治には五ケ庄という近衛家にとっては重要な膝下家領があり、また都にごく近く疎開先としては恰好の地であった。政家は、まず父房嗣が先に疎開していた報恩院に入った。報恩院は平等院の三坊といわれた法興院・報恩院・智恩院の一つで、『山城名勝志』に「報恩院　森ノ坊と号ス」とあることから、森坊とも呼ばれていた。森氏が坊官をつとめていたことからそのように称されたのであろう。報恩院は親子が寄宿するにはせまかったようで、政家は十日には桟敷坊といわれた向いの坊へ引っ越している。女房衆はもちろんのこと、家司たちもつき従って宇治にきているわけであるから、疎開といってもたいそうな人数であった。

近衛家の会計帳簿ともいうべき『雑事要録』によると、森坊あるいは報恩院から礼物として近衛家に宇治茶が再々献進されている。宇治茶業界を代表する人物に森氏がいるが、おそらくこの森氏が報恩院の坊官もしくはその一族と考えて間違いがない。疎開者である近衛父子を寄宿させうるほどの有力者として他者を想定しにくいからである。

近衛政家が宇治に疎開に訪れている期間のうち、応仁二年（一四六八）までの日記（『後法興院記』）がのこっているので、政家の宇治での生活ぶりを垣間みることができる（別表参照）。楊弓・蹴鞠・遊山・月見など、都が応仁の乱によって荒廃しつつあることなどどこ吹く風といった日々の生活ぶりである。

ところで、ほとんど毎日といっても過言ではないほど藤寿丸と亀寿丸という二人の童児が政家の宿所を訪れている。森坊の家族であるが、政家の疎開生活の無聊をなぐさめようとした森坊の配慮であったといえる。その内の一人亀寿丸について、『後法興院記』応仁元年十月十三日条に、「入夜藤寿来、亀寿依有周章事出京云々老父今日死去云々、飯尾美濃入道」とある。亀寿丸は、幕府奉行人飯尾貞元（常恩）の子供で、森坊の養子になっていた。藤寿丸も養子かもしれない。ともかく、森坊は政家の遊び相手として二人の童児をつねに側近くに侍らせるようにしていた。近衛家に対する相当の気の遣いようである。

毎日が遊興の生活であるが、政家は応仁二年の四月十五日から八月一日まで断酒精進を行っている。八月一日は後九条右府（兄教基）の七回忌であるというのが理由であった。その断酒精進の企てに対し、房嗣は前日政家に酒をふるまっている。[1] 七月末日まで日記をながめてみても、政家は遊興にふけりつつも酒は口にしていない。結願なった八月一日、政家は「是日後九条右丞相第七ケ廻也、今更恋慕之義不浅、愁涙万行也、去比書写妙経、

別表　応仁元年（7／9～12／30）の政家の宇治での遊興の日々

		森坊児訪問
7／6	疎開（報恩院）	
7	平等院巡見	
10	桟敷坊へ移住	
15	平等院阿弥陀堂裏一見	
18	白川別所巡見・月見（宇治橋）	
19	連歌（釣殿）・月見（宇治橋）	藤寿・亀寿
22	蹴鞠・連歌	藤寿・亀寿
26	法華堂巡見	
27	遊覧（釣殿）	
8／1	楊弓	
2	楊弓・酒宴	藤寿・亀寿
3	楊弓・和歌	藤寿・亀寿
6	楊弓（釣殿）・蹴鞠	藤寿・亀寿
7	楊弓・酒宴（大飲）	藤寿・亀寿
9	白川別所巡見・蹴鞠・勧盃	藤寿・亀寿
10	蹴鞠（善法堂）	藤寿・亀寿
13	蹴鞠（善法堂）	
15	連歌会	藤寿・亀寿
16	楊弓・月見（宇治橋）	藤寿・亀寿
18	蹴鞠（善法堂）・楊弓	
19	蹴鞠（善法堂）	
21	蹴鞠（善法堂）	
22	蹴鞠・楊弓	藤寿・亀寿
27	宇治川洪水見物（釣殿）・新別所巡見	
28	白川別所巡見・盃酌（釣殿）	藤寿・亀寿
9／2	父子平等院所々遊覧	
3	遊山・楊弓	
4	蹴鞠（善法堂前）	藤寿・亀寿
5		藤寿・亀寿
8	五ケ庄辺の山遊覧	
14		藤寿・亀寿
15	月見（平等院）	
17	松茸取（下居別所）・酒宴・蹴鞠（善法堂）・月見	藤寿・亀寿
18	蹴鞠	藤寿・亀寿
19	蹴鞠・楊弓	藤寿・亀寿
21	遊山	
23		藤寿・亀寿
24		藤寿・亀寿
25	蹴鞠・遊山	
28	伊勢宇治・楊天神参詣、松茸取り	
10／1	新別所・白川別所巡見御供、蹴鞠（善法堂）	藤寿・亀寿

3	平等院遊覧	
4	平等院巡見	
9	白川別所巡見	
10		藤寿・亀寿
11	三室戸見物	藤寿・亀寿
13		藤寿
14	月見(法華堂)	藤寿
15	月見(阿弥陀堂)	
18	酒宴・連歌	
19	平等院紅葉見物・酒宴(法華堂)	藤寿
23		藤寿
25	平等院	藤寿
26	不動石見物(宇治川上流)	藤寿
27		藤寿
11／1	平家聴聞	藤寿
3	遊山	
4	観音堂参詣	
6		藤寿
11	遊山	
12	白川別所巡見	
13	蔵勝・下居別所巡見	藤寿
14		亀寿
15	和漢会・平家聴聞	藤寿
16	十種香	藤寿
23	遊山	藤寿
26	遊山	
28	和歌会	藤寿
12／1	観音堂参詣	藤寿
2	観音堂参詣	藤寿・亀寿
3	観音堂参詣	
4	観音堂参詣	
5	遊山・観音堂参詣・十種香合・連歌会	藤寿・亀寿
6	観音堂参詣	
7	遊山・観音堂参詣(結願)	藤寿・亀寿
8	平等院遊覧	
9	白川別所巡見	藤寿・亀寿
10	遊山	
12	月次和歌会	
13		藤寿・亀寿
19		藤寿・亀寿
24	平家聴聞	藤寿・亀寿
29		藤寿・亀寿

入夜於平等院釣殿前流河上了、為結縁也」と記している。政家の亡き兄を慕う気持ちの深さを感じさせる言葉である。

八月十九日、政家は宇治田原を経て近衛家領の一つである信楽郷へ赴き[2]、十月十九日までの二ヶ月間そこに滞在した。政家が帰宇した翌日に、こんどは父房嗣が騎馬で信楽へ下向した。政家が信楽へ下向したその日に姫君たちが桟敷坊に移住してきていたので、彼は父のいた森坊に居住することになった。(3)十月五日には、聖護院に入っている弟の道興も、乱を避けて末寺の三室戸寺に疎開してきた。(4)そのため、政家も三室戸寺へ出向くことが多くなり、(5)道興もたびたび政家の宿所を訪れ雑談の時を過ごしている。(6)この年末から文明十一年（一四七九）正月一日まで日記が途絶えているので以後の房嗣・政家父子の宇治での生活ぶりは定かでないが、文明二年十一月四日には奈良に入っていることは確かである。(7)そして、文明十年十二月二十三日に上洛するまで、奈良を生活の拠点にしていた。ようやく京都へ戻ったのも束の間、二十五日には、御霊社あたりの出火によって近衛邸が類焼するという憂き目にあっている。(8)

政家は永正二年（一五〇五）六月十九日死去した。三条西実隆は政家の死去にふれて「大幸之人也、予数年昵近、殊愁歎無比類、朝之元老也、尤可惜々々(9)」と日記に記している。また彼は、政家が後法興院と追号されたことについて、法興院関白藤原兼家が同じ六十二歳で亡くなったことがその理由であるとも記している。(10)

二　岡屋六郎

武家に政治の実権を奪われて以来の貴族の有様、すなわち社会情勢の変転にことさら眼を向けることなく、自らの生活ぶりを頑固にまで変えようとしない上流公家の実相を見事に体現したのが近衛政家であるなら、この機を逃さずに在地の勢力の伸張を図ろうとしたのが土豪の岡屋六郎であった。

文明九年九月、山城一国の支配権を実質的に掌握していた畠山義就が本国である河内国に下り、十一月に大内政弘も周防国に帰るなど応仁の乱もようやく終結をむかえ、山城国内にも平穏が訪れた。しかし同十四年十二月二十六日に義就軍が南山城に進入した。山城守護畠山政長は、草路城（現田辺町草内）に軍勢を派遣して義就軍の進攻をくい止めようとしたが失敗し、宇治橋の橋桁を切り落とすことによって義就軍の進攻を辛くも阻止しえた。

五ケ庄の農民は、この義就軍の宇治侵入を領主である近衛家に報ずるとともに、義就軍の進入に備えて庄内警備のために各郷より居番衆を出し、それらを指揮する大将一人の派遣を要請した。これは、五ケ庄の農民たちが、義就軍の宇治入部に対して武力でもって自らの生活基盤を守ろうとした行動にほかならない。応仁の乱を経験するなかで、農民たちがたくましく成長してきたことを如実に示している。この五ケ庄民の要請に対して、近衛家は、宇治在住の代官戸津孫右衛門を大将に指名した。(11)

宇治は畠山両軍勢力の分岐点となり、守護代被官人である伊勢田郷の長尾某による夫役賦課や菱木与三左衛門による年貢諸公事物賦課などの違乱が行われるなど在地土豪の活発な活動に、五ケ庄の農民にとっては時の情勢に翻弄される苦渋の日々を余儀なくされていた。(12)

このような情勢下にあった五ケ庄に、文明十五年（一四八三）七月晦日、岡屋六郎なる者が細川殿被官人と称して突然五ケ庄に乱入し、下司職を奪おうとした。(13)

子細者、去晦日前下司岡屋七郎弟六郎、此両三年為細川被官人、以根本由緒就下司職強入部云々、彼職事岡屋七郎為畠山右衛門佐被官間、為闕所田村申給了、

五ケ庄の下司職は、六郎の兄七郎が勤めていたのだが、七郎が畠山義就の被官になったため、幕府は闕所処分とし、政長方の田村某を下司職に補任していた。六郎は代々五ケ庄の下司を勤めてきたという岡屋氏の「根本由緒」を理由に強引に庄内乱入を実行したのである。

この六郎の乱入に対し五ケ庄の農民たちは急遽寄合を開いた。そこで六郎の「根本由緒」という主張を協議したのであるが、結論は公方から闕所されたものを許容することはできないとして八月二日に六郎を追い出した。五ケ庄側としては一応幕府の方針を支持したのである。

ところが、翌三日になって守護方の水主城衆が五ケ庄に進発し富家村や岡本村などに放火した。六郎追い出しに対する報復であった。領主である近衛家に相談することなく、六郎を追い出した五ケ庄ではあるが、守護方の報復にあって、近衛家に注進におよんだ。近衛家では九月になって幕府にこの事態を訴えた。その結果、幕府は守護方の山城国人による五ケ庄違乱の停止を命じたが、さしたる効果がなく、国人たちの侵入はやまなかった。国人たちも、自らの生活基盤保持のため、いずれかの側につき戦いの日々をおくってきているのであって、一片の奉書によって退くわけにはいかなかったのである。

両軍のいずれに与しても自らの生活は守れないということが、ようやく農民たちや国人たちにもわかりつつあった。文明十七年（一四八五）十二月十一日、十五、六歳から六十歳までの山城国人三十六人は、「一国中土民等群衆」するなかで集会を開き、両畠山軍の撤退を要求することをきめた。(14)「於致承引方者、為国衆可相責由治定」という「山城国衆令一味同心、両陣江致訴訟」すとの強硬姿勢のまえに、両軍はこの要求を飲まざるをえず、ついに十七日に撤退を開始した。(15)

この山城国一揆の成立による両畠山軍の撤退は、団結した国人の攻撃をうけることによって自らが決定的に敗北することを恐れてのことにほかならない。それほどまでに国人たちは農民を支持基盤にして実力を蓄えてきていたといえる。しかし、両畠山軍の排除ということは、守護畠山政長の排除であり、幕府守護の排除でもあった。山城国一揆は自らが南山城を治めていくことになるが、かれらは翌年二月十三日、平等院において会合を開き、国中の掟を定める相談を行った。月行事を置いて交代で政務を行い、費用調達のための半済を実施するというようなことなどが決められた(16)。

永正七年（一五一〇）六月二十六日、岡屋六郎は死んだ。『尚通公記』同年六月二十七日条に「昨夕岡屋六郎と地下取合、六郎打死云々」とあり、五ケ庄の庄民との抗争による敗死であった。農民の生活基盤の防衛のための強固な団結が山城国一揆の成立を生んだが、六郎は、武力で在地経営を図ろうとして地下衆に抹殺された。応仁の乱を経て成長した農民と対峙するならば、それを生き抜くことができなかった一人の土豪の姿をそこにみることができる。

（1）『後法興院記』応仁二年四月十四日条「晩景殿令来給、余自明日至八月朔日断酒精進也、件日後九条右府七ケ廻也、仍企此儀、就是殿賜酒、入夜令帰給」、同月十五日条「自今日断酒精進也」。

（2）『後法興院記』同日条「是日令下向信楽郷、未明出立、自去夜候殿御方也、午刻許至宇治田原、於観音堂有昼息、或者又於山路勧一盞、酉刻下着信楽郷小河大興寺也、奥御所姫君達自今日被移住桟敷坊」。

（3）『後法興院記』十月二十日条「早旦殿御下向信楽郷、御騎馬五騎也自今日余令居住森坊」。

（4）『後法興院記』応仁二年十月九日条「聖門自今月五日被移住三室戸云々」。

（5）『後法興院記』応仁二年閏十月二十三日・二十四日・十一月十五日・十六日・二十六日・二十七日・十二月一日・六日・七日・三十日条。

（6）『後法興院記』十月二十一日・閏十月十五日・十六日・二十四日・二十五日・二十七日・十一月八日・九日・二十一日・二十五日・十二月六日・二十六日条。

（7）『大乗院寺社雑事記』同日条「陽明前殿并御方御下向、著一乗院云々」。

（8）『大乗院寺社雑事記』文明十年十二月二十八日条。

（9）『実隆公記』同日条。
（10）『実隆公記』永正二年六月二十二日条。
（11）『後法興院記』文明十五年一月二十二日条「自五ケ庄有注進、畠山右衛門佐被官人宇治江入部、引宇治橋云々、依是自郷々居番衆大将一人可然仁体可被指下云々、代官戸津孫右衛門幸宇治ニ居住間、此分為沙汰人可注進由仰遣了」。
（12）文明十五年九月「近衛家雑掌申状案」（陽明文庫蔵）。
（13）『後法興院記』文明十五年八月五日条。
（14）『大乗院寺社雑事記』文明十七年十二月十一日条。
（15）『後法興院記』十二月二十日条。
（16）『大乗院寺社雑事記』文明十八年二月十三日条。

第二章　足利義昭

義昭の入京

永禄八年（一五六五）五月十九日、十三代将軍足利義輝のいる二条御所が松永久秀と三好三人衆の軍勢に襲われて義輝は自害した。細川家の内紛や将軍の後継をめぐる幕府内部の権力争いの結果が将軍弑逆というかたちであらわれたといえる。この時義輝には二人の弟がいたが、鹿苑院の周暠は殺されたが、奈良興福寺一乗院門跡となっていた覚慶（義昭）は、松永方の監視下に置かれた。しかしその監視をかいくぐって覚慶は七月二十八日伊賀の上柘植を経て近江の甲賀郡の和田惟政の城に入った。(1)

この脱出劇には義輝の近臣であった細川藤孝や一色藤長の尽力と越前の朝倉義景の協力があった。義景から将軍家再興を勧められた覚慶が、決意をかため、越後の上杉謙信や甲斐の武田信玄をはじめ薩摩の島津氏にまで出兵を求める書状を出している。しかし松永方の追及は厳しく、覚慶は武田義統を頼って若狭に、さらに朝倉義景を頼って越前一乗谷に身を寄せた。永禄九年十一月のことである。同年二月に還俗して義秋と名を改めていた彼は、翌々年の永禄十一年四月に義昭と再び名を改めた。

諸国の大名は自国の経営に腐心しており、入洛すなわち将軍再興のための出兵という義昭の求めになかなか応じえなかった。同年二月には三好三人衆の後押しで故義輝の従兄弟である義栄が将軍職を継いでおり、義昭の焦りはつのる一方であったろう。将軍再興を促した義景自身も加賀一向一揆の動向によって越前に釘付けにならざるをえず、義昭の期待に応えることができない。義景という人物は、なにか一歩踏み込みの足りないところがあって、天下を窺う戦国武将としては資質に欠けるところがあった。

朝倉義景に見切りをつけた義昭は、信長に希望を繋ぐことにした。このあたりの変わり身の早さは、義昭の先を見る目の確かさというよりは、細川藤孝や一色藤長など側近衆の情勢判断がそうさせたといって間違いはない。美濃を制圧し、その勢いで北伊勢をも平定し、天下布武に向けて上洛の機会を虎視眈々とねらっていた信長にとって、義昭の懇請は上洛の大義名分として申し分のないものであった。和田惟政・不破光治・村井貞勝・島田秀順といった信長からの使者に護られて一乗谷を出た義昭は、美濃の立政寺（現岐阜市西荘）に入って信長を待った。

信長は、上洛にあたって近江・観音寺城主六角義賢、朝倉義景、浅井長政らに助力を求めたが、義賢と義景はこれを拒否した。永禄十一年（一五六八）九月七日、岐阜を進発した信長は、六角義賢を攻めて伊賀へ敗走させ、二十二日に義昭を桑実寺（現安土町）に迎えた。

琵琶湖を渡り、三井寺光浄院を経て二十六日、義昭は、尾張・美濃・伊勢の信長軍と徳川家康軍に奉じられてついに入京を果たした。この時、義昭は清水寺に、信長は東寺に陣を布いている。同じ九月、淡路を出て摂津富田の普門寺に進出していた将軍義栄は、一度も京都に入ることなく病没した。翌十月十八日、義昭は征夷大将軍・参議・左近衛中将に任じられて、宿願の十五代将軍の座に就いた。奈良から近江・若狭・越前・美濃という流浪の末の幕府再興であり、義昭の喜びは最高潮に達した。このことは『信長公記』に所載する、信長の岐阜帰国に際して義昭が信長に宛てて出した感状によく表れている。

今度国々凶徒等、不歴日不移時、悉令退治之条、武勇天下第一也、当家再興不可過之、弥国家之安治偏憑入之外無他、尚藤孝・惟政可申也

十月廿四日　御判

御父織田弾正忠殿

御追加

今度依大忠、紋桐・引両筋遣候、可受武功之力祝儀也

十月廿四日　御判

御父織田弾正忠殿

信長を最大限に持ち上げ、「御父」と呼んだりしていることが義昭の喜びの深さを如実に物語っているといっていいだろう。

ところで、義昭がこのような文面の感状を出したことについては次のような経緯がある。義昭は、信長に対し副将軍でも管領でも望みのままに任じようとか、近江・山城・摂津・和泉・河内の五ヶ国を望み次第に知行せよとか、信長の武功に報いるための措置を講じようとしたが、いずれも信長に辞退された。信長は、和泉堺と近江の大津・草津を直轄地とすることだけを望んだ。堺は海外貿易で繁栄し、大津・草津は水陸交通の要衝であり、いざという時の都への足がかりとしても重要な港である。義昭の将軍としての威光をかざした措置と、信長の天下布武への布石としての準備とがみごとに対比をなしており、両者の対立は日を置くことなく現れることは必至

であった。しかし義昭はまだそのことには気づいていない。

二　信長との亀裂

畿内がこのまま平静を保つかと思われたのも束の間で、永禄十二年（一五六九）正月五日、三好長逸・同政康・岩成友通という三好三人衆らによって義昭のいる六条本圀寺が包囲された。現在、本圀寺は、山科に移転しているが、(2)かつては現西本願寺の北にあって、松原通（北）・花屋町通（南）・堀川通（東）・黒門通（南）に囲まれたたいへん広い寺地を有し、洛中法華宗の本山であった。法華宗の勢力拡大を不満とする延暦寺の攻撃を防御するために寺は要害化されており、(3)そのため義昭は入洛して本圀寺を館としていた。この襲撃は、和田惟政ら畿内に配した武将たちによって撃退されたが、畿内の不安定さを露呈することとなった。

この危機を契機に、信長は毛利元就と大友宗麟との講和をはかるなどといった義昭の勝手な行動を規制するために、正月十四日に九ヶ条の幕府殿中掟を定め、同十六日に七ヶ条を追加した。(4)

御袖判　　殿中御掟

一、不断可被召仕輩御部屋衆・定詰衆・同朋以下可為如前々事、

一、公家衆・御供衆・申次御用次第可有参勤事、

一、惣番衆面々可有祇候事、

一、各召仕者御縁へ罷上儀、為当番衆可罷下旨堅可申付、若於用捨之輩者、可為越度事、

一、公事篇内奏御停止之事、

一、奉行衆被訪意見上者、不可有是非之御沙汰事、

一、公事可被聞召式日、可為如前々事、
一、閣申次之当番衆、毎事別人不可有披露事、
一、諸門跡坊官・山門衆徒・医・陰輩以下猥不可有祗候、付、御足軽・猿楽随召可参事、

永禄十二年正月十四日　弾正忠判

この九ヶ条は、義昭が定めた形をとってはいるが、実のところ信長が幕府に対して命じた掟であって、義昭はここに信長の意図をはっきり認識したはずである。幕府は将軍義昭の背後にいる信長によってコントロールされていることを。自らは信長の傀儡であることを。

しかし、自らの館を包囲されるという危機の直後だけに義昭としては信長の要求を飲まざるを得なかったこともまた致し方のないことであった。なお、義昭は四月十四日に信長が造営した二条城に居を移している。この二条城は、現二条城の東北、現京都御苑の南西に接する所に位置していた。当時の地点表示に従えば、勘解由小路室町ということになり、二条通よりもかなり北に位置している。にもかかわらず二条城・二条御所と呼ばれたことについては不明というほかはない。ここは故義輝が幕府を置いていた所であり、さらにそれ以前は管領斯波義廉の邸宅であった。二条城の普請は、『信長公記』によれば、尾張・美濃・近江・伊勢・三河・五畿内（山城・摂津・和泉・大和・河内）・若狭・丹後・丹波・播磨の十四ヶ国から人夫が徴発され、「二条の古き御構」の堀をまず広げることから普請が開始された。そして「洛中・洛外の鍛冶・番匠・杣を召寄せ、隣国・隣郷より材木をよせ」ての大工事であった。「御殿の御家風尋常に金銀を鏤め、庭前に泉水・遣水・築山を構へ」た館には、細川屋敷の藤戸石や慈照院殿（銀閣寺）に置かれていた九山八海という庭石をはじめ、公家邸や寺社から名石・名木が集められ、眺望を尽くしたものであった。七十日余りで完成するという突貫工事のため石垣用の石材調達がまま

ならず、多数の墓石までも使用されたことが、近年の発掘調査で証明されている。

三　将軍権力の回復をめざして

このような信長の硬軟の施策にもかかわらず、「殿中掟」によっていちじるしく将軍の権威を傷つけられた義昭は、信長を打倒しなければ自身の存続があやぶまれると考えた。義昭が、将軍権力の回復をめざして、また信長包囲網の構築のために諸国の大名に対して活発な政治行動をとり始めたのはこの頃からである。また、義昭は、二条城が完成したにもかかわらず諸国に殿料を賦課し[5]、新たに幕府御所を造営しようとしている。信長に対するあてつけであろう。

永禄十二年（一五六九）十月十一日、将軍への伊勢平定の戦勝報告のため上洛した信長は、十三日に参内して十七日に岐阜に帰国した。正親町天皇が心配するほどの、あまりにも急な帰国である。信長の立腹の原因はなにか。義昭の諸国大名への講和勧告、また二条城があるにもかかわらず幕府造営のため諸国に費用を賦課したこと、北畠具教に信長との講和を勧告していた義昭は、信長に対し、将軍たる自分の意向を無視して伊勢国司家北畠氏の家督を信長の次男茶筅丸に継がせたことに対して不満を述べたことなどが考えられる。この義昭と信長の直接対立の結果は、翌永禄十三年（元亀元）正月二十三日に信長から回答が出た[6]。

（義昭黒印）

条々

一、諸国へ以御内書被仰出子細有之者、信長ニ被仰聞、書状を可添申事、

一、御下知之儀、皆以有御弃破、其上被成御思案、可被相定事、

一、奉対公儀、忠節之輩ニ雖被加御恩賞・御褒美度候、領中等於無之ハ、信長分領之内を以ても上意次第ニ可申付事、

一、天下之儀、何様ニも信長ニ被任置之上者、不寄誰々、不及得上意、分別次第可為成敗之事、

一、天下御静謐之条、禁中之儀、毎事不可有御油断之事、

已上

永禄十参
正月廿三日　(信長朱印)

日乗上人

明智十兵衛尉殿

この五ヶ条の条書は、信長による将軍権力の剝奪であり、義昭と信長の対立はもはや決定的なものとなった。義昭は、信長への憎悪の血をたぎらせつつ、打倒信長にますます執念を燃やすこととなった。義昭は、越前の朝倉義景、近江の浅井長政、甲斐の武田信玄、摂津の石山本願寺、阿波の三好三人衆といった反信長勢力とひそかに連絡をとり、信長包囲網の結集に暗躍した。

この年の四月、武田信玄より義昭の側近一色藤長に対し一通の書状が到来した(7)。そこには、幕府へ駿河の一万疋の地を来年より差し上げる。藤長にも五千疋の地を贈る。愚息勝頼に官と一字名乗をいただきたい。という内容に加えて、信長が将軍の下知だといって勝手な書状を隣国に出しているので気をつけてください。北条や上杉からいろいろ言ってくるでしょうが、よくご判断ください。というようなことが伝えられてきている。信玄のこの書状は義昭を勇気づけたにちがいない。諸国の大名に御内書を出すという義昭の信長包囲網結集のための政治

行動がますます活発になっていった。義昭や本願寺顕如（光佐）の働きがようやく形となって現れてきた。八月、三好三人衆が京都奪回を企て摂津に入った。翌九月、三好党と気脈を通じていた石山本願寺がついに挙兵した。この石山本願寺の挙兵に呼応して浅井・朝倉軍が再び南近江に歩を進めてきた。浅井・朝倉に与する延暦寺に対し、信長は、信長方につくかさもなくば中立を守れ、さもなくば全山焼き討ちにするという警告を発したが、延暦寺はこれを拒否した。信長にとっては八方塞がりの情勢であった。

この状況を打開するため信長は近江の六角氏となんとか和睦にもちこみ、ついで義昭に対し朝倉義景との和睦斡旋を強要した。義昭は調停のため三井寺にまで出向いたし、正親町天皇も延暦寺に働きかけを行った結果、和睦が成立した。義景の兵糧も不足をきたしていたのかもしれない。義昭としてはまったく意に染まぬ斡旋であったろう。しかし、諸大名もそれぞれ領国に問題を抱えており、いっきに信長を打倒する力に不足が生じていたともいえるだろう。

元亀三年（一五七二）正月、本願寺光佐（顕如）は信玄に書状を送った(8)。もちろん信長打倒の出兵要請である。同五月、信玄より忠節を誓うとの使者が義昭のもとに送られ、これに対し義昭は「天下静謐之馳走不可有油断事専一候」との御内書を出している(9)。同年九月、信長より十七ヶ条の意見書が提示され(10)、義昭の失政を責めてきた。信長包囲網が着々と固められてゆくなかで、首謀者義昭への先制攻撃であり、決別書でもあった。内裏を尊崇せずにはじまり、具体的事例をあげながら義昭の失政を責め、万事に貪欲で、百姓までが「あしき御所」と申しているると結んでいる。その批判は痛烈を極めており、信長の正当性の主張でもあった。信長が将軍の権威に頼ることなく天下布武に本腰をいれ始めたことを物語っている。

信長にかわって天下に号令をすべくその機会を窺っていた信玄が、義昭の御内書を大義名分に、ついに動きだした。十月三日、三万余の大軍を率いた信玄は、甲府を発し遠江に侵入し、徳川方の諸城を攻め落としつつ西上してきた。十二月二十二日、信長の援軍とともに三方ヶ原で一戦に及んだ家康軍は、まったく武田軍には歯がたたず、総崩れとなり、浜松城に逃げ帰った。

このころ、義昭や石山本願寺が腐心して構築した信長包囲網が大きな綻びをみせていた。信玄の西上を援けるために出陣していた朝倉義景は、十二月三日なぜか本国越前に軍を帰してしまっていた。このことは、信長も諜報によって予測していたようで、十一月二十日付の上杉謙信宛の書状に「江北小谷表之事、落着不可有幾程候、朝倉義景帰国之調義、無油断候へ共」とあり[11]、信長の情報の確かさを窺わせる。朝倉軍は出陣してから五か月も経て、兵糧確保も難しくなってきており、越冬することが困難な状況であったと思われる。

翌年正月に徳川方の武将菅沼定盈の守る野田城を包囲した信玄は、義景の帰国を知って驚き、義昭や本願寺光佐を通じて義景の再出馬を強く要求した。義昭は、二月十九日付書状[12]で「今程諸口可然時節無之候間、可勝段者人数次第候、扨惜儀候、義景同名各申聞、馳走此節候、六・七千至志賀表打出候へハ、其日一国平均成事候也」と締めくくり、義景出陣を強く命じている。しかし、ついに義景は動かなかった。二月十七日、三河・野田城は陥落した。いよいよ信玄上洛目睫という状況になってきた。

四　義昭の挙兵

義景軍が帰国したものの信玄圧勝に意を強くした義昭は、二月に近在より人夫を徴発して二条城の堀を掘らせて防御を固め、鉄砲火薬を作るための灰木の調達も怠らず[13]、信玄・浅井長政・本願寺光佐らと密接に連絡をとりながら、その上で信長討伐の旗をあげることを決意した。京都では岩倉の山本対馬守、山中の磯貝久次、田中の渡辺宮内少輔らが反信長の旗を挙げ、近江は光浄院暹慶も呼応し挙兵した。

義昭の兵力集めには見境のないところがあり、兄義輝を殺害した頭目である松永久秀や三好義継の罪を赦して同盟を結び、上洛を促している。この義昭の挙兵については、正月十八日に側近の細川藤孝と上野秀政の間で激論があったと『細川家記』は伝えている。(14) それによれば、

> 中務《(秀政)》申けるは、信長、去秋山門を焼亡し、悪逆無道奢多僭上して、君の上に立んとするの底意面に顕はる、早く誅伐然るへしと云、藤孝君被仰は、甚無益也、石を抱て淵に入るの説遠慮有へしと諍論ニ及ふ、

ということであった。しかしこの藤孝の諫止は義昭の採るところとならず、逆に藤孝は勘気を蒙ってしまった。

義昭を見限った藤孝からの「公儀御逆心」の報告(15)を得た信長は、戦況の判断から義昭に対し実子の人質を入れることで和議を申し入れた。(16) 信玄圧勝の報に歓喜する義昭が応ずるわけはなく、三月二十九日、ついに信長は一万余の軍を率いて上洛した。白川・粟田口・祇園・清水・六波羅・鳥羽・竹田に軍勢を配し、自らは知恩院に陣を布いた。信長の再度の和議申し入れに対し、義昭は拒否し、なおかつ京都所司代村井貞勝邸を囲むことで答えた。(17) 翌四月二日に信長は京都郊外に放火し、翌三日には公家邸や比丘尼御所等に火をかけて、再度和議を求めた。

しかし義昭はまったく応ずる気配をみせなかったために、信長は二条城を包囲し、上京を焼いた。(18) この信長の上京焼き討ちには次のような経緯がある。上京焼き討ちは義昭に対する威嚇ではあるが、信長の上京と下京への軍資金要求に対しての、両町の対応の相違が一方にあり、さらに町衆を武装解除して自衛共同体の解体を目的とするものでもあった。上京を焼かれては二条城は裸城も同然で、今度は義昭が朝廷に働きかけて七日に和議に持ち込んだ。天皇は、関白二条晴良、権大納言三条西実澄、権中納言庭田重保の三人を義昭と信長のもとに派遣して和談の仲介をさせ、(19) 二十七日に誓書が取り交わされた。(20) 義昭はこれで当面の危機を脱することができた。

一方、野田城を落として上洛がまさに現実の日程にのぼってきた信玄ではあったが、にわかに病を得て軍を進めることができず、これまた本国に向けて帰陣途上にあった。四月十二日、信濃国伊那郡駒場で命が尽きた。信玄五十三歳の生涯であったが、その死は秘せられていたため、信長も信玄の意外な帰陣に不審をいだきながらも信玄の死を知ることはなかった。もちろん義昭も例外ではなかったろう。

信玄快進撃に望みを繋ぐ義昭は、再び二条城の天主の壁や堀の修理を行い[21]、再び義景や信玄、本願寺顕如に働きかけを行うなど再挙兵に向けての準備に奔走している。六月になると義昭は毛利輝元に御内書を発して兵糧米の供出を命じている。いよいよ事態は切迫してきた。

五　室町幕府の終焉

天正元年（一五七三）七月三日、ついに義昭は二条城を出て兵力三千七百余とともに宇治の槙嶋城に籠城した。二条城は三淵藤英に守らせた。この藤英と細川藤孝はつぎに述べるような血縁関係になる。藤英の父三淵晴員は細川元有の次男で晴恒の養子となって三淵氏を継いだ。藤孝は晴員の次男として生まれ、十二代将軍義晴の命によって晴員の兄である細川元常の養子となった。母は清原宣賢の女である。だから藤英と藤孝は父を同じくする兄弟の関係であった。さらにゴシップ的にいえば、将軍義晴の側室であった清原宣賢の娘が晴員に下げ渡されたときはすでに懐妊していたともいわれ、それが事実ならば、藤孝は義晴の子供ということになる。藤孝は将軍義輝の側近として、また義輝亡きあとは義昭の側近として藤英とともに幕政に深く参画してきた。しかし、藤孝は義昭を見限った。ここが両者の運命の分かれ道であったといえよう。

槙嶋城主である真木嶋昭光は、幕府奉公衆の系譜をひき、この頃から義昭側近として姿を見せ始める。真木嶋氏は、宇治大路氏とともに宇治を本拠とする土豪であり、古くより将軍家の奉公衆すなわち直臣団であったようで、宇治大路氏の娘は将軍義教の側室ともなっている。

槙嶋城は、宇治川の中洲にあって背後は巨椋池という籠城するに最適であるとの判断が義昭にあったようで、信玄上洛までもちこたえようとしたのだろう。また真木嶋氏や宇治大路氏にみられるように、義昭は、南山城一帯の幕府奉公衆の奮起に一縷の期待をかけていたのかもしれない。

しかしこの義昭の挙兵を予測していた信長の行動は早かった。六日に佐和山（現彦根市）から、畿内の変事に対して即応することができるように造らせておいた大船で坂本に着いた信長は、七日に京都の妙覚寺に陣を布き、直ちに二条城を囲んだ。信長の大軍に驚いた高倉永相や日野輝資といった城詰めの公家たちはただちに詫びをいれ、三淵藤英は柴田勝家の退城勧告を容れて伏見に退いた。信長の命により二条城はただちに破棄され、「御城御殿等、洛中洛外取次第也」といった略奪したい放題の有様を呈したといわれる。(22)

十六日、信長軍は宇治に入り、信長も翌日には京都を出て五ケ庄の上柳山に陣を布き、槙嶋城攻撃を開始した。宇治橋は義昭側によってすでに落とされていた。信長は、兵を二手に分けて宇治川を渡らせている。一手は平等院の北東から渡河して平等院前に、他手は五ケ庄から渡河させ、南と東から槙嶋城を攻撃する態勢を整えた。大軍を前にして落城は決定的で、抵抗は二日と保たず、十八日、義昭は二歳の息子義尋を人質に差し出し信長に降参した。

義昭の気性からすれば壮烈な最期という気概はあったかとおもうが、その後の義昭の行動を勘案すれば、おそらく家臣団の再起をという強力な説得があったと考えられる。『兼見卿記』によれば、槙嶋城を出た義昭は、枇杷庄（現城陽市枇杷）に落ちてゆくが、途中で一揆によって物を奪い取られている。(23)ついで三好義継のいる河内・若江城に入った。『信長公記』には、若江城まで羽柴秀吉が警固したと記されている。いずれにしても、ここに室町幕府は滅亡した。

（1）越前朝倉義景の家臣前波吉継が和田惟政に宛てた書状（『和田家文書』永禄八年八月十四日付、京都市歴史資料館蔵）に「仍去月廿九日一乗院殿様至当城、御成付而諸事御馳走由候」とあり、義昭が奈良の一乗院を脱出したのが永禄八年七月下旬であったことがわかる。義昭が一乗院を出て越前朝倉氏のもとへ避難するについては近江の和田氏が大きな役割を担っていたことが知られる。久保尚文「和田惟政関係文書について」（『京都市歴史資料館紀要』創刊号所収）参照。
（2）昭和四十六年。
（3）『二水記』天文元年八月二日条「為一向今度法華宗可発向之由有風聞、仍本圀寺用害馳走」。
（4）「室町幕府殿中掟案」（『織田信長文書の研究』一四二）。
（5）六月一日「和田惟政添状」・九月二十三日「足利義昭御内書」（『大日本史料』一〇―二）。
（6）「足利義昭・織田信長条書」（お茶の水図書館蔵、『織田信長文書の研究』二〇九）。
（7）四月十日「武田信玄書状」（榊原家所蔵文書、『大日本史料』一〇―四）。
（8）正月十四日「顕如書状」（『顕如上人御書札案留』、『大日本史料』一〇―八）。
（9）五月十三日「足利義昭御内書」（大槻文書、『大日本史料』一〇―九）。
（10）義昭宛異見書（『尋憲記』元亀四年二月二十二日条、『織田信長文書の研究』三四〇）。
（11）『織田信長文書の研究』三五〇。
（12）元亀四年二月十九日「足利義昭御内書」（牧田家所蔵文書、『大日本史料』一〇―十四）。
（13）『兼見卿記』元亀四年二月十七日・十九日・二十二日条。
（14）『細川家記』元亀四年正月十八日条（『大日本史料』一〇―十四）。
（15）元亀四年二月二十三日「織田信長黒印状」（細川家文書、『織田信長文書の研究』三六〇）。

(16) 元亀四年二月二十六日「織田信長朱印状」(細川家文書、『織田信長文書の研究』三六二)。
(17) 『お湯殿の上の日記』元亀四年三月三十日条。
(18) 一五七三年五月二十七日(元亀四年四月二十六日)「ルイス・フロイス書簡」(『耶蘇会士日本通信』)。
(19) 『兼見卿記』元亀四年四月五日・七日条、『お湯殿の上の日記』元亀四年四月七日条。
(20) 元亀四年四月二十七日「林秀貞等連署起請文前書案」(『織田信長文書の研究』三七二)。
(21) 『兼見卿記』元亀四年四月二十日・二十一日・二十八日条。
(22) 『兼見卿記』天正元年七月十三日条。
(23) 『兼見卿記』天正元年七月十八日条。

第三章　真木嶋昭光――流浪将軍義昭を支え続けた側近――

真木嶋氏は、宇治大路氏とともにかつて宇治・五ケ庄を本貫とし、山城国一揆を闘うなかで、在地に対しさらに指導的立場を強めていった有力土豪であった。長享元年（一四八七）九月、将軍足利義尚が近江の六角高頼を討つために出陣したときには、宇治大路弥三郎や真木嶋六郎藤原光通が従軍している。このことによって両者は将軍直臣団すなわち奉公衆としての一面ももっていたことがわかる。(1)たとえば、真木嶋氏は、毎年正月十一日に将軍に拝謁し年頭の賀を述べるきまりになっていたし、(2)さらに宇治大路氏にいたっては、一族から将軍義教の側室まで生み出し、その女性は義政や義視の妹である宝鏡院殿を産んでいる。(3)田村・岡屋・林といった真木嶋や宇治大路を凌ぐほどの有力土豪が宇治にいたにもかかわらず、両氏が奉公衆の構成員となった理由は定かではない。しかし、奉公衆であったことによって、かれらが南山城地域においておおいに活躍しえたことはたしかであろう。

室町幕府最後の将軍義昭に近侍した真木嶋昭光は、当然奉公衆の系譜をひく真木嶋氏の一族であったろう。真木嶋昭光が史料上初めて姿を見せるのは、天正元年（一五七三）七月八日付の本願寺顕如書状である。将軍足利義昭が信長と対決せんがため三千七百余の兵とともに槇嶋城に立て籠ったが、その折り加勢を求めて送った内書に対する顕如の返書の宛所が、真木嶋玄蕃頭（昭光）と一色式部少輔（藤長）であった。この義昭の内書には昭光の副状が付されていた。(4) まさに昭光は将軍の側近としてあった証左である。

七月十八日に開始された信長の猛攻のまえに槇嶋城は一日ともたず、義昭はわずか二歳の子息義尋を人質として差し出し、自らは城を出て枇杷庄（現城陽市）に落ちていった。室町幕府の終焉であるが、当然真木嶋昭光が同道したことはその後の史実が如実に物語っている。

義昭は再起をめざして、河内・若江城（現東大阪市）、和泉堺、紀伊由良、備後の鞆と流浪の日々をおくるが、その間幕府の再興をめざして信長打倒を呼びかける数多くの御内書を大名たちに送っている。それらの御内書に昭光の副状が添えられているものが少なからずある。義昭の側近筆頭としての昭光の活躍ぶりを如実に示している。しかし、義昭の望みもついに成らず秀吉の天下となった。

主君である義昭は天正十五年（一五八七）末には許されて帰京し、秀吉から一万石と大坂に屋敷を与えられたが、慶長二年（一五九七）八月二十八日に腫れ物を病んで死亡した。義昭死亡の報告を昭光より受けた相国寺鹿苑院の西笑承兌は、大坂城に赴きそのことを秀吉に告げた。それに対し秀吉は、葬儀の導師は昭光と相談してきめよと承兌に命じている。(5) 終生義昭の側近くにあった昭光の立場を十分に考慮した秀吉の温情というべき処置であったといえるだろう。九月一日、旧臣五、六人に供奉されて義昭の遺体は等持院に安置され、剃髪されたが、このとき昭光も剃髪して主君に殉じている。(6) 旧奉公衆の出資によって八日には葬儀が行われた。(7) 昭光はその年の十二月八日まで焼香のため鹿苑院を訪れているが、(8) 昭光の消息もこれ以降途絶える。

当初から義昭の側近としてつねに行動をともにしたという以外は具体的にはほとんど謎に包まれているというのが昭光である。細川氏の家史である『細川家記』では、義昭を送った昭光は、その後秀吉・秀頼に仕え、大坂落城後は細川忠興より一千石を与えられて余生を送ったとする。[9] 昭光は、忠興宛の細川忠利書状に云庵としてあらわれ、[10] 中津留守居として細川家の扶持を得ていたことがわかる。

細川家には、家臣から差し出させた各家の由緒をまとめた『先祖附』[11]という冊子が遺されている。他史料によって記載内容の真偽を確認しえない点もままあるが、昭光の事績がまとまって記されている唯一の史料でもあるので、それにそって昭光の行動を追ってみると以下のごとくである。

昭光は、一色信濃守輝光の嫡子で、元名を孫六といった。将軍義輝の側近く仕えていたが、義輝が三好三人衆によって殺害されて以後は、義昭に仕え、昭の字と桐の紋を賜った（昭光と名乗ったのは義昭に仕えてからということになる）。義昭が槇嶋城に籠城した折りも昭光は城主としてあり、落城以後は義昭とともに西国へも同道した。秀吉の天下となって義昭とともに帰洛したとき、昭光は秀吉より現米二千石を拝領した。義昭死去後は御奏者として秀吉・秀頼に仕え、大坂の陣の折りには養子監物（一色民部大輔三男）とともに秀頼の側近くにあった。大坂落城以後、昭光は家康の勘気を蒙ったが、細川三斎及び加藤嘉明の庇護により赦され、剃髪して云庵と改名した。そして細川・加藤の扶持によって東福寺の正覚院で余生をおくっていた。嘉明の誘いを断ったものの、昭光は三斎に仕え豊前に下り、無役の知行一千石を賜った。養子の監物は細川忠利の肝煎りで藤堂高虎に仕えることになった。

以上が昭光の記録である。父が一色輝光であることや、剃髪の時期の相違など不明や相違があるものの、真木嶋家に伝えられてきた昭光の事績であり、昭光以後真木嶋氏は、養子監物の次男が忠利に仕え、明治という時代を迎えるまで細川家の家臣であり続けてきた。

(1)『長享元年九月十二日常徳院殿様江州御動座当時在陣衆着到』(『群書類従』第二九輯・雑部)。
(2)『長禄二年以来申次記』(『群書類従』武家部)。
(3)『大乗院寺社雑事記』長享二年三月晦日条。
(4)「顕如上人御書札案留」(『大日本史料』一〇―一六)。宛所の脇に「但公方ヨリノ副状ハ、真木嶋玄蕃頭也」とある。
(5)『鹿苑日録』慶長二年八月二十八日条。
(6)『鹿苑日録』慶長二年九月一日条。
(7)『鹿苑日録』同日条。
(8)『鹿苑日録』九月九日・十五日・十月十七日・十二月三日・八日条。
(9)『大日本史料』一〇―一六。
(10)寛永十二年九月二十九日書状案・寛永十三年三月二十一日書状案(『大日本近世史料　細川家史料一二』八一四・八二五)。
(11)永青文庫蔵(熊本大学付属図書館寄託)。『先祖附』の真木嶋家の項は以下のとおりである。なお、本史料については儀永和貴氏(東亜大学)のご教示を得た。

三百石　槙嶋真徴

一、先祖真木嶋信濃守輝光儀、本名一色ニ而御座候、光源院義輝公江被召仕、城州宇治真木嶋之城主ニ而罷在候、

一、高祖父槙嶋孫六儀、後ニ玄蕃頭昭光与申候、右信濃守嫡子ニ而、義輝公御側被召仕罷在候、其節忠節之儀有之、為御褒美寝乱髪ゟ申御太刀被為拝領候、至後年玄蕃頭聟志摩方江遣之候、右玄蕃頭儀義輝公御生害以後者義昭公江被召仕、昭之字并桐之御紋被下之、執権職相勤、三好御退治之上信長公江為上使罷越候処、従信長公来太郎国行之御刀御馬被下之候、右国行之刀于今所持仕居申候、義昭公真木嶋御籠城之節茂玄蕃頭為城主罷在候、真木嶋落城以後義昭公御供仕、中国江罷下、始終御奉公仕届(居)申候、秀吉公御代、義昭公中国路ゟ御帰洛之節玄蕃頭儀御供仕罷登候処、従秀吉公玄蕃頭江者各別為御合力現米弐千石被為拝領候、其以後義

昭公ゟ依御願右之御合力米御知行直被下地方ニ而被為拝領之、其節ゟ秀吉公江被召仕御奏者役被仰付、秀頼公御代迄相勤申候、右玄蕃頭儀嫡子無御座候付、一色民部大輔三男を養子仕、真木嶋勝太、後ニ監物と申候、秀頼公御側被召仕、大坂御陣之節者父子之備各別被仰付相勤申候、大坂落城以後玄蕃頭儀御勘気有之候付、三斎様并加藤左馬之助殿御両所様ニ而御断被仰上被成御赦免候、左候而玄蕃頭儀剃髪仕、名を云庵と改、右御両所様ゟ御合力米被為拝領京都東福寺寺中正覚院江罷出候、其以後左馬之助殿正覚院江御出被成、御国江可被召寄旨仰聞候得共、御断申上罷越不申候、然処、三斎様正覚院江被遊御入、豊前江可被召寄之旨被達上聞候間、罷下可申旨御直ニ被仰付候付罷下候処、御知行千石無役被下置候、右真木嶋監物儀者、大坂落城以後妙解院様御肝煎を以藤堂和泉守様江被召出候、其節、妙解院様江和泉守様ゟ被進候御自筆之御状于今所持仕居申候、云庵儀義昭公江被召仕候時分、従幽斎様御慈思召被下訳御座候ニ付、三斎様御慈ニ而右之通御座候由承伝候、云庵儀者、三斎様妙解院様御代段々結構被仰付、御両所様ゟ被為頂戴候御自筆之御書于今所持仕居申候、

二代目

一、曾祖父真木嶋半之允儀、実者右監物二男ニ而御座候を云庵養子ニ仕置候、従三斎様被遊御頼、従妙解院様御知行三百石無役被為拝領、諸事結構被仰付御礼等御次ゟ各別申上候、其節者若年御座候付而、従三斎様右長岡佐渡殿江諸事引廻候様ニと被仰付、佐渡殿差図を以相勤申候、其以後外様ゟ御礼申上候節者、御左定座被仰付、下津将監次ニ罷出候、其後云庵被下置候御知行千石被下之、右三百石者被召上候、有馬一揆蜂起之節御人数被差向候付彼地江罷越、蒙石年年首尾茂御座候得共乗口違申候、御帰陣之御途中当御国於川尻嶋又左衛門跡御番頭役御直ニ被仰付、妙解院様御代迄御三代之間、右之御役儀四十二年相勤申候、真源院様御代御左定座之御番頭何茂御役儀相勤候中者、御右座ゟ御礼申上候様ニと被仰出、其節ゟ御右座ゟ御礼申上候、

三代目

一、祖父槙嶋半之允儀、親半之允兄真木嶋監物末子ニ而、松平下総守様御側被召仕罷在候処、曾祖父半之允養子仕度旨奉願、延宝二年願之通被仰付候、半之允儀城罷寄候付御役儀御断申上候処、延宝七年十月願之通被

遊御免、同月隠居奉願候処、願之通被仰付家替無相違、祖父半之允江被為拝領之、御礼之座配曾祖父半之允同前ニ被仰付候、天和三年正月上月八左衛門跡御番頭役被仰付、元禄十四年十一月迄十九年相勤申候、然処同役不和之段逢尊聴同役七人一同ニ御役儀被召放、着座之末被仰付、其節祖父半之允儀藪三左衛門組ニ被召加、其以後田中左兵衛組被召加候、

四代目

一、親槙嶋半之允儀、実者田中又助次男ニ而御座候節、祖父半之允養子仕度旨奉願、享保十二年三月願之通被仰付、養父半之允儀年罷寄申候付隠居奉願、享保十九年十一月願之通隠居被仰付、家替無相違被為拝領、木下三郎左衛門組被召加、元文二年二月溝口式部組罷成、当前之御奉公相勤、寛保三年六月廿四日阿蘇御田御祭礼之節、御名代相勤申候、延享四年正月於阿蘇下宮公儀定例御祈禱之節、御名代相勤申候、同二月十一日益田弥一右衛門跡御番頭被仰付候、寛延二年迄相勤居候処、病気ニ付御役儀難相勤段御断申上候処、同九月願之通被成御免、沢村清太組ニ而召加候、同三年七月病死仕候、

五代目槙嶋半之允

一、私儀同年九月養父半之丞跡目之御知行被為拝領前髪御座候付、寛延三年ゟ宝暦二年十二月迄何之御奉公茂不仕候、同月前髪を執当所御番等相勤申候、宝暦四年六月阿蘇御田御祭礼之節、御名代相勤申候、同十一年二月御鷹之鶴被遊御拝領候付而、江戸江之使者被仰付相勤申候、同十三年於阿蘇公儀定例御祈禱之節、御名代被仰付相勤申候、然処病気罷成、明和四年三月三十二才ニ而病死仕候、

六代目

一、右半之允嫡子槙嶋権之允儀、明和四年七月十四才ニ而四拾人扶持被下置、御留守居大頭支配ニ被仰付置候、此節迄御目見不仕候、同五年五月及十五才候付而亡父半之允江被下置候御知行無相違拝領被仰付、御着座ニ被仰付、御留守居大頭組ニ被召加候、同七年正月御備頭木下平馬組ニ組替被仰付候、同年十二月六日病死、

一、右権之允儀男子無之候ニ付、弟槙嶋多三郎を養子ニ奉願置候処、多三郎儀茂同年同月廿一日病死仕候、

一、槙嶋太次郎儀、右権之允育之叔父ニ而候、明和八年二月九日先祖之訳ニ被対、名跡相続被仰付御知行三百

石被下置、大組付被仰付候、同九月於藤崎公儀定例御祈禱之節、御名代相勤申候、安永七年九月於阿蘇右同断御名代相勤申候、同八年八月安藤十郎左衛門跡御鉄炮三拾挺副頭被仰付、天明四年二月志水吉大夫跡御側御鉄炮拾五挺頭被仰付、同七年春御参勤御供ニ而罷登、同八年六月御供ニ而罷下、天明八年七月於江戸御礼御用相勤候付、御紋附御上下一具同御帷子一被下置、寛政二年十月井岡(関)岡右衛門跡御鉄炮弐拾挺頭被仰付、○同四年ゟ五年迄火廻被仰付、同六年正月出府、○同七年三月井関岡右衛門跡御鉄炮三拾挺頭被仰付、同九年五月罷下、同年八月江戸詰四ケ年ニ及ひ出精相勤候付、御紋附御帷子一被下置、同十年十月火廻并盗賊改当分も増人被仰付、同十一年正月右当分御免、同十二年正月ゟ享和元年正月迄火廻并盗賊改被仰付、同二年三月土山七郎兵衛跡御鉄炮五拾挺頭被仰付、御足高弐百石被下置、同年十一月御用人被仰付、御足高弐百石被増下、二本木御屋形御用懸被仰付、引除相勤可申旨被仰付、同三年二月御凶事御用相勤候付、御紋附御小袖一同縮緬御給羽織一被下置、文化元年三月為御留守詰出府、同二年五月職五郎殿御供ニ而下着、同年七月職五郎殿御下付而者御用掛被仰付置御供を茂相勤候ニ付、御紋附御上下一具同御帷子一被下置、同五年三月出府、同十一月数年出精相勤候付座席中着座同列被仰付、御足高百石被増下置、同六年九月罷下、同八年十月職五郎殿御額直御用懸并御額直親相勤候付、御祝被遊御紋附御上下一具同御小袖一被下置、同九年二月職五郎殿御供ニ而罷登、同十年二月罷下、同十一年六月病気ニ付願之通当役被遊御免、品々御役数十年相勤候も御紋附縮緬御単羽織一被下置、御着座被仰付、御留守居大頭之組被召加、同年八月病気ニ付願之通隠居被仰付候、

一、槇嶋留次儀、右太次郎養子ニ而候、天明三年二月御目見仕候、文化十年四月於講堂捕手多年出精仕皆得相済且炮術槍術軍学出精相進捕手炮術者代見を茂いたし候段御褒詞、同十一年八月四十三歳ニ而父江被下置候御知行無相違家屋敷共被下置、大組付被仰付、平野九郎右衛門組被召加、同年十月半兵衛と改名、文化十三年八月御使番被仰付、(祈脱カ)禱之節阿蘇下上宮御名代被仰付、同年八月御使番被仰付、同十四年三月吉住半四郎跡御鉄炮参拾挺之副頭被仰付、文政二年上十二月五男槇嶋百五郎儀当閏四月十三日之暁致出奔候、畢竟兼々教育不宜所、右躰之儀有之候に付日数二十日遠慮被仰付、同五年十二月吉住半四郎跡御鉄炮拾挺頭被仰付、同十

年正月吉住半四郎跡御鉄炮二十挺頭被仰付、天保三年八月病気ニ付願之通御役儀被遊御免、御留守居大組附被仰付、同年十一月病気ニ付六十一歳ニ而隠居、

一、槙嶋五八郎儀、右半兵衛嫡子ニ而文化元年十二月御目見仕、天保三年十一月父江被下置候御知行無相違被下置、大組附被仰付、有吉織部組被召加、同十一年五月五十三歳ニ而病死、

一、槙嶋賀太郎儀、実者右五八郎弟ニ而候、五八郎儀養子奉願置致病死候付、天保十一年七月二十八歳ニ而右跡相続被仰付、五八郎江被下置候御知行無相違被下置、大組附被仰付、松野匡組被召加、同十三年五月公義定例御祈禱之節藤崎宮御名代被仰付、嘉永二年正月右同断被仰付、嘉永三年七月三十八歳ニ而相果、

一、槙嶋豊八郎儀、右賀太郎養子ニ而候、天保十三年十一月御目見仕候、嘉永三年九月二十五歳ニ而父江被下置候御知行無相違被下置、大組附被仰付、小笠原大部組被召加、同年十二月半之允と改名、同四年九月公義定例御祈禱之節阿蘇上宮御名代被仰付、安政五年九月右同断之節藤崎宮御名代被仰付、慶応二年七月四十一歳に而隠居、

一、槙嶋留次儀、右半之允名跡相続ニ而候、慶応二年七月三十一歳ニ而半之允江被下置候御知行無相違被下置、大組附被仰付、直ニ溝口蔵人組被召加、同十一月半兵衛と改名、明治二年十二月大木摠馬隊被召加、同三年七月真徵と改名、

付録

三手文庫書籍目録〔翻刻〕

三手文庫は、上賀茂神社の社家百数十家の三手（東手・中手・西手）若衆によって経営された文庫で、元禄十五年（一七〇二）に発足したといわれる。上賀茂神社には賀茂文庫がすでに室町時代には存在していたといわれるが、三手文庫の創立によって上賀茂神社の文庫としての組織が整えられたといえる。

三手文庫は、今井似閑が蔵書を奉納したことでも知られ、その目録が「今井似閑自書奥書付　書籍奉納目録」として三手文庫に蔵されている。奉納された四百三十三冊の書籍については、皇學館大学神道研究所によって詳細な調査が行われ、昭和五十八年一月に目録の翻刻と調査記録が、『神道書目叢刊二　賀茂別雷神社三手文庫・今井似閑書籍奉納目録』として刊行された。

今回、翻刻紹介しようとする『三手文庫書籍目録』（筆者蔵）の作成経緯は、奥書によれば以下の通りである。三手文庫の蔵書は、今井似閑奉納書籍と他の書籍が混在していたため、宝暦十二年（一七六二）の蔵書類の虫干しのときに、社家の季脩、氏梁、直矢が、明和二年（一七六五）に再び、季脩、兼為、親顕が点検・整理し、目録を作成した。この目録を、文化九年（一八一二）三月上旬に、社家の宣保が書写したものが本目録である。

『今井似閑書籍奉納目録』と『三手文庫書籍目録』記載の似閑奉納書籍を比較すると、以下二十二種の書籍が不足している。

新撰姓氏録・拾芥抄・峯相記・仮名日本紀・類聚国史・続神皇正統記・古語拾遺・国史神祇集・続国史神祇集・万葉抄・伊勢物語・古今和歌集目録・一竹・文選・和漢朗詠集・扶桑拾葉集・山城名勝志・題林・勅撰名所和歌抄・日本王代一覧・大和名所記・休息歌仙

享保六年（一七二一）に似閑が発意し、死後、今井家より元文二年（一七三七）と同四年の二回に分けて実現した蔵書の奉納以後、何らかの理由によって明和二年にはすでに二十二種の蔵書が流出していることになる。もっとも蔵書奉納時に奉納目録と相違があったことも考えられる。

『三手文庫書籍目録』には、朱筆及び青筆での合点・○印や書き入れがあり、文化九年以降の書き入れも含まれているとおもわれる。

なお、三手文庫の書籍に関連して、「東小路村古文書貼交屏風」（若山家文書、京都市歴史資料館架蔵フィルム）に次の文書が貼られている。

覚

二十一史文抄　　三十冊

小学　　　　　　四冊

職原鈔句解　　十一冊

右三部受取、即令奉納於賀茂文庫訖

元禄十五年閏八月　日　　岡本土佐守
　　　　　　　　　　　　　季輔（花押）

書籍奉行　藤木右兵衛尉
　　　　　　忠直（花押）

同　　　岡本大炊允
　　　　　保筭（花押）

同　　　西池大炊頭
　　　　　意俊（花押）

若山用助殿

東塩小路村の庄屋若山用助の賀茂文庫への奉納になるこれら三種の書籍は、「小学句読」「職原鈔句解」「廿一史文抄」として当目録に記載されている。また三手文庫は、元禄十五年（一七〇二）に発足したといわれているが、同年閏八月にはいまだ発足にいたっていないこともこの文書は示しているかと思われる

なお、翻刻にあたっては、朱筆・墨筆を問わず合点は省略した。朱筆は「　」で、青筆は〈　〉・〔　〕（ルビの場合）で文字の前後を括り、区別した。また異体字は正字に直した。

本書籍目録の仕様は、以下の通り。

縦十八・八糎　横十二・四糎

袋綴冊子

表紙　裏表紙　九十八枚　計百枚

一紙　八行（一頁当たり四行）

「(表紙)文化九年申三月上旬

三手文庫書籍目録 并今井似閑奉納 明和二乙酉年改」

「(表紙裏)小学五部　史記三部　史略四部

○写本印　今之三手文庫ニ奉納人名ヲ
載セス可書入者也」

三手文庫書籍目録

、一、㊀儒 通鑑　正編 朱子綱目 三宅道乙点合百六本　三十八冊

、一、㊁ 通鑑　正編　同　三十一冊

、一、㊂ 通鑑　前編 十冊 続編 廿七冊

、一、㊃ 朱子語類　四十五冊

、一、和五 名勝志　源武好編　外図一箱十二帖　三十冊

、一、同「六」 諸氏大系図　「西道智也」　三十冊

、一、七同 延喜式　五十冊

、一、八儒 史記　廿五冊

、一、九 古今類句　歌書　壱箱　三十六冊

、一、十 園太暦《タイリヤク》 一名園太記　園太政大臣 中〻国〻相〻国公賢記　外名寄帳一冊　三十七冊

一、親長記　甘露寺大納言親長 右二部社中寄付書也　外名寄帳一冊　二十五冊　同ク一箱ニ入

、一、儒十一 字彙　唐本　十四冊

、一、十二 五倫書　明〻帝〻御〻製 明宣宗御製　函入　二十三冊

、一、十三 通俗三国志　元禄十五年伏見下村兼映 奉納　五十一冊

、一、同呉越軍談　十八冊

、一、同漢楚軍談　二十冊

、一、十四 字彙　唐本　十四冊

、一、儒 十八史略　嚴垣竜渓先生補正　七冊

一、同 増補十八史略　松苗増補　七冊

、一、大学　一冊

、一、和事始　貝原益軒著　七冊

、一、漢事始　同　六冊

、一、儒 小学句読　陳選　四冊

一、同 四書章図　唐本 元新安程複心著　廿八冊

一、四書序諺解　仮名字也　四冊

一、類字名所和歌集抜書　一冊

、一、神 神代巻塩土伝　入帙 谷重遠注　五冊

、一、和十五 山城名跡志　釈白尽　二十五冊

医十六 、一、本草綱目　唐本 和刻　三十九冊
和十七 、一、異称日本伝　松下見林編　十五冊
一、大和本草　「貝原篤信カ 但二十五■也」本　十冊
一、詩詞雑俎　唐本 詩類　四冊
一、普救類方　医書 林良適輯　十二冊
十八 、一、大唐六典　御史台　写本　案此三字衍字トスベシ　十冊
一、唐詩訓解　八冊
、一、綱鑑　唐本　楊睡（マヽ）菴　九冊
儒 、一、十八史略　旧本版　四冊
同 、一、祖来先生答問書　物祖来与人俗尺牘也　三冊
和 、一、続日本後紀　十冊
同 、一、大日本帝王系之図 和漢合運之事　全
同 、一、新撰姓氏録　小本 万多親王　全
△一、啓蒙聯句　写本　全
、一、藤園雑歌　四冊
十九 一、顕註密勘　歌書　八冊
、一、職原鈔句解　白井宗因　十一冊

和 、一、本朝文粋　藤原明衡撰　十五冊
同 一、同　十五冊
同 、一、徒然草　兼好法師　二冊
△一、武用記　写本　全
、一、心政経　真西山心経改経也　全
、一、南木武鑑（経イ）　写本 楠正成云々 平田氏云延宝ノ時ニ 安藤掃雲軒偽作也　全
、一、公事根源　藤兼良　三冊
、一、黄石公素書　入注 板本　一冊
儒 、一、惺窩先生文集　「水府校本」「男為景編集後光明帝序アリ」　十冊　「モト五巻林羅山編ス」「続集三巻 菅玄同編ス」
、一、蒙求　三冊
、一、類字和歌抜書　四冊
二十 一、千家詩詳解大成　六冊
一、同諺解大成　四冊
、一、千家詩　謝畳山編　一冊
儒 、一、伝習録　四冊
一、氷川詩式　七冊
一、石城遺宝　赤穂四十七士ノ事ヲ記ス　全
儒 、一、小学示蒙句解　中村惕斎 仮名注　十冊

、同一、唐才子伝　五冊

、同一、虚斎蔡先生文集　明蔡清字ハ介夫　四冊

、同一、孟浩然詩集　全

、同一、古文白文　全

、同一、七才詩集註解　唐ノ七才子　二冊

一、高良山十景詩歌　寂源ノ編也刊行　二冊

○一、草書千家詩　李卓吾ガ手跡　全

一、四書小本　唐本　多誤字註　五冊

、一、懐風藻　写　水戸光圀卿校　全

一、北渓先生性理字義　宋ノ陳淳　全

一、茘斎吟録　全

、一、長恨歌　写　白居易楽天　全

、一、古文前集　全

、廿一一、史記　五十冊

、神廿二一、神代合解　神代抄口訣纂疏等ノ合解也　四冊

、同一、中臣祓纂言　宮本静亭春意　隆意ノ子羅山門人　二冊

同一、同　二冊

、同一、神代巻講術録　講術抄五巻ハ出口延佳也　講術抄カ山本広足カ作也　二冊

同一、中臣祓集説　一冊

、和一、日本書籍目録　横本　一冊

、神一、中臣祓瑞穂鈔　延佳カ作　二冊

、同一、同〈頭書〉　二冊

、同一、中臣祓考察　和田宗久　二部　共三冊

同一、六根清浄大祓浅説　宮城春意　一冊

○同氏一一、中臣祓抄　写　卜家書也　二冊

、同一、神皇正統記　写　北畠親房カ作　六冊

、同一、中臣祓白雲鈔　白井宗因「号白雲散人也」　二冊

、同一、日本書紀　十五冊

、同一、神代巻　二冊

、一、善隣国宝記　三冊

、一、本朝孝子伝　三冊

一、聖徳太子伝暦　五冊

、一、本朝画史　五冊

、一、本朝画印　画史ノ付録也　一冊

、儒一、徴毖録〈豊臣秀吉朝鮮征伐朝鮮ノ事ヲ詳ス〉朝鮮宰相柳成龍著、号ハ西厓ト云、武備志ニハ柳承寵トアリ是也　五冊

、同一、輟畊録〈小説之書也、五雑俎ノ類元ノ陶九成撰ズ〉　十六冊

、同一、天民遺書　並河天民作　三冊

一、湖亭渉筆〈安積《アサカ》澹泊随筆也〉　四冊
一、元々集　源親房ノ作ト云也　四冊
一、食鑑本草　唐本　二冊
一、孔聖全書〈孔子ノ事ヲ詳ニス〉　二冊
一、中臣祓　箱入一冊
和「廿二」
一、義臣伝　赤穂ノ実録也　十五冊
一、雍州府志〈黒川道祐作〉　十冊
一、主史〈廿一史〉文抄　唐本　三十冊
二十三
一、文選素本　十三冊
一、論語集解〈何晏注本也〉　四冊
一、五行大義　元禄刊木　虎鶴談ニ随(隋)ノ粛信カ作也、本伝ニ此書ノコト見ヘズ、前世ハ本朝ニ専ラ用ラル、ト見ユ五行ノコトヲ詳ニアラワセリ其説鑿ニチカシ玉海ニ治承五年ノ所ニモ見タリ　五冊
一、六諭術〈衍〉義　清主ノ作也　全
一、睡菴稾　全
一、至要抄　法曹至要抄歟可考　全
一、難経弁正　医書歟　全
一、新増炮灸全書「稲生若水著述カ」　飲食書　二冊
一、亀鶴問答　邵唐節　全
一、菅見集　全

一、韻鏡秘要鈔　写　全
一、百福寿　全
一、大道止観　全
一、覆醤集　石川丈山　全
一、六諭衍義大意　全
一、朱文公増損郷約　全
一、本朝改元考　山崎闇斎歟　全
一、蒙求　三冊
一、国朝諫諍録　藤井懶斎著　二冊
一、書籍目録　横本　一冊
一、丙辰紀行　林羅山仮字　全
一、孝経註解　全
一、水経註鈔　唐本　全
一、便蒙指南鑑略　一冊
一、三略　全
一、西国訳通　全
一、助語辞　写　全
一、雑纂　全
一、武夷九曲小誌　唐本　全
一、靖献遺書　言　三冊

一、残儀兵的「コノ弁伊せ貞丈作ル」　全
一、詞友集　四冊
一、塵滴問答　一冊
、一、儒左氏伝　十五冊
、一、廿四易経本義　五冊
、一、同近思録　八冊
、一、同大戴礼　二冊
、一、同闕里誌　十二冊
一、本朝年代記　十冊
一、列女誌伝　唐本　三冊
、一、孝経大全　十冊
、一、春秋胡伝　唐本　五冊
、一、五経正文　唐本　帙入六冊
、一、四書　唐本　五冊
、一、聖学史天講意　唐本　十二冊
、一、小学備考〈貝原益軒述〉　六冊
、一、通書〈周茂叔〉　二冊
、一、小学句続〈読〉　六冊
、一、故事成語考　丘瓊山　二冊
、一、孝経大義　元ノ熊禾也　全

一、中臣祓集説　橘三喜歟　三冊
一、八雲御《ヤクモミー》抄　刊本　七冊
、一、孫子　集注〈十家注〉　刊　全
一、孝経列伝　五冊
、一、近思　別録　続録　二冊
、一、六韜　写大本　二冊
、一、漁■樵問答　邵唐節　一冊
一、扶桑往生伝　二冊
一、漢玉篇　唐本　五冊
一、伊勢末社伝記　一冊
一、梅花心易　邵唐節　全
、一、古文孝経　全
、一、廿五日本逸史　梨木祐之　内考異一冊　廿一冊
、一、文公家礼　朱子　四冊
、一、職原抄大全　玉木悦　十一冊
、一、旧《ク》事本紀　三冊
、一、令義解《リョウギゲ》　清原夏野注　号義解　闕本十一冊
、一、古事本紀　一冊
、一、神代巻口決《クケツ》　忌部正通　五冊

、一、諸家知譜拙記 速水房常編 五冊
、一、三代実録 廿冊
、一、古押譜 七冊
一、名医方考 七冊
、一、釈日本紀 〻谷士清歟〻 卜部康賢《ヤスカタ》〻 兼方《カネカタ》 刊本 十五冊
一、和漢算法大成 七冊
、一、四書集註 十冊
一、袖珍歌枕 八冊
、一、和名類聚抄 源順撰 十冊
、一、職原鈔弁疑 壺井義知著 賀茂清茂序アリ 三冊
、一、廿六 古事紀（ママ） 三冊
一、四書問答 唐本 明儒 八冊
、一、十八史略 七冊
、一、元々集闕巻 七冊
、一、内裏式 全 但欠本ナルベシ
○一、大和本記 享保五年 氏一奉納 全
、一、沙汰文 皇字 氏一奉納 三全

○一、豊秋津嶋卜定記 禅閣兼良公御作 氏一奉納 全
、一、弓兵政所記 全
、一、楚辞 唐本 朱子集注 四冊
○一、郢曲 氏一奉納 全
一、賀茂祭部類記 「群記類鑑之内也」 二冊
、一、中臣祓抄 全
一、二所皇太神宮神名秘書 写 全
○一、菅別記 大永六年 自記類 氏一奉納 全
一、尾張国風土記 写本 全
一、放生大会次第 全
、一、北渓先生性理大義 全
、一、旧事記 五冊
、一、通採 唐本 史類 荆石王錫爵編輯 新刊通鑑標題採要 案是八明人歟 十二冊
一、西宮記 写 西宮左大臣公明 氏一奉納 八冊
一、神代六首和歌抄 全
一、神部雑記 〻氏一奉納下社〻神領之〻 氏一奉納但氏一所編歟神社旧記之写本也 全
一、美濃国因幡社縁起 全 今案似閑奉納ニモアリ一案也

、氏一
一、衣《キヌ》かつきの日記　藤ノ基綱　全　一云シラカサネノ記　一云貞治御鞠和字記

○、氏一
一、神祇霊応記　全

氏一
一、豊葦原本記　全

氏一
一、長寛勘文　全

氏一
一、鏡作系図　写　鏡ノ作者相承之伝也　鏡作氏ニハアラス　全　近世ノ書集タル物ナリ

不見
一、祇園社部類　全

一、二十一社記　源親房　全

氏一
一、日本問答　全

氏一
一、心御柱記　十二部書ノ一也　全

、氏一
一、多武峯縁起　写　桃花禅閤藤原兼良筆　全

一、瑚璉集　神書也　全

一、中臣祓聞書　全

一、大講堂供養記　全

一、東家秘伝　親房卿　全

、一、日次記事　今板焼亡　黒川道祐　年中諸国ノ諸事ヲ記ス　十二冊

、一、伝習録　三冊

○氏一
一、装束温古抄　有職類　全

、一、李部王記　兼明親王延喜帝ノ子　全

一、出雲大社小縁起　写　全

、一、名例律　写　五刑制ヲ記ス　五刑ヲ五罪ト云也　全　案編末有脱条

、氏一
一、神祇舘年中行事　写　全

一、神宮秘伝問答　全

一、三知抄　一条兼良　一名御即位仮名抄　御譲位御即位大嘗ノ叓ヲアラ々仮名書ニシテ宗祇ニ賜ワル也　卜部氏ノ後付アリ　全

、一、熊野御幸記　写　藤原定家ト云々　全

、一、次将装束抄　全

一、伊賀国風土記　全

一、神令　全

○、氏一
一、本朝服暇考　林家本　全

○、氏一奉納
一、宮崎文庫記　全

、一、山城国風土記　全

一、中臣祓加直抄　全

氏一
一、日本密記　「今ノ本乾坤二巻也、但至第一至第十一終」　全

、一、神戸記　氏一奉納下社神領之記也　下賀茂社記也　五冊

、一、日本釈名　貝原好古　三冊

、一、諸礼集　刊本「小かさわら」　七冊

一、小学句読　二冊
一、宣秀御教書案　甘露寺殿カ　写　大本　二冊
一、詩経名物弁解　江村如圭歟　四冊
一、若宮御祭礼図　氏一　春日大舎　三冊
一、北条盛衰記　全
一、達幸故事抄　第三参議要部一巻ナリ　全
一、神皇実録　全
一、節会記　全
一、菅藻〈菅家文藻〉　写本「菅公文集」　全
一、太公六韜　写　全
一、尺牘双魚　廿七　一冊
一、三国志　唐本　演義　十冊
一、六根清浄大祓集説　一冊
一、異体字弁　「古字ノ類也　中根白山著　平璋字元圭也」　二冊
一、独庵独語　釈氏類「僧玄光著」　一冊
一、君臣小伝　一冊
一、白鷗記　写　冷泉家記　一冊
一、二条家抄　一冊

一、改元〻記之　内一巻紛失　四冊
一、山槐記　藤原忠親一名達幸記又貴嶺記　八冊
一、古今集　小本箱入　一冊
一、華押藪　「野ニ続アリ」「水戸家著述」　帙入　七冊
一、神道名目類聚抄　近江四宮禰宜大伴重堅撰　世本ハ三冊六巻也　七冊
一、大八洲記　鴨祐之　十二冊
一、いなこ草　二冊
一、三正俗解　中根元圭　号白山　二イ　一冊
一、制度通　写　伊東涯　目録一冊添　六冊
一、綱鑑〈太古ヨリ元迄ノコトヲ記ス〉　唐本　帙入三　廿六冊　八
一、下冷泉家記　写　一冊
一、立太子次第　一冊
一、万治度　一冊
一、惺窩雑筆　写本　自筆本也　諸書抄録ノ本也無別事　一冊
一、国語ノ雋　張□選評　唐本　二冊
一、諸次第雑記　一冊
○一、三好家譜　写　二冊歟　一〻箱　匣
一、大日本帝王系図　写　一冊
○一、賀茂歌合　重保治承元年　一〻箱　匣

一、続華押藪　水戸家編輯　帖入七冊

一、庖丁式　写　折本一帖也　匣一箱ゝ

（廿八）一、続詞友集　五冊

一、和歌名所追考　十二冊

一、楢山拾葉　名所和歌　二冊

一、見咲百首　一冊

、一、徒然草　釈兼好著　二冊

一、枕草紙　清少納言著　七冊

一、増補百人一首絵抄　二冊

一、世倭支奈《セワシナ》草　三冊

一、草庵和歌集　四冊

一、続草庵和歌集　二冊

、一、万葉集抄　廿冊

一、倭物語　二冊

一、秋の夜長物語　当時多見　一冊

、一、古今和歌集　二冊

、一、江家次第　大江匡房録　十九冊

、（廿九）一、続日本紀（マヽ）　廿冊

、一、同　廿冊

、一、日本書記（マヽ）　十五冊

、一、神武紀集解　巻イ　伊勢人龍熈近　伝右衛門　二冊

、一、古語拾遺　一冊

、一、神風和記　釈慈遍著　三冊

、一、御鎮座伝記　一冊「イニ二本」

、一、数学夜話　西村遠里　四冊

、一、倭姫世記　一冊

一、神祇服令　一冊

、（三十）一、湖月抄　源氏物語ノ注也　北村季吟　六十冊

、（卅一）一、扶桑拾葉集　今刊行　黄門光国卿（マヽ）△　三十五冊

、（卅二）一、旧事記　五冊

、一、古事記　三冊

、一、東鑑《アズマカヾミ》　廿五冊

、「五十二」一、神代系図伝　和田宗允子成著　七冊

、（卅四）一、正字通　唐本〈字書〉　四十冊

（卅五）一、百首部類　六十二冊

○、（卅六）一、故唐律疏議　写　唐ノ褚遂良カ作也　十六冊

○、一、玉露□ゝ叢　写　日記類也　廿冊

一、玉葉抄　一冊

○、一、台記　宇治関白頼長　内別記八　廿一冊

○、一、玉藻　一名玉海 日記類 道長記ス 案校正朱書ハ賀茂清茂歟 嘉禎元年ノ所可見　十冊
○一、礼儀類典　賀茂部計也　十五冊
、一、四書大全　敖毫頭　廿二冊
、一、今昔物語　平仮字本ト云々 絵入　十五冊
、一、同　後篇　十五冊
卅七、一、戦国策　十五冊
、一、論語義疏　十冊
卅八、一、前漢書　四十七 一後漢書三十四冊　五十冊
卅九、一、日本書紀通証　谷川士清　廿三冊
、一、源平盛衰記　遊春云葉室大納言時長　廿五冊
、一、斎部八箇祝詞国字解　色夫知也　二冊
、一、礼記集註　廿冊
、一、前太平記　廿一冊
、一、保元平治物語　葉室大納言時長　六冊
四十、一、宮川日記　多田義俊　一冊
、一、神道〻□和草　遊　写 多田義俊　四冊
、一、史記律書　并暦書補注 写　西村遠里　一冊
、一、天官書図解　写 西村遠里　一冊
、一、居行子　西村遠里作　五冊

一、神道藻塩草　「神代巻――五本 神武記――一本也」 玉木正英 神代至神武巻注也　帙入 六冊
四十一、一、詩経集註　八冊
、一、書経集註　十冊
、一、易経集註　十冊
、一、春秋集註　十冊
、一、雨中問答　西村遠里　五冊
、一、以於恵愚草　全
、一、外題学問　小本 西村遠里　一冊
、一、天学指南　同人歟　四冊
、一、言葉之塵　西村遠里著　四冊
、一、雨中問答後編　同　五冊
、一、庭之落葉　同　五冊
四十二、一、和漢三才図絵　摂津寺島良庵著　簞笥入 全部八十一冊
、一、世説新語　十冊
四十四、一、朱子文集　五十冊
、一、集義和書　熊沢了介著　五冊
、一、同外書　同上　十冊
、一、孔子家語　六冊
五十、一、玉海御記　八十一冊 内六十九冊有之

一、三手文庫書籍目録　△版本印　奉納目録一冊アリ　似閑奥書アリ　今井似閑奉納　一式享保六年
今井似閑号見牛又称偃鼠亭　契沖門人　所蔵二百余部也

「刊本」
、一、日本書紀　十六巻
「同」
、一、続日本紀　廿巻
、一、日本後紀　「案コレ即日本紀略也即後紀抄本也」　「非旧本」　所流布闕本　十巻
、一、続日本後紀　所流布闕本　十巻
、一、文徳実録　五巻
、一、三代実録　廿巻
、一、日本紀略　善本也　「当時有刊本」　七巻
、一、百練抄　「当時有刊本」　五巻
、一、扶桑略記　「当時有刊本」　阿闍梨皇円抄　書目云三十巻　闕本　六巻
、一、律　名例例五十ノ条末ハ欠タリ　一巻藤原不比等奉勅撰　是名例律歟　円　一巻
、一、令義解　同　五巻
○、一、令集解　同　十五巻「欠本」
、一、類聚三代格　当時アル本　七巻アリ　弘仁 貞観 延喜　一巻多シ　同　六巻
、一、延喜式　五十巻

、一、貞観儀式　二巻
、一、弘仁内裏式　一巻
、一、政事要略　闕本　二巻
「○」
、一、類聚雑要抄　同　四巻　今合冊弐巻也　二本
、一、兵範記　一名人車記　兵部卿信範記　同　十一巻　今合巻四冊也　一ヨリ十二迄
、一、作者部類　共三冊　五巻
△歟「刊」
、一、公事根源集釈　藤原兼良著〈松下見林〉集釈　三巻
、一、職原抄参考　二巻
、一、禁秘抄　一巻
、一、大槐秘抄　九条伊通公　一巻
、一、日中行事　後醍醐帝ノ毎日ノ行事也　一巻
、一、御即位和字記　三知抄ノ一也　一巻　兼良
「菅」
、一、管家遺戒　写歟　一巻
、一、まさすけ抄　「真渕校本アリ」　雅亮装束抄也歟　一巻
、一、世俗浅源秘抄　深カ　一巻
、一、撰塵抄　写本歟　衣服ノ事ヲ記ス　一巻

、一、鎊抄　通方卿著〈土御門大納言　自半至終逍遙院実　後嵯峨院ノ時人〉隆卿記之　一巻〈皆応仁乱ニ紛失　今鎊抄纔存ス〉
〈外ニ臨時公事衣抄　雑衣抄　肥林籠鶴抄　本朝沿革礼　仁王会抄等アリ〉
、一、写桃花蘂葉　藤兼良■写歟　壱巻
△、一、「刊」装束図式　一巻
△、一、海人藻芥《アマノモクズ》　釈宣守　一巻
、一、世諺問答　一巻
△、一、国朝佳節録　松下見林　一巻
△、一、前王廟陵記　松下見林　一巻
△、一、本朝学原　同上　一巻
、一、仮字日本記目録　二巻
、一、年中行事秘抄　写　二冊全
、一、朝野群載　書目云三十巻　闕本　十冊
△、一、日本逸史　十冊
、一、国史神祇集　此簞笥不来二冊
、一、西　宮《〔セイキウ〕》記　西宮左府高明　欠本　八巻
、一、北山《〔サン〕》抄　〈四条大納言公任《キンタフ》作〉欠本　六巻
、一、江家次第　大江匡房カ作　内十六巻不足　廿巻
、一、水鏡　中山内府忠親公□著　三巻
、一、ますかゝみ　藤原冬良編　兼良ノ子　六巻

、一、大かゝみ　藤原為業編　五巻
、一、続よつき　同上　六巻
△、一、神皇正統記　北畠親房　一巻
、一、椿葉記　一巻
、一、南方紀伝　写　一巻
、一、本朝暦史略　二巻
、一、保建大記　栗山氏作　二巻
、一、栄華物語　一名世継物語「刊本　書入有之」　廿巻
、一、外ニ同系図三巻　示考　一巻　又略系一巻
天明二年十二月末迄書納之
、一、鼇頭古事記　三巻
天明三年正月より書始
、一、同　旧事記　五巻
、一、日本紀私記　撰者不詳訓ノ釈ハカリ也　闕本全　二巻
、一、日本紀音義　後世ノモノ也　又日本紀抄――トモアリ　同　一巻
、一、元々集　四巻
、一、「刊」釈日本紀　卜部懐賢《ヤスカタ》兼方　五巻
、一、倭姫世記○　一巻
、一、阿波羅波命記○　一巻
、一、宝基本記○　一巻

、一、御鎮座本記○　一巻
、一、御鎮座伝記○上四巻合巻　一冊
、一、皇字沙汰文　伏見院永仁中外宮用皇字事両宮之訴状等也　二冊
一、皇太神宮年中行事　建久 寛正 補　二冊
、一、神祇官年中行事　一巻
一、造殿儀式　親房作　一巻
一、熊野道之間愚記　○以上三巻合巻
一、長寛勘文
一、神代直指抄　○已上二巻合巻　二巻
一、天満宮伝記　一巻
一、皇太神宮御装束御神宝式目
一、豊受宮御装束御神宝式目
一、多賀宮神宝御装束　以上合巻 一冊
一、伊勢両宮末社記
一、春日社遷宮記
一、春日肆所御神宝御装束　以上合冊 一巻
、一、先代旧事記　偽書 箪司不来　十六巻
△
、一、万葉集　契沖書入　箱入 廿巻

一、万葉代匠記　釈契沖 イニ二十本 総釈二本　箱入 廿八巻
一、万葉類葉集　宣胤卿　十五巻
「刊」
一、万葉註釈　仙覚律師 一名万葉集抄 一名仙覚抄 「書入有之」　五巻
一、万葉類聚　一巻
一、万葉集長歌載短歌字之中事　一巻 家定
一、万葉集時代難事　三巻
一、詞林采葉抄　釈由阿歟 「万葉ノ冠辞ナトノ考也」 「貞治五年藤沢山隠流桑門由阿年七十一」　二巻
一、万葉目安　作者不知「水戸家著書ニ目安一本アリ」 上田秋成コノ書ノ補注アリ五巻 池永泰良筆記　二巻
△「刊」
、一、和名類聚鈔　十巻
△「刊」
一、袖中抄　顕昭法師　五巻
△「○」
一、新撰万葉集　菅家「菅家」　一巻
一、和歌三式　闕本 一巻
一、日本紀竟宴和歌　一巻
、一、土佐日記　紀ノ貫之著　一巻
、一、竹とり物語　一巻

一、大和物語　一巻
一、日本霊異記　上中下合冊　一巻
△一、遊仙窟　一巻
一、新猿楽記　一巻
一、古文孝経　一巻
一、柿本人麿勘文　顕昭　一巻
一、新撰和歌集　一巻
一、御即位灌頂由来　一巻
一、おちくほの草紙　四巻
一、堤中納言物語　一巻
一、人国記　御書世ニ伝フ北条時頼之作也　粛穂録に山堂肆考ニ天竺称中国曰人国ト アラズ 人国記トイフ書名故ナキニ 六十六十四ノ風俗ヲ記スル者也　一巻
一、真字伊勢物語　一巻
一、伯母集　五巻
一、勅撰名所和歌集　二巻
一、倭字類聚抄　写本時代不知 国歌類聚古事記日本紀旧事紀伊勢物語等也　一巻
一、続作者部類　正保中源某作也　二巻
一、問嚢録　一巻
一、河海抄　源氏ノ注解也善本也　廿巻

一、種玉篇次抄　一巻
一、注進雑記　天保二年より不見　二巻
一、歌仙抄　一巻
一、す子　「里村紹巴カ作歟連歌ノ作法学ノ書ナリ初ニす子トハ田ヲ守ル案山子也ト云ヘリ此ヲ題ト」　一巻
「○」一、金玉集　「古名歌ヲ集ル也公任撰ス」　一巻
一、漫吟集　契沖和歌集ナリ　五巻
△一、和字正濫抄　契沖　五巻
一、和字正濫要略　「契中」　一巻
一、改観抄　〈百人一首〉〈契沖〉刊行　一巻
一、勢語臆断　契沖　四巻
「○」一、馬内侍集　借用禁止分△
「○」一、相模集　△「称玉藻草」
「○」一、康資王母集　△
一、殷富門院大輔集　△
一、後堀河院民部卿典侍集　已上五巻合冊△
一、厚顔抄　契沖著 日本紀古事記旧事紀三部之歌之注ナリ　三巻
一、雑記　同　一巻
一、勝地吐懐編　内吐懐二巻 契沖　八巻

一、倭訓類林　写　墨江神学生昌直堂編輯　宝永二年　七巻
一、千種　一巻
一、俊頼家集抄　一巻
「○」一、讃岐典侍日記　一巻
一、楊名問答　一巻
一、顕昭陳状　一巻
一、皇年代略記　一巻
一、万葉古事并詞　△　一巻
●一、亀卜之次第　一巻
●一、入木道秘伝　△　一巻
●一、愚聞雑記（契沖自筆部）　△　一巻
一、古詠并古叓　△　一巻
一、さゝれ石　一巻
、●一、通憲入道書目録　写本　一巻
●一、残塵抄　△　一巻
一、橋立の道すさみ「手遊カ」　一巻
一、三奥抄　一巻
一、古今集　契沖自筆書入有之　二巻
一、自叙録　一巻
一、万代集　十巻

、一、本朝書籍目録　△　全
一、日次記考証　「水戸家著述カ可考」　△　一巻
一、類字名所和歌集　契沖　二巻
一、八代集　十六巻
古今　後撰　拾遺　後||
金葉　詞花　千載　新古今
古今二　後撰二　拾遺二　御拾遺二
金葉一　詞花一　千載二　新古今四
一、古今余材抄　契沖著　十巻
△一、古今六帖（書入）　六巻
△一、顕註密勘（同上）　古今ノ注本也　顕昭古今注　定家加勘　三巻
一、古今抄　五巻
「○」一、新葉和歌集　闕本　二巻
一、古今和歌集　一巻
「○」一、延慶為世為兼両卿訴陳状　一巻
「○」一、古今集序註　△「顕昭」　二巻
一、同　一壱巻
一、古今伝授抄　三巻
一、古今和歌両度聞書　二巻
一、後撰集正義　一巻
一、後撰抄　一巻
一、拾遺集考要　△「契沖」　一巻

「〇」一、難後拾遺集　一巻
一、新古今釈教之部法「注カ」　一巻
一、六帖拾遺「集イ」　一巻
一、新勅撰考「契沖」「一名難新勅撰又新勅撰評抄」　二巻
一、遠所御抄
一、土御門院百首已上三巻一冊
一、七玉集
一、十三代集　新勅撰二　続後撰二　続古今三　続拾遺二　新後撰二　玉葉四　続千載四　続後拾遺三　風雅四　新千載四　新拾遺四　新後拾遺二　新続古今四　四十巻
「〇」一、後葉和歌集　一巻
「〇」一、続詞花和歌集　藤清輔　二巻
「〇」一、今撰和歌集　撰者不詳　一巻
「〇」一、条永和歌集　是ハ永和歌集ヲ臨書シタル歟　一巻
一、堀河院次郎百首　一巻
一、堀河院百首　一巻
「〇」一、壁「辟ノ誤歟」案集（抄イ）　定家　一巻
、一、新撰六帖　一巻
一、拾遺集孝（考）要　「契沖也」　一巻重書カ

一、ものあらそい　一巻
一、新撰髄脳　一巻
一、和歌秘々　一巻
「〇」一、和歌九品　一巻
一、八代集秀歌　一巻
一、毎月抄　一巻
「〇」一、金玉集　重書　一巻
「〇」一、海人手子良《アマノテコラ》集「〇」大納言師氏作　一巻
一、三体和歌　一巻
一、堀河院艶書合　已上九巻合巻　一巻
一、能因元々「玄々」集　一巻
一、集外歌仙　一巻
一、三十六人家集　十五巻
「〇印群書類従ニ入」一、安法々師集　一巻
一、権大納言典侍集　一巻
一、家経朝臣集　一巻
一、親隆集　一巻
一、為頼朝臣集　一巻
「〇」一、藤原相如《スケユキ》集　一巻

一、千穎集　一巻
「○」一、「藤原」敏行朝臣集　一巻
「○」一、大中臣頼基集　一巻
一、九条殿師輔　一巻
「○」一、入道大納言資賢「卿」集　一巻
「○」一、顕輔集　一巻
一、四条大納言隆房集　一巻
「○」一、「源」師光集　一巻
「○」一、本院侍従集　一巻
「○」一、伊勢大輔集　此書跡見事也　一巻
一、清慎公家集　一巻
「○」一、太后宮大弐家集「二条太皇太后宮大弐」　已上二巻合巻　一巻
「○」一、「西宮」左大臣高明集　一巻
一、御堂関白集　已上二巻合冊　一巻
「○」一、散木集「源」俊頼「朝臣集」　一巻
「○」一、藤木《原》清輔朝臣家集　一巻
「○」一、曽祢好忠家集「称曽丹集」「下河辺長流校本アリト云」　一巻
「○」一、藤原長能「ナガヨシ」集〈伊賀守従五位上正暦ノ比ノ人〉　一巻

「○」一、「源」頼実集　一巻
「○」一、隣如「女」和歌集「雅有卿集」　一巻
「○」一、橘為仲朝臣集　一巻
一、定頼集　一巻
「○」一、源三位頼政「卿」集　一巻
一、鎌倉右大臣家集　顕房公羽真渕ノ校正アリト云　号金槐集実朝也　一巻
一、衣笠前内大臣家良公集　一巻
「○」一、「平」忠度集　一巻
一、大江千里集　一巻
「○」一、合巻　瓊玉集　鎌倉宗尊親王集也　已上二巻合巻〆　一巻
一、実方集　一巻
一、大納言経信卿集　一巻
「○」一、「ナカ」元良親王「御」集　一巻
「○」一、「藤原」基俊集　已上四巻合巻　一巻
「○」一、公任《キンタフ》卿集　一巻
「○」一、寂然「法師」集　一巻
「○」一、俊成卿女集　一巻
「○」一、小侍従集　一巻

「○」一、宮紀伊集「祐子内親王紀伊集」　已上五巻合冊　一巻

一、閑谷集　一巻

「○」一、弁乳母集　一巻

「○」一、待賢門院堀河集　一巻

一、紫式部家集 有合巻　一巻

「○」一、赤染衛門家集　大江匡衡カ妻挙周《タカチカ》母　一巻

「○」一、和泉式部家集　藤原保昌カ妻　一巻

一、式子内親王集「家ーイ」「岡西一時軒雅中ノ校本アリ一巻也」　一巻

「○」△一、右京大夫家集「建礼門院」　建礼門院女房也　一巻

「○」一、恵慶集「法師」　一巻

「○」一、登蓮集「法師」　廿七首残欠也 西行同時ノ人　一巻

「○」一、寂蓮家集「法師」　一巻

「○」一、林葉集　「俊恵法師集」也　一巻

「○」一、兼好家集「法師」　一巻

「○」一、鴨長明集　一巻

一、草庵和歌集　頓阿　続供ニ 三巻

△一、順徳院御集　一巻

「○」一、土御門院御集　一巻

一、遠《タ、》薫集　一巻

一、元和帝御詠草　一巻

○一、為家集　二巻

一、挙白集　木下長嘯カ集也 門人山本春正輯　八巻

一、六百番歌合　八巻

一、千五百番歌合　十巻

一、歌合部類　廿巻

一、亭子院有心無心歌合

一、寛平御時歌合

一、寛平御時后宮歌合

一、弘徽殿女御小番歌合

一、備中守仲実朝臣女子根合歌

一、康保三年ヨリ已上八箇度歌合

一、賀茂別雷社歌合　元暦元

一、家隆卿自歌合　已上八巻合巻

一、天徳詩歌　一巻

一、雲居寺結縁経俊（後カ）宴歌合　一巻

一、賀陽院亭歌合　部類ノ内之冬　一巻

一、堀河院艶書合　一巻

一、詞花懸露集（已上）　已上二巻合冊　一巻

一、住吉社歌合　一巻
一、知家入道自歌合　一巻
一、五拾番歌合　一巻
一、宮川　一巻
一、御裳濯川　一巻
一、三井寺新羅社歌合　一巻
一、上歌合　一巻
一、八幡若宮撰歌合
一、歌合　建暦九月十三夜
一、五十番歌合　已上五巻合冊
一、歌合　建暦三年閏九月十九日　月卿雲客妬歌合
一、月卿雲客妬歌合　建保二年九月尽日
一、卿相侍臣歌合　建永元七月廿九日
一、日吉七社歌合　已上四巻合冊
一、三十六人歌合　一巻
一、恋五十首歌合　一巻
一、影供歌合　一巻
一、五十番詩歌合　一巻
一、十八番歌合　正元二仲春　撰者頓法師　作者三十六人各十首

一、年中行事歌合　一巻
一、拾遺百番歌合　一巻
一、鷹百首　一巻
一、名所三百首和歌　一巻
一、百草和歌　一巻
一、堀河院百首抄　一巻
一、太神宮御法楽千首和歌　一巻
一、水無瀬宮御法楽　一巻
一、北野聖廟御法楽　一巻
一、同八百年御忌御法楽　一巻　已上四巻合巻
一、虫歌合　一巻
一、体源抄　音楽之書也　豊原統秋也　十八巻
一、鳳笙全譜　三巻
一、続教訓抄　四巻
一、郢曲撰要　沙弥明空　十巻
一、楽之図　一巻
一、新楽府　已上二巻巻物ニ有之　一巻
一、催馬楽《サイバラ》　古本也　一巻
一、夜鶴庭訓抄　一巻
一、郢曲　一巻

一、内侍所御神楽式　一巻
、一、御琵琶合　一巻
、一、梁塵愚案鈔　一巻
、一、十二律　一箱
、一、伊呂波字類抄　「治承中ノ人」洞院家記「内膳典膳橘忠兼撰」　十巻
一、万葉緯　似閑著述　廿巻
万葉集ヲ経トシテソノタスケニナルヘキ書ヲ緯トナツクル也
諸ノ古書ヲ輯テ集注ヲ加ヘタリ
、一、菅家文草　六巻
、一、菅家後集　一巻
、一、本朝文粋　〈藤原明衡〉　八巻
一、本朝続文粋　七巻
一、無題詩　三巻
一、経国集残編　二巻
一、蒙求和歌　二巻
、一、懐風藻　一巻
一、文華秀麗　一巻
一、江吏部集　大江匡衡集也　一巻
今塙氏群書類従ニ入　都ノ良秀著
、一、都氏文集　林氏云　或書云　都氏文集断簡三巻　一巻

一、凌雲集　一巻
一、作者大体　童家頌韻　小本　一巻
、一、新撰朗詠集　基俊　一巻
一、蜻蛉《カケロフ》日記　三巻
、一、古事談　六巻
、一、続古事談抄　二巻
一、狭衣　五巻
一、枕草子春曙抄　北村季吟　六巻
、一、江談抄　大江匡房著　説　一巻
、一、古今著聞集　橘成季　一云季成　廿巻
、一、十訓抄　菅原為長記　上中下　三巻
一、世継物語　一巻
一、「刊」無名抄　長明　一巻
一、宇治拾遺物語　篁司不来　十六巻　箱入
一、宇津保物語　廿巻
△一、書入　六家集　廿巻
一、八雲抄　写本　七巻
一、奥義抄　三巻
△一、清輔袋草子　四巻
一、和歌色葉集　三巻

一、古今打聞　一巻
「○」一、古来風体「抄」　俊成　一巻
「○」一、悦目抄　藤原基俊　一名和歌撰心集一名　更科記　一巻
△一、能因歌枕　小本一巻
「○」一、桐火桶《キリヒヲケ》　定家　一云偽作也　一巻
「○」一、三五記　同上　一巻
一、愚秘抄　イ書　同上　一巻
一、歌林良材集　兼良　一巻
一、詠歌大概　定家「――――抄ハ細川幽斎也　三本」　一巻
一、竹苑抄　為顕　一巻
「○」一、愚問賢註　問良基　答頓阿　一巻
一、「刊」井蛙抄　頓阿　一巻
一、奈良の葉　飛雅親卿カ　一巻
一、無外題　一巻
一、同　或本外題云　公任無名抄　一巻
一、つるの本　一巻
一、天に波　一巻
一、同名歌枕名歌抄　一巻

一、仮字文字遣　一巻
一、明鏡　歌書　一巻
一、西行上人談抄　一巻
「○」一、童蒙抄　「古今集」　一巻
一、自讃歌之注　一巻
一、未来記　定家　一巻
一、耳底記　烏丸光広「イ細川幽斎三本」　一巻
一、うたゝねの草子　一巻
一、まつ浦物語　一巻
一、あまのかるも　一巻
一、異名集　一巻
一、枕詞燭明抄　下河辺長流　一巻
一、続歌林良材　「下河辺長流ナルヘシ　一名和歌秘密集」　一巻
一、仮名日本紀　右壱部先達而奉納　卅三冊　簞司不来
「△」、一、異称日本伝　松下西峯　十五巻
「△」、一、書入有之　大系図　十四巻
、一、鎌倉志　新編―　十二巻

一、泉州志　元禄庚辰刊行　泉州日根郡鳥取郷人 石橋新右衛門直之 編輯　見林序 契沖跋　六巻
一、扶桑隠逸伝　三巻
一、夫木──抄贓　外目録一冊　三十六巻
一、同抜書　一巻
一、色葉和難　三巻
一、神部雑記　前書ト同　一巻
一、明月記　抜書 定家也　一巻
一、定家装束抄　一巻
一、神名鏡　一巻
　文匣拾箪司不来
一、雲図《ツ》抄　年中行事ノ指図也 藤朝隆　一巻
一、中殿御会図并歌　一巻
一、薫物記　一巻
一、車絵様　一巻
一、西園寺車図　一巻
一、新楽府　一巻
一、楽之図　一巻
右文庫書籍并今井似閑奉納 契沖ノ弟子見牛ト号ス

書籍等箪笥依混雑宝暦
十二年虫払之節書籍奉行
季脩・氏梁 直矢 等連日改之者也、明和二乙酉
年十月ニ虫払之節 季脩・兼為 親顕 等改之者也
文化九年申三月上旬宣保写之

証文之書形覚

右所令借用也、紛失者勿論
譬少之毀損雖有之速ニ加修
覆来虫払之節可致返納候、為
後日如件

何月何日

名

書籍奉行御中

紙数 表紙トモ 百枚

（裏表紙綴裏）
「文匣書籍終」

■初出一覧■

Ⅰ　地域社会の躍動

第一章　東寺領上桂庄における領主権確立過程について―伝領とその相論―
日本史研究会史料部会編『中世の権力と民衆』（大阪創元社、一九七〇年）

第二章　山間庄園の生活―山城国禅定寺とその周辺―（原題：荘園の生活）
『宇治市史』2（宇治市、一九七四年）

第三章　近江国河上庄の変遷（原題：荘園の諸相）
『今津町史』第一巻（今津町、一九九七年）

Ⅱ　公武の文芸交流

第一章　小京都―領国文化論（原題：「みやこ」が香る小京都）
村井康彦編『京の歴史と文化　4　戦国・安土桃山時代』（講談社、一九九四年）

第二章　地方武士の文芸享受―文化と経済の交換―
村井康彦編『公家と武家――その比較文明史的考察』（思文閣出版、一九九五年）

第三章　三条西家における家業の成立
笠谷和比古編『公家と武家Ⅱ――「家」の比較文明史的考察』（思文閣出版、一九九九年）

付　論　実隆と「平等院修造勧進帳」（原題：中世和学の大成者――三条西実隆――）
『宇治文庫』6（宇治市教育委員会、一九九五年）

第四章　商圏都市堺と南蛮文化
商圏都市堺と南蛮文化
『淡交』五二四号（淡交社、一九八九年）
南蛮漆器――漆芸にみる東西交流
特別展図録『南蛮漆器』（堺市博物館、一九八三年）

第五章　本阿弥光悦と鷹ケ峰村（原題：検証・光悦の鷹峰村）
村井康彦編『京の歴史と文化　5　江戸時代前期』（講談社、一九九四年）

付論Ⅰ　光悦蒔絵　『琳派美術館』4（集英社、一九九三年）
付論Ⅱ　『吉備大臣入唐絵巻』流転の一コマ　『京都市史編さん通信』二五〇号（京都市歴史資料館、一九九三年）

Ⅲ　被差別民衆の諸相

第一章　洛中洛外図にみえる河原者村について　『京都部落史研究所紀要』2号（京都部落史研究所、一九八二年）
史料紹介　丹後の河原巻物史料について（原題：丹後の河原巻物二巻）　『丹後調査報告書』（京都部落史研究所、一九八一年）
第二章　牛馬皮と鹿皮――卑賤観のあり方の相違をめぐって――
　皮革　京都部落史研究所編『中世の民衆と芸能』（阿吽社、一九八六年）
　皮なめし　京都部落史研究所編『近世の民衆と芸能』（阿吽社、一九八九年）
付　論　草鞋と草履（原題：草履づくり）　京都部落史研究所編『近世の民衆と芸能』（阿吽社、一九八九年）
第三章　散所の諸相（原題：相国寺柳原散所・北畠散所と桜町散所・御霊社東西散所・本堅田村内陰陽村）　（財）世界人権問題研究センター編『散所・声聞師・舞々の研究』（思文閣出版、二〇〇四年）

Ⅳ　乱世を生きた人びと

第一章　近衛政家と在地の土豪・岡屋六郎
　応仁の乱と公家――近衛政家　『宇治文庫』6（宇治市教育委員会、一九九五年）
　農民との闘いに敗れた土豪―岡屋六郎　『宇治文庫』6（宇治市教育委員会、一九九五年）
第二章　足利義昭　歴史群像シリーズ『戦国京都』（学習研究社、一九九四年）
第三章　真木嶋昭光――流浪将軍義昭を支え続けた側近――（原題：流浪将軍義昭をささえ続けた――槙島昭光）　『宇治文庫』6（宇治市教育委員会、一九九五年）

付　録　三手文庫書籍目録〔翻刻〕　（新稿）

あとがき

ふりかえってみて、私のような怠惰なものが、ともかくもいくつかの文章を公にすることができたのは、人間関係に恵まれたことに尽きる。京都市史編さん所では史料調査の実務を、まさに体で覚えさせてもらった。毎日重いカメラ道具一式を担ぎ、旧家の蔵を調査するという体力が支えの毎日だった。京都市左京区久多での調査で中世史料にしか関心のなかった私が、元禄期の冊子を関心もなく、ひょいと傍らに捨てるようにしたことを見とがめた先輩からお目玉を頂戴したことも今では楽しい思い出となっている。

京都府立総合資料館では「東寺百合文書」の整理、といっても、カッターナイフと千枚通しで、虫の糞で固まった文書をすこしずつ開いていくというスリルのある恵まれたアルバイト生活をおくることができた。「東寺百合文書」も今では国宝となった。文書整理の陣頭指揮をとっておられた上島有先生には、卒業論文の初歩からの指導を頂戴し得たことは幸せであった。幾度となく書き直しの指示を受けるたびに、蒲団の上に置いたホームコタツの上で無い知恵をしぼり、眠くなればそのまま後ろに倒れるという毎日を幾日過ごしただろうか。

林屋辰三郎先生のご自宅で毎週木曜日に開かれる「大乗院の会」に参加させていただいたことも、懐かしい思い出である。そこでは先輩方から直接に史料解釈の方法を学ぶという幸運に恵まれた。有り余る時間を持て余していた学生の私は、当日ずいぶん早く先生のご自宅を訪問もしたが、先生にはいつも会が始まるまでの間、話相手をしていただいたという嬉しい思い出がある。
厳しい出版事情にも関わらず、出版をご決断いただいた思文閣出版、お声をかけていただいた林秀樹氏には厚く感謝申し上げます。このような未熟な文集をお読みいただいた読者のみなさんに、御礼申し上げるとともに、ご批評、ご教示いただければ望外の幸せである。

二〇〇六年九月

源城政好

索　引

【人　名】

あ

い

【事　項】

し

す

せ

そ

た

◆著者略歴◆

源城政好（げんじょう　まさよし）

1946年生まれ．立命館大学文学部史学科卒業
堺市博物館主任研究員・宇治市歴史資料館長を経て，
現在立命館大学ＣＯＥ推進機構客員研究員
〔主要編著書〕
『写真でみる織田信長の生涯』(新人物往来社)
『洛中洛外図大観』(共著，小学館)
『中世の民衆と芸能』(共著，阿吽社)
『図解雑学　戦国史』(共編著，ナツメ社)
『京都の地名由来辞典』(共編著，東京堂出版)

思文閣史学叢書

京都《きょうと》文化《ぶんか》の伝播《でんぱ》と地域文化《ちいきしゃかい》

二〇〇六(平成一八)年一〇月二五日発行

定価：本体七、八〇〇円（税別）

著　者　源城政好

発行者　田中周二

発行所　株式会社　思文閣出版
京都市左京区田中関田町二－七
電話（〇七五）七五一－一七八一(代)

印刷・製本　株式会社図書印刷同朋舎

ISBN4-7842-1325-2 C3021